语义

李贵鑫 著

模糊性问题研究

上海三联书店

前言

　　语义模糊性是语言的自然属性，普遍存在于语言生活的方方面面，是现代人类社会存在的必要条件之一。本书按照从理论基础考察到系统构建再到综合分析与解释的思路，结合语言学、哲学、认知科学、社会学、心理学等学科，对语义模糊的生成机制与存在方式进行探索。由于语义模糊相关研究尚未形成完整的理论框架，所以本书以日语语义模糊性相关的研究为切入点，在尝试建构语义模糊研究理论框架的基础上，以日语语言本体特征为对象进行分析。同时，进一步修正与完善语义模糊研究的理论框架。

　　本书理论基础部分通过对语义模糊性产生机制的追问与存在形式的考察，揭示语义模糊性产生的哲学根源，对日语语义模糊性表达进行类型分析，总结日语语义模糊性的特征。理论构建部分从语言层面与言语层面对语义模糊性的定义及相关概念进行整合性研究，发现语义模糊性在语言层面与言语层面存在形式上的外在差别与本质上的内在联系，认为语义模糊性研究应在语言层面与言语层面分别进行，尝试性提出语义模糊性研究的方法与路径，初步建立系统的语义模糊性研究框架，强调语义模糊性作为独立学科进行研究的重要性与必要性。

在本书的综合分析与解释部分，对语义模糊性在语言层面与言语层面的存在形式与生成机制进行进一步分析与解释。在语言层面，从语义范畴维度切入，寻找语义模糊性，特别是日语语义模糊性的本质特征；在言语层面，以关联理论为理论基础，考察人类交际活动中关联性与语义模糊性的关系。归纳言语层面语义模糊性的特点，研究语法化的发生、发展与语义模糊性的内在联系，总结语言发展的一般规律。并尝试利用以上研究结论，解释语言层面的反训、比喻等语言现象以及言语层面的语法化、言语行为、交际参与者主观性等问题。最后，利用语义模糊性研究结论，结合日语本体特征，解释日语中得体表达、间接言语行为等现象。从日本民族文化方面对日本社会的认知方式、文化形成以及交际活动特点进行分析与解释。

本书以考察语义模糊性的理论基础、尝试建立语义模糊性研究系统、解释日常语言存在的问题为本文的研究重点与研究目的，期望能为推动语义模糊性研究，特别是日语语义模糊性研究做出贡献。

目　录

绪论

一、问题的提出

人类对模糊性的认识最早出现于古希腊时期，尤布利德斯提出了著名的"麦堆悖论"，即如果一粒麦子构不成麦堆，n 粒麦子也不是麦堆，那么 n＋1 粒麦子也不是麦堆，因此任意多的麦粒也不能构成麦堆。这一悖论的提出标志着模糊性问题正式出现在人文学科的研究中。但是在此后的几千年里，模糊性的问题并未引起人们足够的重视。直到 1902 年美国哲学家皮尔斯对模糊性进行词条释义，模糊性才再次进入人们的视野。其后，1923 年哲学家罗素发表的著名论文《论模糊性》标志着模糊理论的初步形成。20 世纪 50 年代，维特根斯坦在《哲学研究》中又提出"家族相似性"理论。1965 年扎德的《模糊集合》给模糊理论的研究带来巨大突破，标志着模糊理论的正式形成，此后各国语言学家将模糊集合理论应用到语言研究中，形成了模糊语言学。模糊语言学的主要研究内容大致可分为两类：一类是从古希腊开始的，逻辑实证主义主张的语言层面语言逻辑真值问题的研究；另一类是对语义模糊性在语言中存在方式与消除方法进行的研究。以上两类是现今对语义模糊性问题研究的主要方向，然而针对语义模糊性的整体性梳理与整合性研究的相关成果却少有出现。语义模糊性是语言的自然属性，只要人使用语言进行交流就会出现语义模糊性表达。语言语义模糊性系统的整合性研究可以解释很多困扰我们的语言学问题，语义模糊性问题的整合性研究对于语言学、语言哲学等相关学科均有重要意义。

语义模糊性问题的整合性研究可以为诸多相关学科提供理论基础与事实依据。本书将在对语义模糊性进行整体梳理、归纳的基础上，从语义学与语用学两个角度探索语义模糊性在语言中的生成机制与存在方式，解决一些其他单一理论难以解释的语言学问题，并提出以下几个基本观点：第一，语义模糊性的根源是人类认知世界中范畴的边缘与范畴原型的不确定性；第二，语义模糊性在语言层面与言语层面形成一个连续统；第三，语义模糊性是语言进化的原因之一。

二、 研究目的与研究内容

本书对语义模糊性问题研究的目的可具体表述如下：

第一，为语义模糊性的体系化研究做准备。通过对语义模糊性进行定义及根源阐释初步完成语义模糊性问题研究的理论构建，整合逻辑实证主义与日常语言学派中对语义模糊性问题研究的主流思想，推进语义模糊性问题研究的体系化进程。

第二，语言研究方法创新。从语义学与语用学两个层面切入，在语言层面进行语义模糊性内在动因的考察，在言语层面着眼于影响语义模糊性的外部因素，采用由内到外、从微观到宏观、静态与动态分析相结合的研究方法。

第三，初步完成语义模糊性问题研究对象范畴化。通过对语义模糊性形式上的类型分析，将语义模糊性问题的研究对象范畴化，从语言层面与言语层面分别对语义模糊性问题研究对象进行分类整理。

第四，尝试结合当代语言学理论进行语义模糊性整合性研究。整合语言哲学、认知语言学、合作原则、关联理论等当代语言学理论并结合日语语言特征，多方位、多角度地推进模糊语言学、认知语言学、语用学等学科的整合性研究。

第五，推进语义模糊性研究的日语化进程：以语义模糊性研究为契机，以多维度的研究角度、多样性的研究方法，尝试将日语作为研究对象，推进语义模糊性研究的日语化进程，从而进一步推进语言学、语言哲学等研究的日语化进程。

笼统地看，语义模糊性可概括为语言中所蕴含意义的不确定性，这种不确定性的表现形式多种多样，语义模糊性多样性特点导致对其研究需要从多维度切入。基于以上目的，本书研究的内容主要包括以下几点：

第一，语义模糊性存在形态梳理。

整合现有语义模糊性的理论，对语义模糊性的相关概念进行重新整理、定义，对日语中语义模糊性表达方式进行类型分析，对语义模糊性研究范畴进行限定。

第二，语义模糊性根源的哲学追问。

语义模糊性是人类自然语言的本初属性，哲学是语言学的摇篮，因此应将语义模糊性问题诉诸哲学思考，探寻其哲学根由，从哲学理论出发对语义模糊性进行思考。哲学思辨的语言转向，为我们提供了不可或缺的理论依据。维特根斯坦的"家族相似性"理论从哲学角度为我们解决语义模糊性问题开辟了具有关键意义的道路。语义的构建离不开范畴化，语义模糊性的构建和解析需要语言哲学的理据。

第三，语义模糊性的言语层面思考。

将考察范畴从研究静态结构扩展到研究语义动态演进过程、从研究形式上的结构关系扩展到研究人的认知。结合上述内容对语言哲学、心理语言学、社会语言学等涉及的若干问题进行思考。从研究语义模糊性产生的动态过程入手研究话语双方共同构成的广义语境是如何解释语义范畴和概念结构的，并对日语中具有民族特点的语词进行分析，厘清模糊性表达在语义理解和交际过程中的功能。

第四，确立语言层面与言语层面多维度分析方法。

分析与解释是当代语言学研究的主要方法。本书强调语言层面与言语层面语言的不同状态，并从多个维度切入，尝试对语义模糊现象进行分析与解释。

第五，语义模糊性对语言学问题的解释。

以语义模糊性作为新视角，尝试对语言学相关问题进行分析与解释。试论证模糊语言学可以作为解决语言学问题的主要手段之一。

第六，语义模糊性的文化语言学背景。

不同语言体现不同民族文化的个性特征。语义模糊性和民族文化的关系客观地体现在言语实践层面，二者的关系对话语双方的交际构成和交际结果产生直接、现实的影响。透过语言的特性反观文化在语言形式和意义中的表征，尝试对语义模糊性和民族文化的相互影响进行解释。

三、研究方法与意义

本书以语言学研究为基础，以日语语言为背景，结合语言研究各领域的相关研究成果。主要以分析与解释为主，综合运用多种研究方法，具体如下。

第一，整理、归纳法：

采用整理归纳的方法将普通语言学范畴下语义模糊性现象进行分类、整理。总结语义模糊性研究对象的特征，确定语义模糊性研究的具体范畴。

第二，理论反思法：

通过反思亚里士多德、维特根斯坦、奥斯汀、格赖斯、斯波伯和威尔逊等一些哲学家、语言学家对于语义模糊性的描述，考察人类对语义模糊性问题认识的发展过程。建立完整、系统的语义模糊性研究理论框架。理出其发展脉络，吸取精华，发现问题。

第三，静态研究与动态研究结合法：

将静态的语义学与动态的语用学相结合。将语义模糊性问题分为语言层面与言语层面，在研究过程中注意考察具有语义模糊性的表达，特别是日语具有语义模糊性的表达在话语结构中的具体位置以及在语言系统中发挥的作用。

第四，平行对应法：

尝试将日语语义模糊性的特点同日本民族文化特点进行普通语言层面的平行比较研究，找出语言同文化相互影响的证据。在语言、文化比较过程中主要着重关注语言与思维的关系。

第五，理论导入法：

将分析哲学的研究方法导入日语语言学研究中。以语言学理论为基础，采取理论建构与实际语料分析、解释相结合的方法，推进分析哲学在日语方面的研究。

第六，多学科整合性研究法：

以语言学为基础，广泛吸收和借鉴语言哲学、认识科学、心理学、跨文化交际学、修辞学、类型学、社会语言学、历史语言学、应用语言学等其他学科的研究成果，初步尝试建立以语义模糊性研究为核心的多学科整合性研究体系。

本书的研究在模糊语言理论研究、语言学学科体系构建、语言研究成果积累等方面具有积极的意义，具体如下。

第一，有利于深化现有模糊语言学研究成果：

现有关于语言语义模糊性的研究成果多关注语言的静态意义，对语义模糊性表达的动态生成与存在研究较少。本书希望对改进现有研究趋势起到积极作用，为推动基于语言学动态视角的语义模糊性研究做出努力。

第二，有利于更新模糊语言学研究视角与维度：

模糊语言学中语义模糊性问题的研究需将共时研究与历时研究相结合，本书多角度地对语义模糊性问题进行分析与解释。此种研究方式将有助于突破现有研究观念，建立时间、空间等多维度的语言语义模糊性研究体系。

第三，有利于推动形式主义语言学与分析性语言哲学的整合性研究：

形式主义语言学研究主要以索绪尔的相关理论为基础，欧美分析哲学则以"日常语言研究"为主，本书希望通过对日语语义模糊性问题的研究为形式主义语言学与欧美分析哲学间构建一座桥梁，共同促进语言学与语言哲学研究的发展。

第四，有利于推动日语语言学研究的国际化进程：

日语语言学研究主要集中在日本传统的语法体系下，本书将引进欧洲与英美相关理论及研究方法对日语进行系统性地考察，推动日语语言学研究的国际化进程。

第五，有利于推动日语模糊语言学研究的本土化进程：

模糊语言学作为一门以研究语言语义模糊性为主要目的学科，在国内日语研究中并未引起足够的重视。本研究从模糊语言学的维度对日语语义模糊性问题进行考察，推动我国日语模糊语言学研究的本土化进程。

四、基本结构

本书由绪论、主体内容和结论三部分构成。具体如下：

绪论部分通过"问题的提出"，引出本书研究对象与基本理论依据。在此基础上，通过表明"研究目的与研究内容"，引出"研究方法与意义"，明确本书研究思路与研究框架等基本内容。

主体部分按照相关理论梳理，基础理论体系构建，利用理论进行分析与解释，理论形成与民族文化关系考察这一结构进行展开。其中，第一章与第二章为相关理论梳理与基础理论框架构建部分。第一章《国内外相关研究现状综述》从语言学、哲学、语言哲学等角度对语义模糊性，特别是对日语语义模糊性问题研究的国内外相关成果进行归纳与整理，为本书写作进行先期资料积累。第二章《语义模糊性相关理论研究》分为三节。第一节基于对国内外语义模糊性问题研究现状的考察与对不同理论体系中语义模糊性问题研究成果梳理，尝试对语义模糊性相关术语、概念进行规范与统一。第二节通过对语义模糊性产生根源的哲学追问，为语义模糊性研究找到理论基础。第三节对日语语义模糊性表达进行类型分析，以日语为模型，对语义模糊性研究对象进行范畴化并整理分类。本章希望建立一个语义模糊性研究的理论框架，该框架尝试将静态的语言层面问题与动态的言语层面问题均囊括进来。

本书的核心内容为第三、第四章。第三章《语言层面的语义模糊性研究》基于第二章建立的语义模糊性问题研究框架，对语言层面语义模糊性问题进行分析与解释，分为三小节。第一小节从语言层面对语义模糊性产生的根源进行剖析，对语义模糊范畴内部的基本结构进行阐释。第二小节考察语言层面语义模糊性的触发机制，归纳语言层面语义模糊性的特点。第三小节结合日语本体特征考察语言层面语义模糊性，特别是日语语义模糊性的具体存在状况，并从积极与消极两方面尝试分析。第四章《言语层面的语义模糊性》基于第二章与第三章的研究基础，对言语层面语义模糊性问题进行分析与解释，分为五小节。第一小节利用关联理论对言语层面语义模糊性产生的根源进行追问。第二小节归纳、总结言语层面语义模糊性的特点，发现言语层面语义模糊性在人的言语实践活动中的作用。第三小节对语言层面的语义模糊性与言语层面的语义模糊性从关联性与差异性两方面进行比较分析，尝试寻找二者的外在关系与内在联系。第四小节从语义模糊性维度切入，对语法化问题进行分析与解释，并考察日语中具有典型性特征的语法化现象。第五小节通过对日语中较为常见的得体表达、省略表达、间接性言语行为的考察讨论语义模糊性表达与言语实践活动中语用效果间的动态关系。

第五章《日语语义模糊性与民族文化》是尝试对前章发现的问题从民族文化的角度进行分析与解释，分为三小节。第一小节基于"萨丕尔-沃尔夫假说"考察词汇、思维与文化间的关系，通过隐喻现象分析语言对思维模式的影响。第二小节从日本社会特点出发，从模糊语言学维度解释日本社会文化的形成机制。第三小节尝试将前文分析、梳理得出的相关研究成果通过课堂教学传递至学习者处，培养学习者日语跨文化交际能力，推动日语课堂跨文化能力培养的进程。

结论以初步总结本书的"研究成果"，通过对前述章节的回顾与总结，概括创新之处，发现缺点不足，展望研究前景，提出新研究方向。

第一章

语义模糊性问题研究回顾

语言的语义模糊性是语言的自然属性，这一观点在学界并无争议，但将语言的语义模糊性作为一门重要学科进行系统性研究的相关成果较少。从结构主义到分析哲学，语言研究从静态走向动态，从一元走向多元，使现代语言学研究有跨学科、跨语言、跨文化的发展趋势。语义模糊性的研究也应顺应这种趋势，将研究的重心从阐述、描写转移至分析、解释。语义模糊性相关研究散落于各个理论学说中，本章对现有语义模糊性相关研究成果提炼、归纳并进行回顾与反思。

第一节　欧美研究回顾

一、模糊语言学的建立

模糊语言学作为一门较新的学科，对其的研究不仅应涉及语言学相关学科，还应涉及哲学、逻辑学、认知学、心理学等学科。模糊语言学研究现状的特殊性在于现有的研究成果均散落于各个学科之中，尚未形成关于模糊语言学的、系统的、完整的理论体系构建。这一问题从模糊语言学建立与发展过程中便可见一斑。

模糊这一概念的提出最早可以追溯到古希腊时代，亚里士多德的《范畴篇》中对"范畴"这一概念的具体形态进行了论述。亚氏的"范畴"概念肯定了人类对一切事物的可认知性，将"范畴"等同于事物的本质。"范畴"概念的提出引发了中世纪西欧著名的唯名论与唯实论的争论，标志着人类对自然世界的认识进入到朴素的范畴化阶段。范畴化作为语义模糊性产生的根源之一，其概念的出现也使得人类对于模糊性问题有了最初级的认识。

皮尔斯（1902）曾经从哲学研究的角度给模糊性下过定义，认为当事物出现几种可能状态时，尽管说话者对这些状态进行了仔细的思考，实际上仍不能确定是把这些状态排除于某个命题还是归属于这个命题，这时候，这个命题就是模糊的。[①] 皮尔斯将命题作为逻辑学意义上的"范畴"，认为"范畴"内部成员的归属问题存在模糊性。1923 年罗素发表了著名的《论模糊性》，指出语言具有模糊性，将模糊性概念带入语言学研究中。他将颜色作为具有语义模糊性的语词进行研究，说明模糊性问题不是源于人的认识而是源于符号的本质属性。在哲学研究领域，许多哲学

---

① 伍铁平. 模糊语言学［M］. 上海：上海外语教育出版社，1999. 第 136 页

家先后发表了对模糊性的认识，波兰哲学家沙夫（1962）等对模糊性问题进行了相关论述。扎德在 1964 年发表《模糊合集》，标志着模糊理论的正式形成，扎德将模糊集合论运用于语义范畴间关系的研究，为模糊语言学研究中的语义部分研究提供了新方向。

通过模糊语言学的发展脉络不难看出，模糊语言学创立伊始受到古希腊哲学影响，后又受到欧洲逻辑实证主义的影响。可以说模糊语言学的演进历程同世界哲学的发展是同步的，这从侧面证明了模糊语言学的前沿性与重要性。由于其中对语义模糊性缺少整合性研究，多呈现相对散乱的状态，故本书将按照现有语义模糊性研究成果中热点问题为划分基础进行考察。

二、 结构主义语言学维度

由索绪尔创建的结构主义语言学在整个语言研究领域具有极为重要的地位。结构主义语言学主要分析语言内部结构，将语言分为能指与所指，提出了共时与历时的研究方法，并将语言学研究对象分为语言与言语。可以说，结构主义语言学为语言研究开创了一片新天地。能指与所指的出现从语言结构内部给语义模糊性产生根源问题提供了理论依据。在此基础上，德国语言学家特里尔（J. Trier）创建了语义场理论。该理论认为同一种语言中的词在语义上并不是孤立的，而是相互联系的，即一个词跟该种语言中其他所有的词在语义上都有联系。同一种语言中的词构成一个完整的词汇系统，这个系统不断变化。有的词语义扩大，其周围词的语义就有可能会缩小。语义场是在这个词汇系统中，在共时的条件下，以某一个或是几个共同的特征聚合起来的临时聚合体，这个聚合体可理解为一个语义范畴。对该聚合体的可变化性进行研究就是对语义模糊性进行研究。同时，特里尔还利用语义场理论研究语言系统中同义、反义、多义、歧义等语言学概念，并对色彩词汇这一典型的语义模糊性系统的内部结构进行了考察。伯林和凯（Berlin&Kay）（1969）通过研究69种颜色，提出"焦点色"概念，罗施（Rosch）（1973）也提出了与柏林和凯相近的"原型色"概念，认为其他颜色均出自"焦点色"或"原型色"。柏林和凯（1975）在此基础上把模糊合集论运用到研究颜色词汇中，提出一个衍生的语义范畴隶属函数和组成这个衍生语义范畴的基本范畴的组合之间存在一种正相关。[①] 麦考莱（McCawley）（1981）把语言中的模糊性及模糊集理论的运用作了较为详尽的研究，他在《语言学家总想知道但却难以启齿去下问的逻辑》一书中，全面考察了模糊概念在语言学中的应用。

以上基于结构主义语言学所衍生的对语义模糊性问题的研究，多以词为基本单位，认为语义模糊性产生的原因之一为能指与所指的非一一对应性。结构主义语言学对语义模糊性问题的研究为语义模糊性问题探讨提供了理论支撑与语言材料，但结构主义语言学对语义模糊性问题的研究也有其局限性，其忽略了语言

[①] 吴世雄 陈维振 苏毅林. 颜色词语义模糊性的原型描述 [J]. 福建师范大学学报：(哲学社会科学版)，2002 (3). 第114页

使用主体——人的因素，使得对一些语义模糊性的现象不能进行很好的解释。

三、认知语言学维度

认知语言学强调人的认知体验，认为语义是主客观互动的产物，主要研究语言、认知方式与概念结构。语义系统、人类知识、文化规约之间的密切关系，解释语言事实背后的认知规律，这些都与"范畴"紧密相关，概念对应于范畴，意义是概念化的过程和结果，因此范畴化研究必然是认知语言学的基础内容或主要内容之一。[①] 认知语言学的出现，使语言学研究从结构主义的研究语言内部世界过渡到研究语言的外部世界，对语义模糊性的研究也同样从研究语言符号产生的语义模糊性过渡到认识主体同客体互动过程中产生的语义模糊性。英国爱丁堡大学的威廉姆森（Williamson）（1994）在《模糊性》一书中也从认知学角度对模糊性进行研究。威廉姆森主张，模糊性是一种认知现象，一种人类对客观世界还缺乏彻底了解的现象。认知语言学对语义模糊性的研究主要集中在"原型范畴理论"。维特根斯坦提出了"家族相似性"，罗施、拉波夫（Labov）、莱考夫（Lakoff）、泰勒（Taylor）等学者进一步将其发展为认知语言学核心内容之一的"原型范畴理论"。

"原型范畴理论"认为属于同一范畴内部的成员间地位不相

---

① 王寅. 认知语言学 [M]. 上海：上海外语教育出版社，2007. 第 88 页

等且具有"家族相似性"，范畴特征不是二元的而是多元的，且范畴边界是模糊不清的。维特根斯坦、罗施、拉波夫、莱考夫、泰勒等学者在研究"原型范畴理论"的同时对语义模糊性问题也做了相应的论述。维氏在 20 世纪便提出日常语言的模糊性在某种程度是可以被接受的。莱考夫（1973）运用模糊理论解释模糊语义，对连续语义进行切分，其结果必然是模糊的。同时，他批判了结构主义语言学理论所存在的问题，认为语言中的语义范畴就具有原型范畴的许多性质，一个多义词所形成的语义范畴的各个义项地位是不同等的，这也像原型范畴一样，有典型义项和边缘义项之分。泰勒（1989）也专门讨论了模糊性和模糊限制语的的特点及作用。查奈尔（Channell）（1994）的著作《模糊语言》中论述了英语模糊表达的不同形式及不同形式模糊表达的语用价值。

认知语言学相关思想对解决语义模糊性问题具有一定的解释力，可以从概念范畴、隐喻方式等维度切入对其相关问题进行思考，然而由于认知语言学本身侧重点为人的心理维度，重视人类思维过程与客观世界的关系，因此对语义模糊性问题单维度地从语言层面展开研究明显缺乏足够的基础理论予以佐证。认知语言学对语义模糊性问题的考察多集中于语言层面，对影响语义的其他因素如语言使用者、语言文化背景等言语层面因素重视不够。同时，在进行语言本体特点考察时，对概念范畴中原型成员的延伸、对象语言的整体性以及隐喻产生的根本原因等方面的解释缺乏说服力。

四、 当代语用学维度

随着语言的模糊性为语言的自然属性这一观点的确立，语言学家们将研究的对象范畴进一步扩大。从单独研究词汇的意义范畴扩展至对句子、语境及语篇的整体性研究，语义模糊性问题也从仅关注语义模糊性的静态意义转到关注语义模糊性的动态意义。由英国哲学家奥斯汀（1962）提出，美国语言哲学家塞尔（1969）发展完善的"言语行为理论"是语用学的基础理论。"言语行为理论"将语言学单纯的对符号与意义的研究扩展至对语言意义、说话人、听话人等多方面的研究。由于说话人与听话人存在主体性差异，对"言语行为"的理解也必然存在差异，语义模糊性使这种差异的存在成为可能。其后，格赖斯（1975）提出了著名的"合作原则"。"合作原则"正是建立在语义普遍存在模糊性的基础上。在格赖斯的"合作原则"基础上，利奇（1983）提出了"礼貌原则"理论，布朗和列文森（1987）提出了"面子理论"。以上语用理论为了保证言语实践活动的顺利进行，为参与者双方规定了行为准则。模糊语言作为一种交际策略，具有礼貌、委婉等特点，言语实践过程中模糊语言的使用是对上述准则最好的诠释。列文森、利奇将言语层面的语义模糊性现象称为语用模糊。斯波伯和威尔逊（1986）提出的"关联理论"将言语实践活动具有关联性这一点作为言语实践活动的先决条件，认为交际参与者会对对方信息意图中具有语义模糊性的部分向有利于交际完成的方向进行推理。韩礼德（1985）则更加重视语境的作用，在语言研究中将小句作为基本单位进行研究，创建了系统功能语言学。

语用学将语言符号与意义以外的因素纳入研究范畴，作为语言使用主体的人自然是语用学研究的重点。言语实践活动中产生语义模糊的根本原因是说话人与听话人在认知语境方面的个体性差异。语用学中对人类言语实践活动社会行为性的重视为语义模糊性问题研究提供了更多解决问题的方法与途径。

第二节 日本研究回顾

一、早期语义模糊性研究

日本的语言学研究中，对语义模糊性问题的关注早于我国。日本最早关于语义模糊性研究的论文是山崎良幸发表于 1952 年的《言語表現の曖昧性——特に助詞「や」の用法に関連して》。相对于我国将扎德《模糊集合》的出版视为模糊语言学的初步形成，日本将威廉·燕卜荪于 1930 年出版的《曖昧の七つの型》(Seven Types of Ambiguity) 视为模糊语言学初步形成的标志。我国 1996 年才将该著作翻译并出版，但译者并未将威廉·燕卜荪的这本书视为模糊语言学的相关著作，而将其译为《朦胧的七种类型》，该书在我国被看作是文学方面的相关研究。

1969 年坂井秀寿和山中桂一两位学者以书信形式对语义模糊性的问题进行了探讨。两人争论的出发点是坂井在其著作中认为相对于其他语言而言，日语的语义模糊性表达更多。山中对此表示异议，认为日语并不具有较其他语言模糊性更大的特点。山中认为理想的语言应当能够充分反映语言内部的相互联系、语言符号与指称对象的适度整合性以及可塑性等特点，而语言本身并不具有模糊性。坂井则认为语义模糊性造成语言交际不利的原因在于说话人对于语言不能熟练使用，且由于没有语义模糊性程度评价的标准，所以日常语言层面下的语义模糊性研究没有意义。①二人的争论还涉及语义模糊性产生的哲学根源、语义模糊性与多义的关系、语义模糊性与多义产生的原因、语义模糊性是由词还是词素的模糊性导致等多个方面。二人的争论毫无疑问推动了日语语义模糊性问题研究的发展，同时，在争论中提出的问题也为其后日语语义模糊性问题研究提供了研究课题，指明了研究方向。

　　其后，小泽清在1975年发表了《曖昧さと正確さ》（《模糊语与准确性》），小泽在文中以柏拉图在《第七封信》中对于语言的观点为切入点，引用罗素与维特根斯坦关于语言研究的观点，即语言学研究的范围除应包括人类如何使用语言表达思想、语言符号与指称对象之间的关系、语言与命题之间的关系外，还应包括对经验事实的语言本体的研究。他同时指出罗素与维特根斯坦关于语言研究的观点很难解释思想传递过程中产生的模糊性问题。小泽将说话人思想表达失败的原因总结为：（1）指称的原因。例如使用指称对象不清或没有指称对象的语言、用语言不能清晰

① 坂井秀寿　山中桂一. 言語の曖昧と多義について [J]. 東海大学紀要，1970. 第19—21页

表达的客观事实等；（2）意义的原因。例如指称符号与指称对象的非一一对应、客观世界难以清楚划分等。小泽结合威廉·燕卜逊对语义模糊性表达的分类，认为语义模糊性并非仅对思想表达产生消极作用。在法律、外交甚至是日常交际会话中，无论是书面语还是口语，语义模糊性的存在均可以使表达更加自由、富有弹性。小泽从哲学的视角分析语义模糊性存在的原因，肯定了言语实践活动中语义模糊性的重要性，同时提出语义模糊性表达具有积极与消极两个方面。

八木敏雄（1977）在《曖昧と言語表現の美》（《语义模糊性与语言表达之美》）中开篇便引用威廉·燕卜荪对语义模糊的定义，认为语义模糊性具有普遍性，所有语言在某种程度上均具有语义模糊性。想要将作为语义最小单位的词进行区分时，一般将该词分成几个义项，被分成的若干个义项之间存在相互重合的部分。不同的划分方法会产生不同的新的义项，从逻辑上说，义项的划分具有无限可能性。① 八木主张将语义模糊性分为非确定性、含糊与多义性，并以川端康成的《雪国》中的名句、俳人松尾芭蕉的著名俳句等为对象说明文学作品中表现的"美"与语义模糊性的关系。八木指出语义模糊性表达在文学作品中可以引发读者的联想，从而产生"美"的印象，但"美"并非直接存在于语言之中，而是需要人的意识作为媒介才能够使读者在阅读时产生"美"的感受。八木利用语义模糊性相关理论对文学作品进行分析，这与我国对于威廉·燕卜荪的《朦胧的七种类型》的认识是

---

① 八木敏雄. 曖昧と言語表現の美 [J]. 成城文芸，1977. 第 61 页

一致的。我国目前对威廉·燕卜荪的《朦胧的七种类型》仍然局限于文学层面的研究，八木利用《朦胧的七种类型》将语言学与文学研究相结合，也可作为我国语义模糊性问题研究的一个新方向。

早期日本语义模糊性研究的相关成果还有平川信弘的《語義の曖昧性》(1971)、佐藤亮一的《曖昧アクセント地域における話者の型知覚について》(1972) 等，《成城文芸》还在 1977 年将浅沼圭司、黑崎宏、户田幸策、毛利三弥、八木敏雄等学者的文章编辑成语义模糊性研究特辑出版。可以说在 20 世纪 70 年代日本语义模糊性问题研究迎来一个高峰。

日本语言学界对语义模糊性问题的关注不但较我国学者更早，而且不仅限于语言结构层面，对语言内部词素、指称、语音等问题也有相关研究，并在此基础上展开语言与哲学研究关系的思考。可以说，日本的语义模糊性早期研究无论是深度还是广度均具有较高的水平。日本早期语义模糊性问题研究涉及范围较广，也导致对于语义模糊性问题研究所属的学科较难确定，从而出现日本语义模糊性研究没有一个完整的体系，研究成果散落于各相关学科的情况。

二、 结构主义语言学维度

20 世纪八九十年代，由于结构语义、认知语言学、语用学等西方语言学理论研究在日本兴起，日本语义模糊性研究成果较为分散的状况并未得到改善，相反，以语义模糊性为主要研究对象的研究成果出现减少趋势，日本国立国语研究语言学文献数据库显示，1980—1989十年间日本语言学研究以语义模糊性为主要研究对象的论文只有6篇。进入90年代，日本语言学界又认识到语义模糊性在语言研究中的重要性，语义模糊性相关研究以及涉及语义模糊性相关内容的研究成果逐渐增多。

结构主义语言学在整个语言研究领域占有极为重要的地位。结构主义语言学主要分析语言内部结构，将语言分为能指与所指，提出了共时与历时的研究方法，并将语言学研究对象分为语言与言语。可以说，索绪尔创建的结构主义语言学为语言研究开创了一片新天地。能指与所指的出现从语言结构内部给语义模糊性产生根源问题提供了理论依据。

日本学界利用结构主义语言学相关概念结合模糊合集理论进行语言学研究的成果相对较多。菅野道夫（1988）、山下利之（2000）等利用模糊集合理论从自然语言、语用学等角度进行了相关研究。松本裕治、影山太郎等（1997）的《単語と辞書》尝试将单词进行分解，考察单词内部关系以图解决计算机翻译中处理语义模糊性时出现的问题。桥本建一（1999）利用语义场理论分析日语中表示距离、空间、体积的词。野田尚史（2002）从表现手段、产生原因、词汇、结构等角度对日语语义模糊性现象进行了整理与归纳。野田指出语义模糊性的类型很多，对于语义模糊性表达的理解主要依靠语法、语义、一般性常识等方面的知识。[①] 铃木孝夫（1973）、金田一春彦（1975）等语言学家虽在著

① 野田尚史. 日本語のあいまい文 [J]. 日本ファジィ学会誌，2002. 第11页

作中提到过日语模糊性的问题，但关注重点多为非主体词汇。益冈隆志、佐间まゆみ等（2002）在研究中也涉及语气词、数量词、语义的歧义性等模糊语言学的周边领域。

以上基于结构主义语言学所衍生的语义模糊性问题研究，多以词为基本单位，认为语义模糊性产生的原因之一为能指与所指的非一一对应性。结构主义语言学对语义模糊性问题的研究为语义模糊性问题探讨提供了理论支撑与语言材料，但结构主义语言学对语义模糊性问题的研究也有其局限性，其忽略了语言使用主体——人的因素，使得对一些语义模糊性的现象不能进行很好的解释。日本基于结构主义视野进行的语义模糊性研究同欧美一样过多关注形式层面的符号与意义的关系，对于其他影响语义的因素不够重视。

三、认知语言学维度

语义范畴的不确定性是语义模糊性存在的原因之一，日本学界从认知语言学层面进行的语义模糊性相关研究多从语义范畴角度切入。辻幸夫（2001、2003）对于比喻与范畴扩展进行了解释说明。吉村公宏（2004）在《はじめての認知言語学》中认为语义的淡化从另一个角度说是一种改变语法范畴的过程，并将其称为脱范畴化。他将语义范畴分为三类：专业范畴、通俗范畴和特定范畴。[①] 语法化也是改变语义范畴的过程，是语义模糊性发展

---

① 吉村公宏. はじめての認知言語学［M］. 東京：研究社，2004. 第137—138 页

变化的过程之一，日本学界与之相关的成果也层出不穷。大堀寿夫（2005）指出由于语言变化并无定式，随着语言使用范围的扩大，语言的功能呈多样化发展，出现了区别于传统语法化"实词虚化"的新型语法化现象，并称之为多功能性语法化或多义性语法化。如日语格助词中出现具有接续助词功能的现象，这种多义性体现为一个词素具有多个语法功能。山梨正明（1995）、定延利之（2000）、籾山洋介（2001）等利用"原型范畴理论"对日语词的语义范畴进行分析。虽然以上成果均在不同程度上论及了日语的语义模糊性，但日语研究中以认知语言学的理论为基础，将研究重点放在语义模糊性方面来考量日语语言特点的研究成果却并不多见。

认知语言学相关思想对语义模糊性问题具有一定的解释力，可以从意义范畴、认知方式等角度对语义模糊性相关问题进行思考。日本认知语言学研究本身侧重点为人的心理维度，重视人类思维过程与客观世界的关系，但对语义模糊性问题的考察多集中于语言层面，对影响语义的其他因素如语言使用者、语言文化背景等言语层面因素重视不够，对语义模糊性问题单维度地从语言层面展开研究明显缺乏足够的基础理论予以佐证。同时，在对语言本体特点考察时，对于概念范畴中原型成员的延伸、对象语言的整体性以及隐喻产生的根本原因等方面的解释缺乏说服力。

四、语用学维度

日本语用学研究始于对西方语用学理论的引进，坂本百大

(1978、1986)、毛利可信（1980）、池上嘉彦（1987）将奥斯汀、塞尔、格赖斯、林奇等著作译成日文。小泉保（1990）的《言外の言語学——日本語語用論》标志着日本语用学研究本土化的开始。以上学者在对西方语用学理论进行引进与诠释的过程中，虽未将语义模糊性问题作为介绍的重点，但语义模糊性相关问题在他们的文章中均有涉及。仁田义雄提出从委婉表达的成立条件来看，一方面说话人需认识到所叙述的事情成立的确定性，另一方面所叙述事情的成立与否还存在过渡盲区。① 国分俊宏（2007）以「この部屋寒いね」为例，将此句的意义分为字面的意义"这个房间很冷"以及说话意图"请把门关上、请打开暖风"两个层次，指出说话意图是需要在理解字面意义的基础上并通过字面意义表达的，同时强调意义、意图以及理解三者是不可能分离的融合体。根据国分（2007）的分析可知「この部屋寒いね」这句话产生了字面意义以及说话意图两个选项，这时可以说「この部屋寒いね」这句话出现了语义模糊。要正确理解这句话的真正意义，消除语义模糊则需要考虑具体语境后才能够做出正确的解释。

　　加藤重广（2009）、石黑圭（2013）从日本民族文化、日本人交际习惯等方面考察日本人在交际时对模糊性表达的使用。加藤认为日语属于"高语境文化"，日语言语实践活动更适合使用具有语义模糊性的表达。加藤还认为日本人在进行言语实践活动中即便是对说话人十分确信的内容仍然习惯采取避免断言的表达

---

① 孙颖. 从语义模糊性看日语委婉表达 [J]. 外语学刊, 2011 (6). 第163页.

方式，交际双方非常依赖交际常识与规则，从而经常使用省略的表达方式等特点。石黑认为日本的岛国文化造成日本国内相对封闭的交际环境，日本人与不同文化背景的人交流机会较少，所以日语较其他语言而言对语境的依存度更高，这更有利于日本人在交际时采用语义模糊性表达。

语用学将语言符号与意义以外的因素纳入研究范畴，作为语言使用主体的人自然是语用学研究的重点。言语实践活动中产生语义模糊的根本原因是说话人与听话人在认知语境方面的个体性差异。语用学中对人类言语实践活动社会行为性的重视为语义模糊性问题研究提供了更多解决问题的方法与途径。

第三节　国内研究回顾

对于语言中存在的语义模糊性，我国自古以来便有人关注，《易经》中"上下无常，刚柔相易"。《老子》中"故有无相生，难易相成，长短相形，高下相倾，音声相和，前后相随"。《楚辞》中"尺有所短，寸有所长"等表述，均表明当时人们已经注意到"上""下""长""短"等词语所具有的语义模糊性。吕叔湘（1963）就单词的界限问题做过专门论述。赵元任（1988）也提出区别"歧义""模糊"和"笼统"三个概念。但国内公认最早的运用模糊理论对语言模糊性进行研究的论文是伍铁平（1979）的《模糊语言初探》。其后数十年间模糊语言学研究蓬勃发展，伍铁平（1999）的《模糊语言学》标志我国模糊语言学研究初步形成规模。

一、引进与诠释

我国模糊语言学研究虽然起步较晚，但发展迅速。伍铁平发表了《模糊语言初探》（1979）和《模糊语言再探》（1980），向国内学界介绍了扎德的模糊理论，并尝试将模糊理论运用到语言学的研究中。其后，关于语义模糊性问题相关研究成果的评述层出不穷，伍谦光（1988）的《语义学导论》中介绍了英国语义学家 Kempson 对于"歧义"与"模糊"两个概念的看法，并对"模糊"一词英语术语进行辨析。石毓智（1995）《〈女人、火、危险事物——范畴揭示了思维的什么奥秘〉评介》批判了乔姆斯基的生成语法忽视人类经验因素，将人类语言同数理逻辑相互比附的做法，同时从认知语言学的角度将语义模糊性的基本概念进行诠释。

姚小平（1988）介绍了凯（Kay）和麦克丹尼尔（Mcdaniel）（1975）模糊合集理论运用到研究基本颜色词的研究成果，并结合汉语基本颜色词的演变，从文化角度进行评述。李福印（1995）的《模糊限制语的社会语言学探讨》介绍了莱考夫于1972 年提出的关于模糊限制语的观点，其中主要从说话人性别、社会地位、职业三方面考察，指出恰当、得体地使用模糊限制语可以获得最佳的交际效果，从正面肯定了模糊语言在言语实践活动中的作用。张乔（2004）对国外 20 世纪七八十年代模糊语言学研究的动态做了整体性介绍与评述，并在文中对"模糊""含糊""概括""歧义"等定义进行比较分析，进一步明确了"模糊"的概念。

在国外研究成果的译著方面，杨青、吴涌涛于 1990 翻译了罗素著名的《论模糊性》，指出模糊只涉及表达手段与表达内容之间的关系，模糊性问题不是源于人的认识而是源于符号本体具有的模糊性。关敬英、韦汉（2006）对加拿大心理学家 Janet Beavin Bavelas 的《含糊交际学》（《Equivocal Communication》）一书进行评述，介绍了使用数量估量法对含糊交际进行客观的测量和计算的方式，指出含糊交际的实质是说话人处于回避实话与说谎两个极端之间，具有冲突的、两难的情境下采取的积极解决方法。

国内语义模糊性研究综述类文章有陈新仁（1993）的《模糊语义研究的现状与未来》，吴世雄（2000）的《中国模糊语言学的理论研究述评》、吴世雄（2001）的《中国模糊语言学回顾与前瞻》、姚鸿琨（2005）的《近年来国内模糊语义学研究概述》等。也有不少文章根据中国近年来模糊语义研究状况提出反思和建议，如范武邱（2007）的《模糊语言中凸现的几个问题》、杨石乔（2009）的《模糊语言学反思》等。

除此以外，苗东升（1983、1988、1999）、Ruth M. Kempson 与孙秋秋（1983）、何自然（1985）、文旭（2001）、朱小美、张明（2005）、李奇楠、张蓓、王亚新、翟东娜等（2006）、王寅（2007）、李葆嘉、司联合、李炯英（2013）、刘贺（2013）也将国外模糊语言的相关研究成果进行了引进与诠释。以上学者对于国外语义模糊性研究相关成果的介绍使我国语义模糊性问题研究能够与国外语言研究接轨，研究方法与研究手段基本与国外保持同步，多维度、多学科的整合性研究方式被越来越多的学者所接受。

通过以上整理可以发现，国内对于语义模糊性问题的介绍大体上可分为两方面：一是以原文翻译为主，将国外学者语义模糊性的研究方法与思考方式引进国内，为国内相关领域研究的开展发挥重要作用；二是在介绍国外语义模糊性相关研究动态的同时，结合自己的理解，做出进一步诠释，为相关语义模糊性研究的本土化做出了重要的贡献。

二、产生根源与相关概念研究

模糊语言学在国内发展的初期，国内学者将研究重点放在语义模糊性的产生根源及相关概念的问题上。对语义模糊性产生根源研究成果主要分为两类：其一是针对最典型的几类词语的语义模糊性的研究，如表示颜色、时间及带有感情色彩的词等。这类成果主要集中在 20 世纪八九十年代，除伍铁平的系列研究《模糊语言初探》（1979）、《论颜色词及其模糊性质》（1986）等以外，吴玉章（1988）的《从历时和共时对比的角度看颜色词的模糊性》、蒋跃（1992）的《时间词的模糊性》等在介绍国外研究理论的基础上探讨汉语词语的模糊性。其二是针对语义模糊性的本质和理论根源的研究。20 世纪 90 年代在石安石和符达维之间展开的论战体现出我国学者对语义模糊性的本质和根源的深刻思考。此外，我国学者也很注重研究方法和角度。文旭（1995）的

《从语义场理论看语言的模糊性》尝试从语义场理论出发研究语义模糊性；贾彦德（1986）的《语义学导论》发现义位的模糊与明确和义位属于什么样的义场有直接关系。张乔（2004）的《模糊语义学》完全借助逻辑学理论演绎语义模糊关系，陈红（2010）的《从模糊语言学角度看日语表达的模糊性》指出日语除了具有人类自然语言之模糊性这一共性之外，其"本体的模糊性"和"认识上的模糊性"以及语词和表达层面上的模糊化操作又有它自己的特色，从中能窥视到日本人对模糊表达的认同心理。曾文雄（2005）的《模糊限制语的语言学理论与应用研究》、范武邱（2011）的《英汉语模糊性表现形式差异说略》等将研究的视角由词语扩展至语句、语篇的层面。除此以外，李晓明（1986a、b）、苗东升（1987）、钱冠连（2002，2015）等从哲学和认识论的维度对语义模糊性问题进行思考。

国内学者在进行语义模糊性产生根源研究同时，也注意到语义模糊问题研究过程中遇到的一些问题，这些问题主要集中于语义模糊性的定义、研究范畴的确定以及语义模糊同其他相关概念之间的关系等。何自然（2000）将"fuzziness"译为语义模糊；将"vagueness"译为语用含糊，刘佐艳（2003）认为应当将语义模糊置于语用模糊的范畴之下。对于单个词汇意义的不确定性只有在语用中，即放到特定的语境中才能解决。李秋梅（2003）对笼统、两可等概念归于语用模糊提出了异议。其他相关研究成果还有伍铁平（1991）的《语言的模糊性和多义性等的区别》、俞如珍（1993）的《简论词的模糊性、概括性和特指性》、杨斐翡（1992）的《英语中歧义与模糊的基本区别》、吴世雄（1994）的

《应该区分词语的含混与歧义》等从语义层面对语义模糊性与歧义、多义等概念进行比较研究。苗东升（1987）、张建理（1996）、俞东明（1997）、陶源（2012）等也按照语义学与语用学的区分方法将语义模糊与语用模糊进行了区分，但时至今日，大家对语用模糊与语义模糊的辨别方法依然莫衷一是。

国内学者对于语义模糊性产生根源与相关概念的研究极大的推进了我国语义模糊性问题研究的本土化进程，同时，语义模糊性与歧义、多义、语用模糊等概念的比较研究为我国语义模糊性研究乃至模糊语言学研究的体系化构建提供了坚实的理论基础。

三、 认知语言学维度

我国学者还将认知语言学的理论和方法引入模糊语言学研究。这方面的成果有吴世雄《从认知角度研究模糊语言的重要意义》（1996），吴世雄、陈维振《论语义范畴的家族相似性》（1996），陈维振、吴世雄《范畴与模糊语义研究》（2002）、《有关模糊语义逻辑的知识论观点》（2003）、《模糊集合论与语义范畴模糊性研究》（2003），文旭《语义模糊的认知分析》（1999）。吴世雄、陈维振揭示了人类的类属划分（范畴化）对语义模糊的影响，论证了人类的类属划分具有生理和文化基础，以及由类属划分所得到的语义范畴具有"家族相似性"和模糊性等特征。俞建梁、孙晓霞（2010）的《论范畴的不确定性》认为范畴的本质除具有确定性外，还具有不确定性，该不确定性在语言学层面反映为语义模糊性。吴未未的（2010）《从原型理论看日语语言学术语"外来语"外延的模糊性》从认知语言学的原型理论角度，对日语学术用语"外来语"范畴的原型进行研究，指出原型效果是由日本人的"外来语"范畴的理想化认知模式所促动的。何芳芝、徐曙（2010）的《日语词汇种类模糊性的认知视角》认为日语词汇按照种类划分为四个部分：和语词、汉语词、外来词、混合词。但仍然有大量的词汇无法按照这四个部分来分类。何、徐提出从认知视角来审视日语词汇种类的模糊性问题，并将这种模糊性分为三类：词汇种类在语用认知上的模糊性、词汇种类在发展演变上的模糊性、词汇种类本身存在的模糊性，在此基础上对日语词汇种类进行分类，并作出认知解释。朱立霞、李宏伟（2010）以日语委婉表达为对象从认知语言学的角度对由这些语法手段构成的委婉结构进行考察，明确它们在信息传达上的特点，深入理解委婉结构的本质。

　　束定芳（1998，2000）注意到隐喻中模糊性的重要性，指出隐喻意义的模糊性主要体现于隐喻意义的理解对语境的依赖，概念范畴发展呈"范畴化—模糊化—重新范畴化"循环的模式，隐喻是该模式中模糊化阶段的重要一环。模糊性是隐喻隐含意义的必然产物之一。田学军（2006）的《隐喻的外显、内隐和模糊功能的语用运作机制》将隐喻的模糊功能分类，并考察它们的语义模糊性，将隐喻的模糊功能分为：隐喻意义（明晰）、隐喻含意（模糊/明晰）、隐喻影像（模糊/明晰）、情感（模糊/明晰）、非言语信息（模糊）。徐学深、梁润生（2009）的《浅谈认知隐喻中的模糊性》指出"隐喻意义"与"字面意义"两者之间具有模糊性。"隐喻意义"与"字面意义"两者之间既具有矛盾性，又有相似性，而矛盾性和相似性永远是一个相对的概念，这就必然使得隐喻义具有模糊性。对原本分属两个不同类别的事物进行重新范畴化，其间的范畴界限，也因隐喻的使用变得模糊起来。李远喜（2005）结合日语的特点考察日语的隐喻现象，认为真正发挥隐喻作用的不是表层的语言现象，而是思维层次的隐喻概念，是人们的思维方式与认知方式。张乔（1997）、桂诗春（2000）、束定芳（2000，2008）、赵艳芳（2001）、王寅（2006）、黎千驹（2006）、苏联波（2008）等从心理学和认知科学等多角度对语义模糊性问题进行了较为深入的探讨。

认知语言学中的"原型范畴理论"不仅可以对语义模糊性产生的根源进行合理的解释，还可以利用其对隐喻的发生机制进行研究。国内基于认知语言学理论进行的语义模糊性研究主要集中在语义范畴方面的研究且涉及哲学、逻辑学、语言哲学等多个学科，认知语言学层面的语义模糊性问题研究为语义模糊性的跨学科整合性研究提供了理据支持与理论支撑。

四、　语用学研究维度

语言学的发展随着奥斯汀（1962）的"言语行为理论"与格赖斯（1975）"合作原则"的提出，开始关注语言本体特征以外的言语层面的诸因素。语用重视语境与交际参与者，语用学进入语言学家的学术视野的同时，对语义模糊性问题的研究重心也从结构主义视域下疏离于语境的意义转移至在言语实践活动发生情境下具体语言表达所代表的意义以及意义在言语实践活动的作用。何自然（2000）就明确指出语义模糊的研究需要从语用的角度分析才有意义。

格赖斯的"合作原则"被认为是语用学的核心内容，"合作原则"规定了保证言语实践活动的顺利进行所需要遵守的必备准则，分别为质的准则、量的准则、关联准则及方式准则。在此基础上布朗、列文森提出了"面子理论"，林奇提出了"礼貌原则"。"合作原则"最早由钱冠连（1987、1988、1989）引进我国，钱冠连在研究言语实践中假信息的同时介绍了"合作原则"的相关内容。刘润清、许润民（1992）的《格莱斯的合作原则与歧义句分析》在介绍"合作原则"过程中，将"合作原则"同歧义句的研究结合起来，推动了语义模糊性问题研究在言语层面的开展。张春隆（1996）在《论合作原则之不足》中将格赖斯的"合作原则"称为语用学中的推理模式，该模式针对语义模糊性表达进行推理，进而得出说话人意想表达的意图。黄勤（2000）在《合作原则与双关歧义》中将歧义分为构词歧义、语法歧义、语义歧义、双关歧义等，从翻译学的角度，借助"合作原则"为语言使用者提供对双关歧义理解和翻译的有效方法，指出双关歧义是作者未达到某种语用效果而故意使话语的语义含混不清，作为翻译者在推理、再现话语含义的过程中须准守合作原则。

"面子理论"与"礼貌原则"均是在"合作原则"的基础上提出的，"面子理论"与"礼貌原则"从语言运用功能角度，强调在言语实践过程中交际双方应充分考虑对方的立场尽量维护对方"面子"，使会话内容更加得体。国内对言语层面语义模糊性问题的研究多集中在模糊限制语方面，例如应国丽、周红

（2009）指出在日常的言语实践中，语义模糊性表达的使用就是恪守礼貌原则的常用策略。根据其定义，语义模糊性表达可以使话语更委婉，更得体。费建华（2004）在《日语模糊限制语的语用分析》中将日语的模糊限制语分为使用含义不明确的修饰成分与句尾的委婉曲折表现成分，指出日语模糊限制语避免表达的绝对化与极端化，减轻了说话人需要承担的责任，更加符合日本社会"和"的特点。何自然（1985）、陈治安、冉永平（1995）、李福印（1995）、冯光武（1999）、蔡龙权、戴玮栋（2002）等从不同角度对模糊限制语的语用功能进行考察，充分肯定了模糊限制语对交际活动的重要性。

"关联理论"作为格赖斯语用学思想的延伸，国内对其相关研究也颇多。最大关联与最佳关联是关联理论的核心内容，何自然（1998）、孟建钢（2002）均指出最大关联与最佳关联在"关联理论"中占有举足轻重的地位。从"关联理论"的维度切入，言语层面的语义模糊性的产生正是由于最大关联与最佳关联的不一致性。刘建刚（2006）指出在实际言语实践中，发话人往往会选择使用模糊语言来隐含而不是明示他的话语含义，这就在明示与隐含之间形成一种对立关系，这种对立关系促使交际双方进行心理磋商和话语反馈。国内"关联理论"视域下对语义模糊性的研究成果还有吴秀芳（2005）、申媛媛（2010）、代阳（2010）、鲁苓（2012）等。

对语义模糊性问题的研究相对于语言层面，日语学界更重视言语层面的研究，将更多的注意力放在研究言语实践活动中模糊性表达的功能性上。孙颖（2011）的《从语义模糊性看日语的委婉表达》认为委婉表达方式是交际过程中的"润滑剂"。在叙事时，日语中往往借助于委婉表达来曲折迂回地体现说话人的观点，从而保持人际关系的和谐。张富军（2011）的《日语委婉表达的模糊性》从模糊语言学的角度对日语中的委婉表达进行了分析。龙江（2000）、陆娟（2011）、李凝（2013、2015）、周广瑜（2015）等也从语用学的角度对日语语义模糊性问题进行相关研究。

国内言语层面语义模糊性问题的研究数量颇多，研究方法多以"合作原则""礼貌原则""关联理论"等语用学理论为基础，以具有语义模糊性表达为对象，考察语义模糊性在言语实践活动中发挥的作用。但在模糊语言学视域下进行语义模糊性语用功能的研究却不多，可能是因为当今学界对语义模糊性问题研究并未形成较健全的体系结构，从而较难全面地对言语层面的语义模糊性进行系统地考察。

五、 回归文化根源探究

我国语言学界在研究模糊语言的同时，也关注语义模糊性与社会文化的关系问题，陈治安、文旭（1997）的《模糊语言学概论》谈到不同语言中词义模糊性的差异根源在于民族文化的不同；季济生（1995）的论述核心在于词义中所表现出的模糊性与民族性；陈新仁（1993）提出语义模糊性与社会文化之间互相影响、关系紧密。

国内日语学界对于语义模糊性与社会文化关系问题的研究主

要从日本社会文化特征维度切入，许真（1994）从日语特别的文化背景入手，考察日语模糊性特点产生的文化因素。张卫娣、肖传国（1999）指出日本人喜爱使用具有语义模糊性的表达，并对日本人喜爱具有语义模糊性表达原因进行文化层面的追问。宫伟（2003）从语用学的角度，从文化背景、社会环境等方面分析了模糊语言产生的根本原因，指出使用模糊语言旨在回避责任，在一定程度上可以润滑人际关系，但是使用不当则会适得其反。王在琦、王玲（2005）从日语暧昧性的角度对日语语义模糊性问题进行研究，指出暧昧性表达是日语语言文化的显著特点之一，在日常的言语实践中暧昧表达随处可见，它反映了日本人的传统生活态度，也反映了整个日本民族的文化个性及其生活伦理。其他相关成果还有，王欣荣（1995）、祝大鸣（1997、1999）、陈小明、包志荣（2001）、陈小明（2006）、蔡忠良（2009）、范婷婷（2011）等。

第四节　反思与展望

从上文对国内外语义模糊性问题研究所做的回顾，我们发现语义模糊性问题已经引起各领域学者的广泛关注，但语义模糊性问题的相关研究在系统性与深度上仍稍显不足，同时在不同方面和不同层次的语义模糊性研究上也存在不均衡发展的问题。根据语义模糊性问题研究的现状整理可总结为以下几点：（1）研究形式化程度不高。模糊语言学作为一门较新的学科，缺乏健全的结构框架和坚实的理论基础,基础概念定义不统一,对于关键性概念重视程度不够。研究标准的不同导致对语义模糊性相关概念的认识存在一定差异,影响了研究结果的客观性与普遍性。(2)缺乏深入理论分析。相关研究多为认知语言学、语用学等专门研究的附属成果,即只有在认知语言学、语用学等研究过程中涉及语义模糊性相关问题时,才进行语义模糊性的相关研究。由于缺乏集中且连续的语义模糊性问题理论研究成果,各领域学者均按照各自研究领域特点进行相关研究,导致语义模糊性问题理论研究不够深入。(3)整合性与本土化研究成果较少。语义模糊性问题研究涉及语义学、语用学、语言哲学、社会语言学、逻辑学等多个学科,且不同语言的语义模糊性具有明显的个性特征,从模糊语言学理论出发,结合日语语言本体特征研究日语语义模糊性的本质是十分必要的。现有的日本语言学中相关语义模糊性研究的本土化研究成果基本集中于语义模糊性表达形式整理与利用模糊集合理论解决机器翻译、人工智能等方面的问题,缺少跨学科的整合性研究与针对日语本体特征的语言学的日语本土化研究,这一点也影响了语义模糊性问题研究的整体发展。

　　针对上述问题,笔者对语义模糊性问题的研究进行如下展望:1. 重新认识语义模糊性问题,确认语义模糊性问题研究的重要性。建立完整语义模糊性研究体系,厘清语义模糊性问题重要概念,提高语义模糊性问题研究的系统性与理论深度。重新认识语义模糊性问题研究,确认语义模糊性问题研究的重要性。2. 建立完善的语义模糊性研究体系。厘清语义模糊性问题相关概念,提高语义模糊性问题研究的系统性与理论深度。对于语模糊性研究对象进行限定，确定语义模糊性问题研究的具体范畴，区别语义模糊、语用模糊、多义、歧义等基本概念，建立系统的理论框架与研究体系，明确研究对象。3. 加强理论分析研究。多方位、多视角地对语义模糊性进行分析，用动态的眼光观察问题、动态的思维解释现象。语义模糊性问题研究应系统地针对某一问题或某几个问题展开系列研究。从语言现象至理论基础，由上至下、从局部至整体对语义模糊性现象进行考察，探讨语义模糊性现象背后的深层本质，为语言学其他方向的研究提供材料支持与理论支撑，为语言学整体发展提供新观点与新方向。4. 加强各学科间的联系。多吸收其他学科新成果，进行整合性研究。结合语言本体特点，积极开展本土化研究。结合认知学、社会学、心理学、哲学等学科的相关研究成果，追问现象背后的本质。在语言学研究的基础上为机器翻译、人工智能等领域提供理论支持，充分发挥语义模糊性研究的特点，为人文科学研究与人类社会的发展做出贡献。

第二章

基础、 定义与类型

　　语义模糊性作为语言的基本属性无处不在，可以说有人类存在的地方都有语义模糊性存在。对语义模糊性问题的研究其实在很早以前便已开始，罗素、维特根斯坦等哲学家在其著作中均或多或少提及语义模糊性的问题；各国学者在语义学、语用学等层面也分别对语义模糊性进行了相关的描述。由于语义模糊性的存在方式涉及人与客观世界等诸多因素，对于语义模糊性的界定等问题直接影响语义模糊性研究的范畴及对象。本章将对语义模糊性相关概念、语义模糊性的哲学渊源、语义模糊性的本体特点等问题进行考察，尝试建立语义模糊性研究的理论框架，从而厘清语义模糊性问题研究的重点与方向。

第一节　语义模糊的定义与类型

　　语言是人思维表达与公共交流的工具，所以对语言本质的认识就是对人的本质的认识。语义模糊作为语言的重要特征之一，在人类认知、思维、交际等方面均产生重要影响。语义模糊性的界定问题一直未能形成一个统一规范的结论，不管是其具体名称还是其研究范畴均众说纷纭，各国学者按照自己的思路进行研究，多个概念未获得各领域学者们的一致认可，导致语义模糊性问题研究的某些结果在某种程度上呈现出层级上与对象上的差异。诸多学者对语义模糊性相关概念间界定的不统一，给语言学相关领域的研究造成一定的困扰。因此，在现有研究基础上对语义模糊性进行重新界定可以更好地划定语义模糊研究的范畴，明确语义模糊性研究的目标，从而更容易对语义模糊问题进行深入、细致的考察。

一、「ファジー」（fuzzy）与「曖昧」

目前国内学界习惯使用关于语义模糊性的英语表述有两个："fuzziness"和"vagueness"。在罗素（1923）的《论模糊性》中以及沙夫的著作中使用的是后者；而在扎德（1964）的《模糊集》中，其题目使用的却是前者。国内对于以上两种说法的使用与翻译却莫衷一是。伍铁平（1989）同意扎德在《模糊集》中的用法，将"vagueness"视为非科学的生活用语。何自然（1990）、张乔（1998）将"vagueness"译为含糊，并置于语用学范畴；将"fuzziness"译为模糊，置于语义学范畴，并认为模糊与歧义等均为含糊的下位概念。刘佐艳（2003）认为，为了避免术语在理解以及使用上的混乱，"fuzziness"同"vagueness"无需具体区分。

现代模糊语言学的建立是以扎德的《模糊集》为标志的，所以笔者认为将"fuzziness"一词作为模糊性的正确对应较为合理。同时，为了避免使用上的混乱不应再将"vagueness"译为模糊性也不应将其译为含糊，在学术研究中应统一使用"fuzziness"一词。

在日语语言学中，表示语义模糊性的词主要由「曖昧」和「婉曲」。「曖昧」被定义为「意味がシャープに伝わらないように意図的に、広い意味のことばや多義的な言葉を用いる」（为不清晰地表达意义，而故意使用意义范围广或具有多义项的词）；[①]「婉曲」被解释为「露骨な表現を避ける」（避免直白的表达），[②] 根据其定义可以看出「婉曲」属于语用表达的手段之一，其范畴明显小于普通语言学中的语义模糊性，「曖昧」是否同模糊完全等同这一点在日本语言学界也同样存在颇多争议。菅野道夫（2001）将语言中「曖昧性」产生的原因归结为符号的有限性以及认识对象的连续性。山下利之（1992）认为符号有限性产生的曖昧是由于一个词对应多个事物；客观事物的连续性产生的曖昧则为一个词的意义范畴发生扩大。可见日本学界从 20 世纪 90 年代就已经开始注意语言中的指称关系了。野田尚史（2002）对于日语中的「曖昧」进行了比较详细的整理。野田从表现手段以及形成原因两方面对日语中「曖昧」进行分类，并在此基础上进一步细化，其整理如下：

---

① 佐久間まゆみ等. 朝倉日本語講座 7　文章・談話［M］. 東京：朝倉書店刊，2003. 第 206 页
② 同上，第 205 页

第一，表现手段产生的「曖昧」。

1. 语音产生的「曖昧」

（1）ジカンキュウ協議が開かれた。（時間給・次官級）

　　（时薪、次官级协议签署。）

　　语音产生的「曖昧」指的是「時間給」和「次官級」两个词发音相同，分别表示"时薪"与"次官级别"，在口语中「ジカンキュウ」一词会使整个语句带有语义模糊性。

2. 表记产生的「曖昧」

（2）人気のない球場に選手が姿を見せた。（ヒトケ・ニンキ）

　　（不受欢迎/原本没人的球场出现了选手的身影。）

　　表记产生的「曖昧」是如「人気」一词具有「ヒトケ」和「ニンキ」两个读音分别表示"有人的样子"和"受欢迎"两个不同意义，故而会产生语义模糊。

3. 语音、表记共同产生的「曖昧」

（3）親方はそれからしばらく、酒を飲みながらコウが翌日の仕込みをするのを見て、あれこれと文句をつけていた。（親方・コウが酒を飲む）

　　（师傅在那之后，一边喝酒一边看着コウ做第二天的准

备，不断地抱怨/师傅在那之后，看着コウ一边喝酒一边
做第二天的准备，不断地抱怨。）

此句的语义模糊性在于说话人想要表达的是"师傅一边喝酒
一边看着コウ做第二天的准备"，还是"师傅看着コウ一边喝酒
一边做第二天的准备"这一点。单纯语产生的语义模糊性可通过
表记消除，由语音同表记共同产生的语义模糊指的是无论是从语
音角度，还是从表记角度此句均可认为是具有语义模糊性的。

第二，不同原因产生的「曖昧」。

1. 词汇层面产生的「曖昧」

（4）二度とこのようなことが起こらないように<u>注意したい</u>。
（自分で・他人に注意する）
（要注意不要第二次发生同样的事情/要提醒他不要第二
次发生同样的事情。）

因为日语「注意」有自己注意和要求他人注意两个意思，所
以，「注意したい」可认为是语义模糊性表达。

2. 语法层面产生的「曖昧」

（5）考古学者が<u>神秘の石を手に入れ</u>世界征服を企てる邪教
集団の野望を 打ち砕く。（考古学者・邪教集団が神秘
の石を手に入れる）
（考古学者击碎了获得神秘宝石企图征服世界的邪教集团

的美梦／考古学者获得神秘宝石击碎了企图征服世界的邪
教集团的美梦。)

得到神秘宝石的是考古学者，还是邪教集团这一点模糊不
清，所以可以认为此句是具有语义模糊性的。

3. 语言层面产生的「暧昧」

(6) <u>三世以下の人たち</u>には、指紋押なつは行わない。(一世
や二世・四 世や五世)

（第三代以下的人不用按指纹。）

第三代以下中「以下」的概念不清晰，第三代以下指的是第
一代、第二代还是第四代、第五代这一点具有语义模糊性。

4. 言语层面产生的「暧昧」

(7) <u>30 台か 50 台</u>の車を見た。(30 台か 50 台のどちらかの
数・30 台から 50 台までの間の数)

（看到了 30、50 台车。）

「30 台か 50 台」指的是"30 台或者是 50 台"还是"30 台到
50 台之间"是具有模糊性的，需要综合言语层面更多信息才能获
得准确的意思表达。

依据野田针对「暧昧表达」的分类以及形成原因的论述，笔
者试将「暧昧表达」的表现手段与形成原因整理成下图。

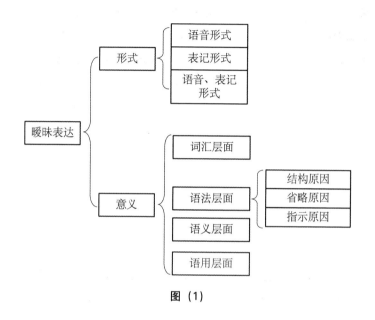

图 (1)

　　由上图 (1) 可以看出日语暧昧表达的形式构成图涉及语音、词汇、语义、语用等诸多方面。野田认为「あいまい文というのは、一つの文が二つ以上の意味に解釈できる文のことである。二義文や多義文と呼ばれることもある。このようなあいまい文は、自然言語なら、どの言語にも必ず見られるのもである」(语义模糊性表达就是一句话有两种以上的解释，也可称作两义句或多义句。这种模糊表达在任何一种自然语言中必然存在)。① 因此，不难看出日语「暧昧表达」的范畴基本包括传统研究中的语

---

① 野田尚史. 日本語のあいまい文 [J]. 日本ファジ学会誌，2002 (14). 第 7 页

义模糊以及语用模糊。需要注意的是，野田这篇论文题目为『日本語のあいまい文』，该论文却发表在『日本ファジ学会誌』上，可见，日本学界对于"fuzziness"和"vagueness"的区分并不明确。小泉嘉子（2012）在论文中尝试利用扎德的模糊理论解决以上语言模糊性问题。小泉将扎德的模糊理论译为「ファジィ理論」；将模糊性译为「あいまいさ」。因此，「暧昧」的范畴包括我国语言学界定义的语义模糊或语用模糊两个概念，也可以说，日本学界基本不区分语义模糊与语用模糊。「暧昧」包含语义模糊与语用模糊，也同时隶属于扎德创立的"数学模糊理论"中的逻辑模糊范畴。所以对于日语语言学研究中的模糊性一词笔者认为使用「暧昧」是可行的，但如果使用扎德的"数学模糊理论"对话语进行分析的话，使用「ファジィ（fuzziness）」一词明显更为妥当。通过对日本学术论文检索网站 cinii 的调查发现，在语言学研究中将"fuzziness"或"vagueness"对应的日语单词作标题的论文几乎没有。

　　时至今日，中国学界对于语义模糊与语用模糊的辨别方法也依然没有定论。何自然（2000）将"fuzziness"译为语义模糊；将"vagueness"译为语用含糊，认为应将语义模糊、笼统、两可等均置于语用模糊的范畴之下，"语用含糊是从语言的使用和理解的角度谈语言的不确定性。……语言的含糊要从语用角度去分析才有意义。单个词汇意义的不确定性只有在语用中，即放到特定的语境中才能解决。因此，言语实践中语用含糊研究当然包括那些看似是词汇、实际上是话语的'模糊限制语'，以及其他以为只是'语义模糊'而实际上是语义含糊的现象"①。可见，何自然（2000）所说的含糊基本等同于本文研究的语用模糊。刘佐艳（2003）也同意何自然的观点，认为应当将语义模糊置于语用模糊的范畴之下。对于"单个词汇意义的不确定性只有在语用中，即放到特定的语境中才能解决"，何自然（2000）虽并未做进一步的解释与说明，但笔者认同这一观点。但是，语义模糊是否属于语用模糊范畴这一点笔者认为有待商榷。李秋梅（2003）也对何自然（2000）将笼统、两可等归于语用模糊提出了异议，"国内语言学界对于语用模糊的概念还没有一个统一的说法，而有的学者所讨论的语用含糊实际上应属于语义模糊的范畴"②。

如上，日本学界对于「曖昧」的定义包括传统语言学中的语义模糊与语用模糊两方面。对于日语「曖昧」问题研究的范畴是在语用学中还是在语义学中也基本没有明确区分，并出现了从符号学、语言哲学等层面进行深入考察的研究成果。国内日语学界对日语中「曖昧」这一概念的理解尚未与日本学界同步。笔者通过检索 CNKI 中与「曖昧」一词相关的语言学论文发现，国内学界对「曖昧」这一概念的研究归根侧重于将其作为日本特有的交际表现形式之一，通过对语义模糊性表达的研究发掘日本文化与日本社会的特点。

综上，笔者认为语言学语义模糊性问题研究中英文术语应采

---

① 何自然. 再论语用含糊 [J]. 外国语，2000. 第 7 页
② 李秋梅. 关于语用模糊的再思考——兼与语义模糊相对比 [J]. 山东外语教学，2003（1）. 第 65 页

用"fuzziness"，日语术语应采用「曖昧」，与中文"语义模糊"一词相对应。

二、语义模糊相关概念辨析

语言层面语义模糊代表语词符号与客观存在的关系。传统研究其实是语言层面语义模糊性问题的研究，言语层面语义模糊性问题的研究基本被学界认为是语用模糊的研究。语义模糊性问题研究涉及语言与言语两个层面，且相关概念甚多，不同语言流派习惯使用术语不同，造成了模糊语言学研究相关概念的不清晰。在进行模糊语言学研究前，对语义模糊相关概念进行整理与辨析是十分必要的。

（一）语义模糊与语用模糊

罗素在《论模糊性》一文中指出"整个语言或多或少是模糊的"[①]。波兰哲学家沙夫在其《语义学引论》中指出："如果我们不考虑科学术语的话，模糊性实际上是所有语词的一个性质。这个性质，反映了采取普遍名称的形式的一切分类所具有的相对性。客观实在中的事物和现象，比任何的分类和任何表示出这种分类的语词所能够表现的东西，都要丰富得多，都要有更多的多面性。在客观实在中，在语词所代表的各类事物（和各类现象）之间是有过渡状态的；这些过渡状态即'交界的现象'，说明了

---

① 罗素. 论模糊性 [J]. 杨清　吴泳涛译. 模糊系统与数学, 1990 (1). 第16页.

我们所谓的语词的模糊性的根源。"[1] 通过比较语义模糊与语用模糊后我们发现，"在意义的表达上，语义模糊表达的是静态的意义，而语用模糊表达的是动态的意义。（中略）因此，我们可以说，语义模糊是语言本身具有的，而语用模糊对于语义模糊来说具有某种派生性"[2]。普通语言的模糊性表现为语义上的模糊，具有普遍性。在使用过程中或者是在特定语境下，语义的模糊性会进一步发生变化，表现为语用模糊，具有临时性。语义模糊性作为语言的自然属性之一无处不在，语义模糊是语义模糊性的具象形式，而语用模糊只是在特定的语境下才会出现，是语义模糊的一种临时的状态，可以说普通语言的语义模糊性特点是产生语用模糊的基础。普通语言语义模糊性研究主要集中在语言符号以及所指概念之间的关系。

（8）凌晨 12 点 50 听话人手机收到信息：

明日、9時駅前であいましょう。（明天 9 点车站前见面吧。）

"明天 9 点车站前见面吧。"在语言层面的语义模糊表现在时间与地点的不确定性方面。"9 点"是"8 点 59 分 59 秒"还是"9 点 0 分 0 秒"这一点是不确定的；语言层面"检票口"的范围过

---

[1] 沙夫. 语义学引论［M］. 北京：商务印书馆，1979. 第 352 页

[2] 陶源. 顺应论视角下的模糊语言翻译研究［M］. 武汉：武汉大学出版社，2014. 第 33 页

广，对于其具体位置不能确定。将例（8）放在言语层面分析，说话人与听话人是在约定见面的时间与地点，所以双方对于"9点"指的是"9点左右"以及"检票口"的具体位置这两点均共知。在语言层面表现出的语义模糊由于交际双方共同的认知语境而在言语层面被消除。此时造成双方交际困难的是该对话发生的时间。该对话发生在凌晨0点50分，听话人对于说话人是否注意到这一点并不确定，所以不清楚说话人说的"明天"指的是对话发生当天还是对话发生的后一天。语言层面语义的模糊在言语层面会发生变化，或表现为言语层面语义模糊，或丧失其在语言层面具有的语义模糊性，这一特性具有临时性。如将例（8）在言语层面表现出的语义模糊称为语用模糊的话，我们认为欠妥，本文尝试将其称为言语层面语义模糊。语义模糊性是语言的自然属性，语义模糊是语义模糊性的具象形式，言语层面语义模糊只是在特定的语境下才会出现，是语义模糊性的一种临时状态，语义模糊性特点是产生语义模糊的基础。语言层面语义模糊研究主要集中在语言符号以及所指概念之间的关系方面，言语层面语义模糊研究则侧重于语言意义对于人类交际活动的影响。二者的关系绝非完全割裂，所谓语言层面的研究，只是在一个相对语境影响较小的环境中进行而已。由于语言研究不可能完全处于零语境中，因此仅凭语言层面的研究不能很好解释一些语言现象。语义模糊性的研究不应只在语言层面进行，言语层面语义模糊作为语义模糊性在实际交际活动中的存续状态，是有研究必要的。

语用模糊是从语言的使用和理解的角度来谈语言的不确定性，[①] 语用模糊主要体现在语言或者是命题同交际参与者之间的关系，言语层面的语义模糊除了是普通语言学层面语义模糊的一种临时状态外，同样肩负着在言语层面处理命题与交际参与者以及交际参与者相互之间关系的任务。正如何自然（2000）所说"语言的含糊要从语用角度去分析才有意义"。语用模糊产生的根源是普通语言语义的模糊性，普通语言语义模糊性的具象形式为语义模糊，语义模糊的外延形式体现为语用上的模糊。以普通语言语义模糊性为基础，在特殊的语境下，使语义出现不确定性，可称之为言语层面的语义模糊。言语层面的语义模糊同语用模糊并不相同，言语层面的语义模糊是语言层面语义模糊发展成语用模糊的中间过程，也是必经过程。具有语言层面语义模糊的表达必须首先在言语层面表现出语义模糊，然后才有可能转化为语用模糊。

语义模糊表现方式为符号同所指对象非对称性或命题的不清晰、不确定，语言层面语义模糊与言语层面语义模糊均符合这一特点；语用模糊表现为交际参与者对命题理解的不清晰、不确定性以及由此产生对交际活动的影响。交际参与者之间的关系，即人与人之间的关系，须通过符号联系，符号与所指之间的不确定性才是影响人与人之间关系的根本因素。语用模糊是语义模糊经交际参与者主观化后意义模糊化的结果。语言层面语义模糊向言语层面语义模糊的转化需要交际参与者的主观化作用。

[①] 何自然. 再论语用含糊 [J]. 外国语，2000. 第7页

（二）语义模糊问题的研究范畴

言语层面的研究对象主要集中在语言以及其使用者，对于言语层面研究的定义为「記号あるいは言語表現とその使用者との関係を扱う部門だと説明する。」（处理符号或者言语表现同其使用之间关系的学科。）① 从研究对象上看，言语层面研究是语言符号与所指对象；语言层面研究则是语言符号、语言表现以及使用者。从研究目的看，言语层面研究目的是符号与概念的关系，而语言层面研究目的则是人与语言甚至是人与人之间的关系。无论是研究对象还是研究目的，言语与语言均不处在同一层次，但有一点是被广大研究者所认同的，即语境在两门学科中均发挥极为重要的作用。语言层面的研究一般不重视语境的因素，研究对象为自然语言，其理论依据为逻辑实证主义；言语层面研究的是语言在具体语境下的特定话语以及对特定话语的理解和使用等，是现代哲学的日常语言学派的主要研究对象。

俞东明（1997）、李秋梅（2003，2015）、刘佐艳（2003）、陶源（2012）等也按照语言层面研究与言语层面的区分方法将语义模糊与语用模糊进行了区分，即将是否考虑语境因素作为一个重要的判断标准。李秋梅（2003，2015）、陶源（2012）将二者的区分归纳为以下四条标准：1. 语义模糊的产生不依靠语境，是由于词语本身的意义模糊造成的；2. 语义模糊一般不取决于说话

---

① 佐久間まゆみ等. 朝倉日本語講座 7　文章・談話［M］. 東京：朝倉書店刊，2003. 第 290 页

人的主观动机；3. 语义模糊发生时话语中往往含有模糊性词语；
4. 语义模糊属于语言层面范畴，语用模糊属于言语层面范畴。
对此，笔者则有不同看法。首先，语境并非完全不能对语义模糊
性产生影响。语言使用者或者是语言研究者本身的认识特点、使
用的语言等都是广义上的语境，这种广义上的语境在语言研究中
几乎不可回避。在语境与语义的研究中，一方面对于语境的界定
呈现多元化趋势；另一方面，语境对语义影响的争论也在进行
中：争论的焦点集中在"自然语言的命题（真值）内容在多大程
度上由语境决定"①，乔姆斯基认为"有关不受语境影响的呐喊总
不变的和非歧义的语义是存在的"②。两种观点均承认语境对具体
语言活动中的语义有影响。其次，"语义模糊发生时话语往往含
有模糊性词汇"这一点的提出否定了前面我们说的语言具有模糊
性是一个普遍性的问题或者所有的语言都具有模糊性。既然我们
承认"自然语言或多或少都具有模糊性"，那我们可以说任何一
个自然语言的命题都是由具有模糊性的语言组成的，所以，我们
只能说具有模糊性词汇一般会发生语义模糊。那么，语境的作用
又是什么？笔者认为语境的作用是消除或者是限制语义的模糊
性。在没有具体语境的情况下，对于任意一句话都可以有无数种
解释，可以得出无数个命题或说话人意图。只有在具体的语境下
才会减少或者消除这些语义上的模糊性，使听话人能够相对容易

① 沈园. 语境决定论挑战下的形式语义学研究——问题与应对 [J]. 现代外语，2011
（4）. 第413页
② 胡壮麟. 语境研究的多元化 [J]. 外语教学与研究：外国语文双月刊，2002，34
（3）. 第161页

地、更加准确地理解说话人的真实意思表示。语境不是区分语义模糊和语用模糊的最佳标尺，而是一个能够使交际顺利完成的必要保障，其作用是限制或者消除语义的模糊性。此问题会在下面章节中详细说明。

国分俊宏（2007）以「この部屋寒いね」（这间屋子很冷）为例，将此句的意义分为字面的意义"这间屋子很冷"以及说话意图"请把门关上/请打开暖风"两个层次，指出说话意图是需要在理解字面意义的基础上并通过字面意义表达的，同时强调意义、意图以及理解三者是不可能分离的融合体。根据国分（2007）的分析可知，「この部屋寒いね」这句话产生了字面意义以及说话意图两个选项，这时我们可说「この部屋寒いね」这句话出现了语义模糊。

听话人要正确理解这句话的真正意义，消除语义模糊则需考虑如交际发生场所是否开着门或者暖风是否已经打开，又或者说话人的眼睛是否盯着门等具体语境后才能够做出正确的理解。我们认为，真正意义上的语义学研究范畴应当包括对于句子字面意义以及说话人说话意图的分析与解释；语用学研究范畴则为听话人对于说话人意图的正确解释以及语义给言语实践活动参与者带来的影响。语义模糊的存在跨越语言层面与言语层面，具有语言层面语义模糊与言语层面语义模糊两种形态，正是语义模糊两种形态的存在将语义学与语用学联系在一起。语用学的研究不可能离开语义学，从一个侧面证明语言模糊性的研究应以语义模糊为基础。语义模糊研究范畴应包括语义学研究的符号指称关系、字面意义与说话人意图以及语用学层面的听话人如何对说话人意图的正确理解、语义模糊表达对交际活动产生的影响。

（三）语义模糊与歧义

语义模糊、歧义、修辞等语言学概念间的区分不清给语义模糊性问题研究造成一定困扰。厘清语义模糊与歧义、修辞等语言学概念的关系，找出语义模糊的特点，对语义模糊进行基本定义，以及对语义模糊的研究范畴进行限定是十分必要的。

歧义是指一个语言单位或结构具有两种或多种解释的现象。[①]歧义一般被分为两种，一种是词汇歧义；另一种是语法歧义。词汇歧义主要表现为同音异义和一词多义等；语法歧义是由语言的结构或语法成分引起的。根据以上定义不难看出，词汇歧义是典型的语义模糊性的具象形式；语法歧义为基于句子结构所表现出来的几种不同的语义解释，也应是语义模糊的一种形式。

歧义的几种形式都可以在野田（2002）总结的模糊表现中找到与之相对应的分类。俞东明（1997）、何自然（2000）等还将歧义与语用模糊进行了比较。俞东明（1997）认为歧义句是作为一种脱离语境或上下文的表达，属于语言层面研究范畴。他将言语实践活动的参与者因素引入分析中，指出歧义发生时，说话人只想表达一种意愿或意图，歧义本身带有偶然性，不具有说话人主观性。歧义表达的真实意义听话人明知而说话人并不明知。歧义与语用模糊的区别在于语用模糊同歧义相比，带有明显的说话

---

① 刘佐艳. 关于语义模糊性的界定问题 [J]. 解放军外国语学院学报，2003，26（4）.
　第26页

人主观性，同时听话人和说话人对表达中模糊性部分的正确意义均明知。何自然（2000）则认为歧义是由于词语或结构产生的，表达的语义与说话人意图并不模糊，语用模糊是在言语行为表达方面出现不清晰性与不确定性。通过比较二人的观点不难发现，二人对歧义与语用模糊的看法略有不同。首先，对于歧义与语用模糊的区分，俞（1997）在语言层面从说话人主观性的角度考虑，并未考虑听话人因素，认为歧义不具有说话人主观性而语用模糊具有说话人主观性。何（2000）则是在言语层面从听话人的角度指出歧义是听话人认为自已已经正确理解说话人表达的意图，但事实却相反，语用模糊表达的说话人意图在听话人看来是不清晰、不确定的。其次，俞（1997）认为歧义是脱离语境的，而何（2000）一直以来均主张词汇的语义研究应放到特定的语境中才能解决。

对于以上观点笔者认为还存在有待商榷之处。歧义与语用模糊处于同一层面而不应与语义模糊处在同一层面，前面已经说过语义模糊性是语言的普遍属性，任何自然语言都或多或少的带有模糊性，而歧义只是语义模糊性表现在语言使用中的一种外现形式。我们可以说任何自然语言都带有一定的模糊性，但我们却不能说任何自然语言都带有一定的歧义。歧义是说话人非主观故意地使用语义模糊从而给听话人正确理解命题带来困难，其特点可做如下总结：（1）具有两个以上的意思解释；（2）不具有说话人的主观性意图；（3）说话人意图向听话人表达其中一个意思；（4）产生的客观语用效果给听话人理解说话人意图造成困难。语用模糊是说话人故意利用语义模糊性而达到特殊的效果，听话人不会因此而对命题的理解产生说话人所不希望产生的困难。其特点为：（1）具有两个以上的意思解释；（2）具有说话人的主观性；（3）说话人意图向听话人表达一个或一个以上意思；（4）不会给听话人的理解造成困难。如「この部屋寒いね」这一表达具有两种解释，听话人根据具体语境可以得出自己认为是正确的解释。说话人主观故意地利用语义模糊表达向听话人传递"请把门关上"这一意图，听话人根据当时的语境正确推理得出说话人意图表达的是"请把门关上"，则该表达为语用模糊。如果说话人并没有向听讲话人传递"请把门关上"的意图，而听话人自己将其理解说话人请求其关门，那么该表达为歧义。语用模糊对于交际活动起到积极推动作用而歧义则起到消极阻碍的作用。同样一个具有语义模糊表达的语句，如果说话人无意使用的语义模糊表达给听话人造成理解上的困扰是歧义；如果说话人故意使用这样一种表达并希望听话人能够借助语境正确理解这个表达，从而达到说话人希望达到的语用效果，那么同样一种表达则由歧义变成语用模糊。前文提到的"一个语言单位或结构具有两种或多种解释的现象"称之为多义可能更合适，多义是相对于语义模糊性处于语言层面的客观存在，而歧义更多时候包含消极的成分。正如我们可以说消除歧义，却不能说消除多义。

歧义涉及到说话人与听话人对于语义内容的推理与选择以及对交际活动产生的影响，脱离语境研究歧义显然很难进行。通过对比语用模糊与歧义可以看出二者是同一层次的语言学概念，存在着相互转化的情况。语义模糊作为语用模糊的基础从一个侧面可以证明歧义是语义模糊的下位概念，属于语义模糊在特定语境下的一种特殊存在形式。

（四）语用模糊、歧义与修辞

伍铁平（1986）在《语言的模糊性和修辞学》中指出语义模糊性作为修辞的一种，其作用十分重要。伍（1986）通过分析李白、莎士比亚的文学作品证明模糊性作为自然属性，是文学作品成功与否的关键之一，认为"模糊是一种新的修辞格"[①]。伍（1986）又对委婉、比喻等修辞格进行了分析考察，指出"婉辞、比喻、借代、禁忌的基础是模糊事物的界限"[②]，提出了"模糊修辞学"的概念。修辞是语义模糊性衍生的一种语言现象，如果根据评价歧义与语用模糊的标准分析，修辞与歧义的共同点可总结为语义模糊性均为两者存在的基础，两者均会对听话人产生影响；不同点则是修辞是说话人的主观行为，而歧义则是客观存在的，不是说话人的主观行为。歧义对听话人产生的影响是消极的而修辞对于听话人产生的影响是积极的。

歧义与修辞同样作为语义模糊性的外现形式，其区分方法应在言语层面进行。在修辞活动中，写说者和听读者同样是修辞活动中两个重要方面，即：写说者如何巧妙地运用修辞加强语用效果，达到预期的交际目的，而听读者如何通过修辞现象，正确理解写说话人所要表达的思想。上述两者的相似之处对我们从表达与理解相结合的角度去研究交际修辞很有启发。由此可见，语用

[①] 伍铁平. 语言的模糊性和修辞学 [J]. 南外学报，1986（1）. 第 1 页
[②] 同上，第 2 页

学理论，尤其是那些重要的理论，更新和拓展了交际修辞的研究
视角，对丰富修辞学理论也具有积极的意义。[①] 修辞的多样性导
致何自然（2000）、李秋梅（2003）、俞东明（1997）等对于修辞
是否属于语用模糊产生了不同看法。笔者认为说话人运用以语义
模糊性为基础的修辞手法，表现其想要表达的意图的行为可以称
作语用模糊。李秋梅（2003）不同意将暗喻、反讽、夸张等归入
语用模糊范畴，理由为使用上述修辞的话语并没有产生多种言外
之力，也没有使听话者误解说话人的交际意图（歧义），只是增
强了话语的表现力或使语言变得生动。俞东明（1997）则认为语
用模糊的作用之一便是能够增强话语表现力或使话语变得生动。
修辞的作用在这里已经自然地被研究者们按照其效果分为产生言
外之力和增强语用效果两种。显然，此时问题的关键点集中到了
没有产生言外之力的表达究竟是否归于语用模糊范畴这一问题。
对于能够产生言外之力的修辞比如反讽、双关等属于语用模糊这
一点应该没有异议。对于不能产生言外之力的夸张、委婉等是否
属于语用模糊这一点存在颇多分歧。仅针对语用模糊与修辞进行
比较很难清晰地划定两者之间的关系。从语义模糊的视角对两者
进行考察，研究两者关系的问题变得容易许多。前文已经提到，
语用模糊与修辞均是以语义模糊为基础，为了追求增加语用效果
而进行的语用策略。语用模糊以结果进行判断，利用语义模糊性
产生说话人预期的语用效果都被认为是属于语用模糊范畴。修辞
应该以手段进行判断，指的是说话人借助语义模糊追求言外之力

---

① 尹小芳. 交际修辞的语用分析探究 [J]. 外语与外语教学，2005 (3). 第 22 页.

和增强语用效果时采取的方式与方法。不论最终产生的语用效果是否与说话人所预期的相一致，但说话人采用修辞的表达方式的客观事实不会改变。

（9）仕事は山ほど残っている。（工作堆积如山。）

例（9）中说话人运用夸张的修辞向听话人表达"工作很多"。"堆积如山"的修辞用法毫无疑问是利用了语义模糊性的表达。无论听话人是否正确理解说话人的意图表达，说话人使用夸张的方法这一客观事实是无法更改的。如果说话人想表现自己不满等情绪且听话人对该部分内容正确理解，则此时该表达可归为语用模糊。如果说话人无意表达"不满""讽刺"等附加情绪，但听话人将该句误解为说话人是在表达"不满""讽刺"等附加情绪，则可认为句子的表达具有歧义。还有一种可能的情况是说话人主观故意利用修辞，希望向听话人传达自己意图表达的情绪，但听话人没有正确理解说话人的交际意图，说话人所期待的语用效果没能实现。那么，从语用效果看该句既不是语用模糊，也不是歧义。说话人利用修辞意图表现自己附加情绪的客观事实不会因该表达未达到预期的语用效果而改变。正如说话人讲了一个笑话，由于听话人的认知水平不同，有些人觉得好笑，有些人觉得并不好笑，即便说话人所期待的语用效果未能实现，说话人讲了一个笑话的客观事实并不会发生改变。从以上3种情况看，不论该表达产生的语用效果如何，说话人使用修辞的客观事实不会改变，修辞是为了追求语用模糊而采取的语用策略。修辞和语用模糊一为使用语义模糊的方式方法，一为语义模糊产生的语用结果，是语义模糊在不同阶段存在的不同形式。

歧义同修辞一样均以语言的模糊性为存在之基础。交际参与者在交际活动中追求的是听话人能够顺利地理解说话人意图传达至听话人处的意思表示。修辞与歧义不处在同一层面，歧义是产生说话人不希望产生的语用效果，且说话人无主观故意；修辞则同语用效果无关，只要说话人主观故意地使用修辞以追求某种语用效果，无论是否达到说话人所预期的语用效果，说话人使用修辞的事实不能改变。对于修辞而言，达到预期语用效果的是语用模糊，对交际产生消极语用效果的是歧义。

通过以上分析可知，语义模糊是其他概念的基础，失去语义模糊其他概念便会成为无本之木。语义模糊包括词、短语、句子甚至是篇章的模糊性，交际过程中的语言单位意义的不确定性表现为歧义或是语用模糊。对于一个表达，从说话人角度分析，说话人主观故意利用具有语义模糊性话语的表达是修辞，达到说话人意想达到语用效果的是语用模糊；说话人无意利用具有语义模糊性的话语被听话人理解为具有语义模糊性的表达，并对交际产生消极影响的是歧义；修辞为说话人利用语义模糊性的方式。同样一个表达，从听话人的角度分析，听话人认为难以确定说话人真实意图，从而对交际活动产生消极影响的表达是歧义；听话人能够正确理解说话人意图的是语用模糊。从语用效果角度分析，达到说话人预期语用效果的是语用模糊，对交际产生消极语用效果的是歧义。修辞只是说话人利用语义模糊性的一种表现手段。修辞是语言使用的手段，具有说话人主观性；歧义产生说话人所不希望的语用效果，不具有说话人的主观性；语用模糊具有说话人主观故意，且听话人正确理解说话人的意思表达，产生说话人所期望的语用效果。语义模糊是以上概念的上位概念。

（五）语义模糊的定义

对于模糊性的定义各国学者分别从不同角度给出了不同的答案。皮尔斯认为："当事物出现几种可能状态时，尽管说话者对这些状态进行了仔细的思考，实际上仍不能确定是把这些状态排除出某个命题还是归属于这个命题，这时候，这个命题就是模糊的。上面说的实际上不能确定，我们指的并不是由于解释者的无知而不能确定，而是因为说话者的语言特点就是模糊的。"[①] 扎德认为："可以把模糊集合论的提出，看成是为研究某种类型的不清晰性建立一套概念和方法的尝试。这种不清晰性发生在当我们的研究对象构成的类的边界不能截然确定的时候。模糊性所涉及的不是一个点属于集合的不确定性，而是从属于到不属于的变化过程的渐进性。"[②] 对于模糊的定义各国学者从逻辑、认知等不同的视角分别进行了阐述，但是对于语义模糊的定义却并不多见。给语义模糊下定义，首先应确定的是语义模糊的范畴应包括词、短语、句子、篇章等不同级别的语言单位，是语言的内部关系。语义模糊性是语言的基本属性，语义模糊是这种基本属性的具象

---

① 伍铁平. 模糊语言学 [M]. 上海：上海外语教育出版社，1999. 第 36 页
② 扎德. 模糊集合，语言变量及模糊逻辑 [M]. 北京：科学出版社，1982. 第 66 页

形式，语用模糊是具体言语实践活动中话语蕴含的语义模糊性的外现形式。如果要对语义模糊作一个广义上的定义的话，可以将其定义为一个语言单位的意义如果在某一层面存在多于一种解释的可能性，就可以认为该语言单位在该层面具有语义模糊。从不同维度切入，其研究对象也不相同。从语言维度切入，其研究对象为语词层级的指称关系，即能指符号与其对象概念的关系。在句子层面语义模糊研究对象变为句子的命题，语义模糊性体现为命题假设集的具体范畴。在篇章层面，语义模糊体现为语篇在传递说话人意图时表现出的不确定性。从言语维度切入，语义模糊的研究对象则变成言语层面语义模糊与交际活动中说话人、听话人的关系。语义模糊的研究对象根据研究层次的不同随时发生变化，具有动态性特点。基于语义模糊性为语言自然属性这一前提，对于语言的分析研究须在认定语言单位具有一种以上意义的基础上进行。在参考因素足够多的条件下，语言单位具有动态性特点的语义模糊性内容会被固定在某一范围内，参考因素越多，语义范围就越小，语义就越准确。研究语言的过程就是利用各种因素，消除语言的模糊性的过程。

当代语言学与语言哲学的最大特征就是将研究重点从"语言与世界"的二元关系转移至"语言、人与世界"的三元关系上，承认交际活动是语言的重要功能之一。保障语言交际活动功能的前提是使用该语言的社会共同体接受该语言表达所被赋予的意义。社会共同体对一个表达意义的接受是由共同体中的个体对该表达赋予意义开始的。从个体赋予语言意义到共同体接受其意义的转化过程中，语义模糊性起着重要的作用。语义模糊的动态性特点，将语言层面的二元世界与言语层面的三元世界联系起来。我们可以认为作为维持人类交际活动必要条件之一的语义模糊性在语言以及语言哲学研究中并未被给予足够的重视。语义模糊性的存在方式与存在价值受到人的认知、社会文化、具体语境等多方面因素影响。我们发现，从"语言、人与世界"的三元关系出发，以语义模糊为视角，结合言语层面交际参与者、语言本体、语言环境等因素，更容易对修辞、语用模糊、歧义等概念进行考察。本书所要研究的语义模糊并非是单纯的符号同所指的不清晰性或者不确定性，研究范畴更接近于日语研究中的「暧昧表现」，即包含语言层面的语义模糊同时也包含言语层面的语义模糊，着重考察在人类交际过程中语义模糊性的表现形式以及这种语义模糊性在人类交际过程中所发挥的作用。

第二节　模糊性的哲学性分析

从古希腊的亚里士多德开始，哲学家们便关注语言的模糊性问题。哲学研究在经历了存在论、认识论之后迎来了第三次转向——语言论，将以分析的方法研究语言意义视为哲学研究的主要内容。语言论的研究大致分为两个时期，分别是以罗素、前维特根斯坦为代表的逻辑实证主义以及后维特根斯坦、格赖斯等为代表的日常语言学派。语义模糊作为语言极为重要的属性之一，在两派学者的研究中也有相关的论说。

一、 逻辑实证主义下的模糊性问题

逻辑实证主义又称理想语言学派,理想语言学派的目标是变哲学为一门科学,极力排斥个人的主观因素和价值污染,仅以客观世界中的事实为准绳,倡导通过语句与世界相对应的真值来解释语义。① 其代表为费雷格、罗素、前维特根斯坦等,本节以罗素与前维特根斯坦作为主要研究对象。

(一)罗素的摹状论

罗素作为二十世纪最具影响力的哲学家之一,与维特根斯坦、弗雷格等人创建了分析哲学。罗素认为由于日常语言具有模糊性,所以产生了许多哲学中的假命题以及逻辑混乱,消除语言模糊的方法是建立一种理想的人工语言。在罗素拟建立的理想人工语言中将世界规定为由简单的原子事实构成,与原子事实对应的是原子命题。他认为语言与世界同构,要理解任何一个事物或事实只要将其不断分解直至分解为原子单位为止即可。原子事实的指称是明确的,单一的,不存在模糊的现象。复杂的分子事实由多个原子事实构成,通过分解分子事实得到组成该分子事实的全部原子事实,从而得到准确的意义。为了消除传统形而上学中如"孙悟空""金山"等没有实际指称的空名所带来的一系列问

---

① 王寅. 语言哲学研究:21 世纪中国后语言哲学沉思录 [M]. 北京:北京大学出版社,2014. 第 33 页

题，罗素将指称个别对象的表达式分为专名同摹状语，并指出摹状语具有描述功能并无需亲知它描述的对象。摹状语是一个较专名复杂的单位，由多个部分组成。在其摹状论理论中虽然并未明确提及模糊性的问题，但很显然，罗素已经注意到语言的模糊性在分析哲学研究中的重要地位。罗素于 1923 年发表了论文《论模糊性》，在文中表明模糊是语言的自然属性，同时正式将模糊性作为一个重要问题提出，指出模糊只涉及表达手段与被表达内容之间的关系，并以红色为例，说明模糊性问题不是源于人的认识而是源于符号本身的模糊性，即认知与被认知事物之间的关系。由于颜色构成一个连续统，因此颜色有深有浅，对于这些深浅不同的颜色，我们就拿不准是否把它们称为红色。[①]

　　虽然罗素主张逻辑实证主义，但在其《论模糊性》一文中却可以看到日常语言学派的影子。他指出除了在一个"特定的区间内"，不存在一个确切的事实必然且完全为真，虽然并未对"特定区间"进行解释，但其承认实践中构成的每一个命题都具有一定的模糊性。传统逻辑一般假定使用的符号均为精确，并指出此种逻辑不适合于"人间的生活"而只适合于"天国生活"。在论述模糊性的作用时，罗素还是不能离开日常生活，他以描述人的身高为例，指出模糊认识可能比精确认识更真实，但精确认识比模糊认识更具有使用价值。他认为使用假定的精确符号进行逻辑研究是不需怀疑的，但在肯定理想语言学研究的同时并未否定日

---

① 罗素. 论模糊性 [J]. 杨清　吴泳涛译. 模糊系统与数学，1990 (01). 第 17 页.

常语言学派的研究对象——具有模糊性的日常语言。罗素运用逻辑的方法给模糊进行了定义：如果一个项与另一个项之间存在着一对一的对应关系，那么这种以各种方式相联系的系统就是另一种以别的各种方式相联系的项的系统的准确表现，如果这种表现手段中的表现系统与被表现系统不是一对一，而是一对多时，它就是模糊的。①

可见，在罗素的研究中，语言模糊性问题一直贯穿始终。罗素关于摹状语以及逻辑中的模糊性问题的研究不仅为日后的日常语言学派奠定了理论基础，也为模糊性研究开启了一个全新的领域。

（二）前维特根斯坦的图像论

维特根斯坦作为分析哲学的创建者之一，其主要的学术观点分为两个阶段，在这两个阶段中分别对应了哲学研究发生的两次较大转向。本书拟分为两部分对其在语义模糊性方面的观点进行考察。首先主要针对维特根斯坦前期的观点进行梳理。

维特根斯坦前期的理论主要针对解决形而上学带来的一些哲学基本问题，认为语言与世界同构，在分析语言的同时可探究世界的本质。对于具体研究方法，维特根斯坦基本接纳了罗素的逻辑原子论与关于专名与摹状语的思想。在其集前期思想之大成的《逻辑哲学论》中第一句话便是"世界是事实的总和，而不是事

---

① 罗素. 论模糊性 [J]. 杨清　吴泳涛译. 模糊系统与数学，1990 (01). 第20页

物的总和"①。他认为语言模糊性是产生一些哲学难题的"罪魁祸首",同时主张将理想语言作为哲学研究的对象,并建立了逻辑真值表,希望通过逻辑分析来解决一切哲学问题。但维特根斯坦不同于罗素之处是其对于日常语言的认识,后者认为日常语言是非合理的、有缺陷的;而维氏则认定日常语言是合乎逻辑条理的,即语言存在的模糊性虽然对哲学研究造成困难,但其存在是具有合理性的,正是这点成为其后期理论的重要基石。

　　维特根斯坦同塞尔在罗素摹状论的基础上提出摹状语簇论,指出一个名称并不指称一个摹状语,而是指称一簇摹状语。从语义模糊的维度切入可以发现摹状语簇所体现的一个指称对应多个事物的性质,与语义模糊性是内在统一的。维特根斯坦提出"图像论",指出逻辑世界与语言同构,这一关系通过"图像"显现,强调语言是世界的图像,语言通过逻辑结构摹画世界,同时也承认有一些不可言说的东西,对于这些不可言说的东西应当保持沉默。不可言说的东西是"图像论"无法解释的,也就是说,不可言说的东西通过逻辑分析无法摹画出其清晰、准确的图像。"如果我们把一切可能的原子命题都做出来,如果我们能够确定每个原子命题的真假,那么世界就会被完全地摹状。"② 不可言的存在使得人们无法通过逻辑分析将世界完全地图像化,这也从一个侧面体现出世界具有无法消除的模糊性,也证明了与世界同构的语言同样具有无法消除的模糊性。

---

① 维特根斯坦. 逻辑哲学论 [M]. 北京:商务印书馆,2013. 第 1 页
② 维特根斯坦. 维特根斯坦全集 [M]. 河北:河北教育出版社,2003. 第 19 页

二、 日常语言学派中的模糊性问题

日常语言学派作为当今分析哲学中最重要的一个流派，其提倡的以日常语言作为哲学研究对象的观点已被广大学者所接受。其代表为后维特根斯坦、奥斯汀、格赖斯等。

（一）后维特根斯坦的家族相似性

维特根斯坦后期对自己前期的一些理论进行了反思，认识到了日常语言的合理性与重要性，在此基础上提出分析哲学的研究应从理想的"真空"回到"粗糙的地面"，并在此基础上提出家族相似性、语言游戏说等重要理论。

维特根斯坦在批判经典范畴理论的同时建立了原型范畴理论，认为范畴中每个成员并非具有同样的地位，范畴中有一个成员具有核心地位，其他成员是围绕该中心成员分布的，成员之间不具有一个完全相同的特质，成员之间以家族相似性的方式联系在一起，该范畴的边界呈现一种模糊的状态。成员之间的家族相似性体现在范畴内将各成员比作一个家族内的成员，儿子的容貌特征某些方面与其父母相似，另一些特征与其祖父母相似；女儿的容貌特征某些方面与叔叔、姑姑相似，另一些特征与外祖父母相似。一个家族的成员不会全部具有某一容貌特征，某些人眼睛相似，某些人鼻子相似，但没有成员具有所有其他成员具有的家族特征，各成员之间关系呈网状相连。范畴内各成员的关系也如同家族内成员一样，没有一个属性是范畴内所有成员所共有的。

家族相似性的提出使得分析哲学前期逻辑实证主义对于语言本质的追求变得毫无意义，家族相似性从根本上否定了语言本质存在的可能性。"我想不出比'家族相似性'更好的说法来表达这些相似性的特征，因为家族成员之间的各式各样的相似性就是这样盘根错节的：身材、面相、眼睛的颜色、步态、脾性，等等，等等。——我要说，各种'游戏'构成了一个家族。"① 莱考夫与约翰逊创建的认知语言学以"家族相似性"作为其学说的核心内容之一。范畴化是人类认识解释的一种基本认知方式，只有对五彩缤纷的客观世界进行对比，进行概括和分类，或者说，只有客观世界能被范畴化或以范畴的形式表达出来，我们才可能较好地认识客观世界②。认知的过程便是范畴化，对于语言意义或者概念的认知便是对世界进行范畴化。认知语言学认为经过范畴化后产生的概念或语义具有模糊性，体现在范畴的边界具有不清晰性或者范畴原型的不确定性上。可见，维特根斯坦提出的家族相似性对于语义模糊性产生的根源，从分析哲学的维度提供了理论基础。

维特根斯坦将家族相似性运用到对全体语言的分析中，提出了著名的"语言游戏说"。将语言比作游戏，指出语言同游戏一样没有本质，对于语言的使用如同进行游戏一样需要遵守规则，不同的游戏规则下的词语会产生不同的意义。语言符号的价值体现在使用过程中而非其本身指称的意义，对传统指称论提出了批

---

① 维特根斯坦. 逻辑哲学论 [M]. 北京：商务印书馆，2013. 第 38 页
② 王寅. 认知语言学 [M]. 上海：上海外语教育出版社，2007. 第 96 页

判。维氏以游戏中的棋子为例，如象棋中的"马""象"等棋子，了解它们实际指称的对象并不能够进行游戏，需要了解的是它们在游戏规则下能够发挥的作用，同时强调在不同的规则下它们会发挥出不同的作用。也就是说，词语在不同的语境下会产生不同的语义，表明语义具有不确定性，将语言活动比作游戏的同时揭示语义具有模糊性是一种自然属性。

（二）奥斯汀的言语行为理论

奥斯汀作为英国著名的分析哲学家，是牛津派普通语言学的领袖人物。其提出的"语言现象学（「言語現象学」）"分析方法以及"言语行为理论（「言語行為」）"在分析哲学乃至整个哲学领域均起到重要的作用。言语行为理论的提出，使语言具有了三种功能：作为传统意义上的语言它是表达世界的一种途径，作为人类特有的一种行为它是创造世界的一种工具，作为一种派生的意向性它又是心智加工的一种产品。因此，在言语行为视野下，语言就成为协调内、外两个世界的有效方式，成为可以跨越任何边界的一种特殊资源。①

奥斯汀主张将日常语言作为哲学研究的对象，这与罗素与前维特根斯坦的逻辑实证主义不同，属于日常语言学派。其在对于日常语言的认识上与后维特根斯坦的学说也有所不同。前维特根斯坦认为日常语言是产生哲学层面的逻辑混乱的重要原因之一，

---

① 吴延平. 奥斯汀和塞尔的言语行为理论探究 [J]. 吉林师范大学学报（人文社会科学版），2007，35（4）. 第64页

后期则主张日常语言逻辑上是合理的，且具有无限性，但同时并未放弃采用逻辑学分析语言的研究思路。奥斯汀则认为日常语言具有缺陷，具有有限性，并将语言研究的重点放在"言语行为"的研究上，认为语言研究不仅仅要关注概念，更需要阐明情景因素的微小变化如何使说话者改变他们的用词。在此基础上，奥斯汀建立了"言语行为理论"，认为说话人只要说出了有意义、可被听话人理解的话，就可以说他实施了某个行为，这个行为叫作言语行为。任何一种语言里话语的数量从理论上讲都是无穷的，但人们运用这无穷的话语所能达到的交际目的的种类则是有限的。言语行为的本质就是交际者借助话语传达交际目的或意图。不论我们是在向他人提出请求或者是在向他人道歉，只要所说的话语传达了一定的交际意图，完成了一定的功能，我们就是在实施言语行为。① 奥斯汀将言语行为分为话语行为、话语施事行为、话语施效行为，对三者的界限并未做出严格区分，首次提出了话语施事行为"是否适当"的概念。奥斯汀指出对于话语施事行为不能用"真假"的概念进行评价，而应采取"是否适当"这一标准进行区分。

　　虽然语义模糊性问题没有在奥斯汀的著作中出现，但在其对"言语行为理论"的论述过程中，字里行间多次涉及语义模糊性问题。在关于日常语言缺陷的描述中，奥斯汀指出与现实世界的无限性相比，我们的词语是有限的。事物之间一定有相似的一

---

① 吴延平. 奥斯汀和塞尔的言语行为理论探究 [J]. 吉林师范大学学报（人文社会科学版），2007，35（4）. 第60页

面，不存在全然的差异。除此之外，世界还具有变异性，在一定情况下，一个为真的陈述在另一个时候可能变成假的。作为人的有限的经验无法预期自然的变化，所以对于一个陈述为真还是为假不是一成不变的。这里不难发现，语言的有限性与世界的无限性的对立以及现实世界的变异性，是语义模糊性产生的基础之一。奥斯汀首次提出将哲学研究由话语意义转向语言的使用。话语行为指的是以言意指的事实或事态，是传统哲学中的意义/概念；话语施事行为指的是话语行为产生的言外之力；话语施效行为指的是话语行为对交际者的感情、思想和行为产生的影响，即言后之果。从现代语言学研究的维度考察奥斯汀对于言语行为的三分法可以得出，话语行为为语言层面研究范畴，话语施事行为介于语言层面与言语层面之间，话语施效行为则属于言语层面研究范畴。可见，从奥斯汀时期便已提出对于语言的研究应兼顾语言与言语两个层面，这与本文前面提出的"对语义模糊性的研究应重点考察在人类交际过程中语义模糊性的表现形式以及这种语义模糊性在人类交际过程中所发挥的作用"这一点是契合的。同时，奥斯汀指出"言外之力"存在于所有言语行为中，这一点与语义模糊的普遍性也是内在统一的。

（三）格赖斯与斯波伯、威尔逊的当代语用学

哲学研究经过后维特根斯坦以及奥斯汀等人的努力，开始转向以日常语言为对象的哲学研究，研究的重点从语义的逻辑真值问题转向语言在日常使用当中所表现出的"言外之力""言后之果"、语言活动中人的因素以及语言对交际活动的再认识等方面。

美国哲学家格赖斯（1975）在后维特根斯坦以及奥斯汀理论的基础上，提出合作原则理论。格赖斯指出罗素、前维特根斯坦等提出的逻辑实证主义只能解决语言中的一部分问题，剩下的问题需要在言语层面下对会话含义进行分析研究才能够解决。后维特根斯坦虽然主张将语言研究放在具体语言环境中，呼吁语言研究应回到"粗糙的地面"，但其对于语言研究还是没有超越传统的逻辑主义。传统理论将交际活动认为是单纯的"编码—解码"过程，但其并不能涵盖所有的言语实践活动。奥斯汀的"言语行为"的提出表明语言活动中还存在"编码—解码"不能解决的问题。格赖斯据此将推理模式引入语言的分析研究中，将语言活动中的意义部分分为自然意义与非自然意义。格赖斯提出的合作原则中包含数量、质量、关系、方式四个范畴，想要使交际活动成功，交际参与者必须要自觉遵守以上四个准则，违反以上四个准则的言语表达便会产生阻碍言语实践活动顺利进行的"言外之力"与"言后之果"。在奥斯汀提出"言语行为"这一概念后，也标志着语句的语义模糊问题正式进入哲学研究的范畴。格赖斯则在合作原则中对于语言活动中语义模糊性产生的原因进行了解释与说明。

格赖斯的合作原则中对于会话意义的研究推动了 20 世纪哲学研究的"语言转向"，但对于合作原则的普遍性、强制性与理论依据等方面的争论与质疑也从未停止。各国学者均尝试对合作原则进行修改与完善。斯波伯与威尔逊（1986）提出的关联理论便是在此背景下产生的。如果说格赖斯的合作原则是在哲学视域下对于言语实践活动中会话意义的研究，其研究领域处在哲学的范畴内。那么，关联理论则更多的倾向于在语言学的范畴内对人类语言活动进行分析研究，其根本研究的对象并非是语篇而是人与人之间的交际活动。语篇只是表明交际走向的符号，就好像我们虽然研究的是语言但究其本质来说研究的是人。有学者就曾提出"语言就是人，人就是语言"①。与编码模式相对，关联理论认为明示—推理交际的过程使交际者生成一个刺激，它使得交际者意想通过该刺激将一个假设集 I 明显于或更明显于听者这一点互明于交际者和听者。② 此处的假设集 I 就明显是包含多个语义假设的集合。正因为说话人的信息意图与所表征的假设非一一对应，所以才需要听话人进行语用推理以便于交际活动能够顺利完成。人进行的交际活动之所以具有编码和明示—推理两种模式是因为语义具有模糊性，即编码和明示—推理分别对应的是语义非模糊性与语义模糊性表达。质言之，交际过程中存在的具有语义模糊性的表达是关联理论存在的基础。

第三节　日语语义模糊类型分析

关于语义模糊的分类，众多学者分别根据自己的研究给出了不同的答案。本节拟从语义学与语用学两个维度切入，在语言同

---

① 李洪儒. 意见命题意向谓词与命题的搭配——语言哲学系列探索之六 [J]. 外语学刊，2007 (4). 第 11 页
② Sperber, D& D. Wilson. Relevance: Communication and Cognition [M]. Oxford: Blackwell, 1986/1995. 第 63 页

言语两个层面分别尝试对日语语义模糊表达进行梳理与评价，考察语言与言语层面模糊表达内在的动态联系以及日语语义模糊成分在言语实践活动当中的存在形式与价值。日语由于其自身的特点除了拥有普通语言范畴下的语义模糊外，还具有其他语言中不存在的、特殊的语义模糊现象。本书虽不能穷尽日语中所有的语义模糊现象，但拟从中选取具有代表性的现象以为后续的研究提供基础准备。

一、语言层面的日语语义模糊

言语层面语言学研究主要基于结构主义语言学理论，针对语言单位的结构与意义进行考察。日本对于日语语义模糊的相关研究也多集中在语言层面，即多为语言表达的结构与意义两方面的研究。小泽（1975）将语义模糊产生的原因总结为指称与意义两方面。野田（2002a，2002b）在结构与意义两个方面对日语语义模糊现象进行了分类，该研究主要集中在语言层面，将日语语义模糊分为结构性模糊与非结构性模糊。菅野（1990）、山下（1992）、阿部（2014）将日语语义模糊分为由符号的有限性与客观世界无限性产生的语义模糊以及由于词语意义范畴的非清晰性产生的语义模糊。（阿部（2014）将日语语义模糊分为由符号的有限性与客观世界无限性产生的语义模糊以及由于词语意义范畴的非清晰性产生的语义模糊。菅野（1990）、山下（1992）将日语模糊分为由于符号的有限性产生的模糊以及由于词语意义范畴与其他词语范畴之间的非清晰性产生的语言本体模糊。）如前文

所述，笔者认为以上分类均为语义模糊范畴下的次范畴，对于语义模糊的考察基于不同研究维度，其研究对象应具有动态性特点。形式层面不属于本书研究范畴，在此不予考察，在以意义为标准进行分类时，词汇产生的模糊、语法产生的模糊、语义产生的模糊这几类均属于语义模糊不同的存在形式，同为在不考虑语境、交际参与者等其他方面的因素，只针对意义进行的考察。其研究对象分别为词、短语和句子。对于语用产生的模糊，野田(2002) 的定义为「その文が場面や文脈の中で使われるときに出てくる意味にあいまいさがあるもののことである。……比喩や言外の意味がかかわっているものである。」（语句在一定语境下使用时，语义中包含模糊成分……并包含比喻、言外之力等内容。）① 严格地讲，比喻作为一种修辞手段所追求的交际目的也是向听话人表达比喻句背后所包含的说话人的真正交际意图，也就是我们说的"言外之力"。可见，言语层面的语义模糊研究考察的重点为进行言语实践活动时，交际参与者是如何结合交际发生时其他诸多因素，并发出与接收说话人意图传达的语言意义以外的"言外之力"的。本节主要针对日语语义层面的语义模糊现象进行考察，言语层面的语义模糊考察在后面进行。

（一）词汇产生的语义模糊

　　词汇产生的语义模糊主要表现为词汇本体以及词汇内部结构关系产生的语义模糊。词汇作为语言层面意义的基本单位，对其

---

① 野田尚史. 日本語のあいまい文 [J]. 日本ファジィ学会誌，2002 (14). 第7页

语义范畴的认识代表人类对于世界最朴素的认知。日语作为黏着语，其词汇结构上的特点导致日语在具有与其他语言相似的共性现象之外，还具与其他语言不同的个性特征。本节在对共性特征描写的基础上，对日语模糊语言的个性特征进行考察。

1. 词汇本身的语义模糊

阿部（2014）指出，由于词汇本体语义范畴不清晰而产生的语义模糊在日语中屡见不鲜。「本日中」、「今週中」等是表示时间范畴的词，「本日中」是表示 0 点到 24 点还是表示一般的上班时间早 8 点到晚 5 点是模糊的。野田（2002a）认为词汇本体语义模糊应包括「ジカンキュウ」是表示「時間給」还是「次官級」的同音异义现象以及「人気」应读作「ニンキ」还是「ヒトケ」的多音现象。同时，词汇义项的多样化发展趋势也是语义模糊存在的根源之一。比如：

> （10）クリーンで静かなことをみんなに知ってもらうため
>   に、ナンバーを取って街を走りたい。（野田　2002a）
>   （因为干净且安静而被大家熟知，所以想取得号码/取下
>   号码在街上跑跑。）

「取る」一词有取得和取下两个意思，所以这一句话中「ナンバーを取って」这一部分由于「取る」的原因，出现了"取得号码"和"取下号码"两个完全相反的解释。

从词汇本体维度切入对语义模糊进行考察就不能不提到对颜色词的研究。颜色词的模糊性研究主要从两个方面进行：一、相

近颜色词间的区分。在一个连续的光谱上不能清楚地判断出从哪里开始区分「赤い」（红）同「オレンジ」（橙色）或是区分「紺」（深蓝）与「青い」（蓝）两组相近的颜色。想要指称位于「赤い」同「オレンジ」或是「紺」同「青い」之间的颜色时，这个颜色是属于「赤い」还是「オレンジ」或是属于「紺」还是「青い」就会变得不明确，从而产生语义模糊；二、颜色指代的模糊。在语句使用中经常出现上位颜色概念指代下位颜色概念的情况，加之说话人与听话人个体认知上的差异，使得语句中的颜色词与指代的内容出现不对称，从而使语义产生模糊。

2. 词汇结构产生的语义模糊

在一种语言中，词与其他词结合从而形成新的合成词的情况比较常见。由于日语本身的结构特点，词与词之间可通过黏着成分进行连接。在词与词结合的过程中，有些词由于承担的语义功能较多，导致有些情况下会产生语义模糊。本小节以日语中的接尾词「的」为例进行考察。

接尾词「的」后面常接续「な」或「に」作为连体或者连用修饰语修饰体言或用言。由于其意义范畴比较广泛，所以在日语中对其使用也较频繁。根据日本国立国语研究所在 20 世纪 50 年代进行的一项调查表明，日本人对接尾词「的」的使用率达到大概每使用 146 词就会出现一次，排在「する」、「いる」、「言う」、「こと」、「なる」、「その」、「もの」、「ある」、「この」之后，位列第十。其语义的广泛性也必然导致带有接尾词「的」的日语表达在某种程度上具有一定的语义模糊性。「的」最初的意义与「らしさ」相似，意为「ある性質をもつこと，ある傾向にあることで」

（具有与某种特性相似的状态或是具有某种特征倾向）。① 如「19世纪的」表示的不是"19世纪的……"而是具有"19世纪特点的"或者是"符合19世纪风格的"等等；又如在与抽象名词「平和」连用时，「平和的」表示基本处于和平的状态，与「平和的」相比「平和」更符合一般意义上的和平状态，而「平和的」只是比较接近该状态，表示接近和平状态，「平和的」在原有意义的基础上进一步将"和平"的概念模糊化。随着时代的发展语言的意义也随之发生改变。「的」在「人的分析」这一短语中的功能表现为作为连体格助词连接两个名词，「的」的功能等于助词「の」。「分析」这一动词需要一个逻辑上的主语使其意义变得完整，在逻辑上「分析」一词的完整形式应为"谁在分析什么"，所以此时「人的分析」除了具有"人的分析"这一解释以外还有使人作为"分析"的客体，即"对人进行分析"这一意思表示。藤居（1975）指出，「人的分析」这一短语根据语境可以有"对人进行分析"和"人来进行分析"两种解释，具有语义模糊性。

在「人的分析」这一短语中，接尾词「的」的功能基本等于助词「の」，但这不意味着在类似短语中接尾词「的」同「の」能够指称完全相同的语义。藤居（1975）通过对「政治的無関心」进行语义分析得出，「政治的無関心」的意思应为「政治への無関心」；「意識的行動」的意思为「意識した（上での）行動」；「効果的表現」的意思为「効果のある表現」等。通过以上考察，可以看出接尾词「的」在使用上呈现多义趋势，接尾词

① 藤居信雄. あいまい表現 ［J］. 福岡女子短大紀要，1975（10）. 第8页

「的」与其他词汇结合后在语义表现方面会使语词的语义模糊性进一步增强。

通过日本社会大量使用具有语义模糊性的接尾词「的」这一现象不难看出，日本人在日常交际过程中更倾向于使用具有语义模糊性的表达，大量使用具有语义模糊性的表达并不会对日本人的日常交际产生障碍。与此相对，在大量使用接尾词「的」等具有语义模糊性的成分构词的过程中，此类构词成分的语义呈现多义性变化趋势这一现象也从一个侧面表现出语义模糊性表达在日本社会人际交往中的必要性与重要性。

日语中的持续体是日语特有的语体，在日常交际中使用频率极高，具有"动作正在进行"及"动作结果的存续"等义项。由日语的持续体产生的语义模糊现象也十分常见，如「行っている」是表示正在进行"去"这个动作，还是表示已经到达目的地并且该动作结果正在持续，即仍然在目的地逗留；「落ちている」是表示物体正处在下落的过程中，还是表示结果的存续，即该物体已经掉了下来。动词的持续体在语言层面是具有一定的语义模糊性的，这种模糊性产生的根源是日语语体的特殊性造成的。

3. 模糊限制语产生的语义模糊

莱考夫（1972）将模糊限制语定义为把事物弄得模模糊糊的词语。[①] 根据这个定义日语中许多词都可以归到此范畴当中。费建华（2004）将日语中的模糊限制语分为"含义不明确的副词、

---

① 何自然. 模糊限制语与言语实践 [J]. 外国语，1985，(05). 第27页

副助词、形式体言"和"句尾的委婉曲折表现成分"两类。①"含义不明确的副词、副助词、形式体言"包括「ぐらい」、「でも」、「なんか」、「ほど」、「ちょっと」、「こと」等;"句尾的委婉曲折表现成分"则包括「か」、「ようだ」、「かしら」、「らしい」、「だろう」、「と思われる」、「かもしれない」等。何自然（1985）将模糊限制语是否改变了句子命题的真值作为区分标准，将模糊限制语分为变动型和缓和型两类，指出变动型主要对语义中的范围和程度进行模糊性限制，而缓和型模糊性限制语不影响语句的语义，只是对整个语句的语义加上一个限制——表明那是说话人或者第三者的看法。

　　模糊限制语的分类本身就是一个具有模糊性的问题，因为一个词属于变动型模糊限制语还是缓和型模糊限制语并不是绝对的，模糊限制语一直处在一个动态变化的过程中。例如：

　　（11）a. リンゴを五個ぐらいください。（请给我五个苹果。）

　　　　　b. 五分ほど待ってください。（请等五分钟。）

　　　　　　　　　　　　　　　　　（费建华　2004）

　　例（11）a 中所使用的「ぐらい」，虽然可以说该句使用了模糊限制语，但就句子语义表达来说，「五個ぐらい」是一个比较清晰的表达。费建华（2004）也指出数量词后加「ぐらい」、「ほ

---

① 费建华. 日语模糊限制语的语用分析 [J]. 解放军外国语学院学报，2004（1）. 第27 页

ど」等词不会影响听话人对于该句语义的正确理解。此时「ぐらい」、「ほど」等模糊限制语起到的作用只是在语气上使说话人的表达在听话人看来变得委婉、柔和、易于接受。在例（11）b 中「ほど」的作用明显是将语句中"五分钟"的范围模糊化，避免断言给听话人带来困扰，是说话人希望利用模糊表达将自己的意思更加准确的传递给听话人。日本人习惯采用避免断言的说话方式，这导致在日本社会日常言语实践中，对于模糊限制词使用的频率增加。具有语言层面语义模糊性表达在日常交际的使用并没有影响交际双方的交际效率，这可以说明在语义模糊性表达在言语层面会发生一些变化。

（二）语法结构产生的语义模糊

语法产生的模糊语义主要是以句子中的短语作为研究对象，考察短语在句子中由于其结构或者逻辑关系的不清晰而产生的语义模糊。

1. 日语结构产生的语义模糊

日语作为黏着语，其结构上与汉语、英语均不相同，需要将虚词或者实词的词尾变成相应的形式作为黏着成分将实词连接起来，同时作为黏着成分的虚词也会表达一定的语义。在将实词进行黏着的过程中，成分与成分之间的复杂性也成为产生语义模糊的原因之一。

a. 修饰成分与被修饰成分

由于日语中修饰成分与被修饰成分的位置关系一般为修饰成分在被修饰成分之前，所以经常会出现修饰成分的修饰范畴不明确，从而导致语义出现模糊。如：

(12) 女性は「大倉工業」（本社・香川県丸亀市）社員でミリ
　　　に単身赴任中の植村輝久さんの妻小由利さん（四八）
　　　で、輝久さんが七日、ミリの病院で遺体を確認した。
　　　（女性是大仓工业（本社香川县丸龟市）社员，单身赴
　　　任至美里的植村辉久的妻子小由利子（48 岁），辉久的
　　　遗体 7 号在美里医院被发现。）（野田　2002a）

　　以上例子中「『大倉工業』（本社・香川県丸亀市）社員で」
这一成分是修饰「植村輝久さん」的还是修饰「妻小由利さん」
的这一点会导致产生"植村辉久是大仓工业的员工"和"妻子小
由利子是大仓工业的员工"两种解释，使「女性は『大倉工業』
（本社・香川県丸亀市）社員でミリに単身赴任中の植村輝久さ
んの妻小由利さん（四八）で」这一短语在语义上产生模糊。
　　又如：

(13) 木曜日と金曜日の午前は在社しています。（周四和周
　　　五上午在公司。）

（阿部　2014）

　　修饰「午前」的是「金曜日」还是「木曜日と金曜日」这一
点的不清晰导致出现了"周四全天和周五上午"以及"周四上午
和周五上午"两种解释，使得「木曜日と金曜日の午前」这一短

语产生了语义的模糊。

　　除了名词性成分外，动词性成分也会由于修饰关系的不确定而产生语义模糊，如：

（14）子供だって、<u>流行に乗って</u>人のまねはしない。
　　　　（小孩就是不追赶潮流，不模仿别人/小孩就是追赶潮流，不模仿别人。）

　　　　　　　　　　　　　　　　　　　　　　　　（野田　2002b）

　　「流行に乗って」是修饰「人のまねはし」还是修饰「人のまねはしない」，即是"不追赶潮流，不模仿别人"还是"追赶潮流，不模仿别人"这一点的不清晰使该表达产生了语义模糊性。

　　b. 成分省略

　　日语中经常出现成分省略的现象。「共有されている知識が多ければ、相手の考えも行動も予測がつく……共有している情報が多いために、省略が多い言い方になるのは日本語の特徴とされてきた。」（共有知识越多就越容易预测对方的行动，日语的特征就是共有信息多，故多用省略的说话方式。）① 省略的具体表现形式是语句结构成分的缺失，这种缺失从说话人主观角度分析，存在的基础是认知语境的共知，说话人追求的并非语义表达

---

① 加藤重広. その言い方が人を怒らせる ことばの危機管理術［M］. 東京: 筑摩書房，2009. 第145—146 页

上的内容缺失，而是在不影响语义表达的基础上实现语言经济性。以日语中的第一人称为例，第一人称代词省略了，但是从整个语篇来看，它依然存在或者其行使的功能和具有的语义依然存在，从未消失。[①] 我们所谓的省略只是单纯的在短语、语句抑或语篇结构上成分的缺失，在言语层面或者在实际语言活动中表现出的语义应是完整的。虽然由于语言活动参与者双方个体的差异会导致语义上产生模糊，但这绝对不应是说话人将某些成分省略所导致的结果，也绝不是说话人希望发生的。简言之，省略是语言结构形式上的现象，其本质是说话人与听话人在认知语境共知的基础上追求语言经济性的体现。

省略现象在日语中极为常见，其中既包含有语言本体性的因素也有日本民族社会文化的因素。本体因素如谓语后置、复杂的敬语体系、多变的助词等均为日语中出现的省略现象提供了有利条件；民族社会文化因素包括日本社会的集团意识、比较严格的等级观念以及交际过程中追求表达委婉、易于接受等。如：

（15）相手は非公式に来日していたインドの国会議員らで、**与野党の幹事長級**がそろっていた。

（对方是非公式访问的印度国会议员，在野党的干事长级别等人全到齐了。）

（『朝日新聞』　2000．6．9；53）

---

① 孙颖. 日语会话语篇中的人称代词省略研究 [J]. 外语学刊, 2012 (6). 第92页

例（15）由于在「与野党の幹事長級」前省略了修饰成分，「与野党の幹事長級」这一短语产生了「日本の与野党の幹事長級がそろっていた」与「インド与野党の幹事長級がそろっていた」两种解释，从而产生语义上的模糊。

又如：

(16) 誠は目をそらし、コーヒーカップを口元に運んだ。篠塚の笑顔が、何となく眩しかった。

＜中略＞

昨夜、家に帰ってから篠塚に電話したのだった。<u>電話では話しにくい相談事があるといった</u>から、篠塚も心配したのだろう。

（诚把视线转开，喝了一口咖啡。筱冢的笑容很灿烂。昨夜回到家后给筱冢打了电话。因为说是想谈在电话里不方便说的事情，所以筱冢想必也很担心吧。）

（東野圭吾『白夜行』）

例（16）中后一句先是省略给「篠塚」打电话的主语，又在后面内容中省略了打电话这一动作的主语。由于主语的缺失，动作主体不清晰，从而使表达具有了语义模糊性。如果不考虑上下文，仅从本句的逻辑关系来推理容易将「話では話しにくい相談事があるといった」的主语理解成同本句逻辑主语相一致的「私」。通过上下文的语境推理分析却可以得出「話では話しにくい相談事があるといった」的实际主语是前文中提到的

「誠」。在不考虑语境时由于某些成分缺失而被认为是具有语义模糊性的表达，在具体语境下进行推理分析时，却发现其传递的信息是完整的、语义是清晰的。可见，结构形式上的省略并不一定会引起语义表达的不完整。同时也证明了语境具有消除语义模糊的作用。

c. 词形变化

日语中经常出现被动态、可能态与敬语三个活用的词形变化相同的情况，在具体语境没能给出足够的、有助于分析推理的信息时，较容易出现不能清楚地分辨该成分究竟是被动态、可能态还是敬语表达的情况。

(17)「先生は来られますか」（老师会来么/能来么?）

「来られる」既可以作为能动语态被理解又能够作为敬语表达被理解，且这两种解释方式在语法上、逻辑上都是合理的。这时「来られる」这一表达便具有了语义模糊性。又如：

(18) 私は他人に対してあれこれと質問を浴びせかけられる
立場にはないのだ。
（我不能对别人问这问那的。）
（村上春樹　『世界の終わりとハードボイルド・ワン
ダーランド』）

由于日语一段动词的被动态同可能态的外部形态一样，所以在没有其他上下文或者语法上的限制时，很难分辨此处的词形变化究竟是何种形态。此例中的「浴びせかけられる」，单从词汇的角度看，既可以是可能态也可以是被动态，所以认为该句在语言层面具有语义模糊。

2. 日语逻辑产生的语义模糊

a. 短语产生的语义模糊

本节讨论的短语产生的语义模糊与前面的词汇本身结构性的语义模糊不同。前面谈到的词汇本身语义模糊指的是词汇本身语义范畴的不清晰而导致的语义模糊，并且该模糊性使语句的语义变得模糊。本节中的词汇产生的语义模糊是指在不考虑具体语境的情况下，词汇通过语法手段组合形成的短语在逻辑上不清晰，使整个短语具有的语义模糊，进而使整个语句的语义变得模糊。

(19) 晴山被告は 1972 年（昭和 47）<u>五月と八月、空知支庁で帰宅途中の十九歳の二人の女性</u>を強引に車に連れ込み、車内で乱暴して殺し、遺体を捨て、さらに、74 年にも主婦（当時 40）に乱暴して一か月の重傷を負わせたとして起訴された。

（晴山被告被起诉的罪行为于 1972 年（昭和 47 年）5 月和 8 月，在空知支厅将回家途中的两名 19 岁的女性强行带到车内，将二人在车内残忍杀害并将遗体抛弃。另，在 1974 年也对一名主妇（当时 40 岁）施暴，至其受重伤一个月。）

（『朝日新聞』 1990．6．19；31）

对于「五月と八月、空知支庁で帰宅途中の十九歳の二人の女性」这一短语，可以有两种解释，一个是"五月和八月各两名女性"；另一个为"五月和八月各一名女性，共计两名女性"。原本表意清晰的几个词连在一起形成一个短语，由于其内部逻辑关系的非单一性导致该短语出现了语义模糊从而使整个语句的语义带有模糊性。

(20)「猫は家内が好きでね。俺はあまり好きじゃない。しっぽを振らないからね。」

（猫喜欢我太太/我太太喜欢猫，不太喜欢我/我不太喜欢，因为它不摇尾巴。）

（宫本辉　『避暑地の猫』）

由于「好き」在逻辑语法上需要情感主体和情感对象，在逻辑上"猫"和"妻子"均具备作为情感主体或是情感对象的可能性，并且该可能性在语法层面也具有合理性，因此，「好き」从语法角度分析同时具有「家内が好きだ」（猫喜欢妻子）、「猫が好きだ」（妻子喜欢猫）两种可能形式。在一般情况下助词「が」格所表示的对象为喜欢的客体，「は」格表示喜欢这一动作的主体。但是由于「は」可以替代「を」表示强调，所以「猫は家内が好き」这一短语便有了"猫喜欢妻子"和"妻子喜欢猫"这两种解释，从而在语义上出现了模糊。

b. 助词产生的模糊

日语作为黏着语，各语言成分之间需要助词进行连接。助词在连接各语言成分的同时也承担着重要的语法功能。助词产生的语义模糊是指在语言层面，词汇通过助词连接组合形成短语，由于助词造成逻辑上不清晰，使该短语产生语义模糊。助词在日语中具有不可或缺性，一个助词一般同时具有多个语法意义，所以由于日语助词的存在，而使日语表达发生语义模糊的情况经常出现。如「何で来たの」这一问句，由于助词「で」不但可以表示原因、理由还可以表示移动的手段、方法，所以该例便出现助词「で」表示原因，译为"你为什么来"和助词「で」表示移动的手段、方法，译为"你坐什么来的"这两种解释，使该问句语义产生模糊。又如：

（21）出張は 4 月 15 日に変更になった。　（阿部　2014）
　　　（出差时间变更为 4 月 15 日/出差在 4 月 15 日这一天发生了更改。）

　　由于助词「に」除了表示变化的结果以外还可以表示动作发生的具体时间，所以此例也有了「に」表示变化结果的"出差时间变更为 4 月 15 日"和「に」表示具体动作发生时间的"出差在 4 月 15 日这一天发生了更改"两种解释，从而使该句产生了语义上的模糊。

（22）彼はどう思いますか。　（王　1999）
　　　（他怎么认为的/你觉得他怎么样?）

　　由于助词「は」既可以表示主语也可以强调主题，所以上例既可理解为"你觉得他怎么样"也可以理解为"他是怎么认为的"，这两种解释均符合语法和逻辑，所以可以认为该例具有语义模糊性。又如「母の心配」指的是"对于母亲的担心"还是"母亲（自己）心里很担心"；「王さんの写真」指的是"上面有小王的照片"还是"小王拥有的照片"，均是由于助词「の」导致短语产生了语义模糊性。由以上例子可以看出日语中助词种类繁多，功能复杂，这也导致由日语助词产生的语义模糊具有复杂性与多样性特点。

　　语言层面语义模糊的研究是以词或者短语作为对象考察进行的，语言层面的词汇语义模糊主要表现方式为指称对象不清晰、语义范畴不明确。语言层面短语产生的语义模糊主要体现在短语内部结构、模糊限制语以及助词所带来的语义模糊等方面。由于语言层面研究较少关注其它影响语义的因素，所以导致研究成果对某些语言现象缺乏足够的解释力。日语作为自然语言的一种也存在上述情况，且日语由于其具有特殊的语体，合成词较多、各成分之间的黏着成分以及日本人对事物特殊的认识方式等特点，导致出现其他语言所不具有的特殊的语言层面语义模糊现象。

二、言语层面的日语语义模糊

　　日语由于其自身结构以及所处社会文化环境的特点，除存在普通语言范畴下的语义模糊现象以外，还具有其他语言中不存在的、特殊的语义模糊现象。人的认知活动受民族文化的制约，日语的交际理念和原则受到日本民族的处事哲学和行为价值观念的影响。① 现有研究成果多为语言层面语义模糊类型研究，缺乏言语层面语义模糊性问题的相关研究。

　　语言层面的语义模糊问题主要围绕语言的逻辑结构以及意义范畴展开，而言语层面的语义模糊问题则比语言层面所研究的语义模糊问题更加复杂。言语层面对于语义模糊的判定标准与语言层面的标准不同。根据野田（2002a）对语义模糊性的定义，语义模糊涉及比喻修辞、认知能力等多个方面。严格地讲，比喻作为一种修辞手段所追求的交际目的是向听话人表达修辞背后所包含的说话人真正的交际意图，也就是我们说的"言外之力"。言语层面的语义模糊研究主要考察在进行言语实践活动时，交际参与者是如何结合交际发生时其他诸多因素对传达语言意义以外的"言外之力"进行发出与接收的。同时，语言层面的研究对象是静态的，而言语层面的研究对象则具有动态性特点。一个语言单位的意义在言语研究中经历了从说话人编码到听话人解码，再到最后显现出语用效果的过程。这几个阶段相互联系却又各自独立，语言单位在这几个阶段可能表示的意义以及在交际中发挥的作用各不相同，对一个在交际活动中出现的表达进行语义分析，清晰地限定研究阶段是十分必要的。本节将人类交际中产生语义模糊性的原因总结为语言本体、说话人、听话人三方面，认为言语层面的语境因素属于听话人与说话人的心里环境，其影响体现在语言本体、说话人与听话人三方面。语境存在于交际双方的头

---

① 孙颖. 从语义模糊性看日语委婉表达 [J]. 外语学刊，2011（6）. 第62页

脑里，存在于交际双方的"心理"。① 对于言语层面的语境因素本文不再单独列出。

（一）话语本身蕴含的语义模糊

话语本身具有的语义模糊的问题在语言层面语义模糊研究中进行了比较详细的阐述，话语本体的语义模糊就是由于语言自身的特点，由结构、语法、符号指称等原因造成的语义具有一种以上解释的可能性。在语言层面考察语义模糊的情况时，对于影响语义的具体语境涉及的并不多。其实在语言的实际应用过程中语境对语义的影响是巨大的，也是不容忽视的。

（23）「田村さん」

典子は、その隣の女子学生に注意をした。仕事はきちんとやるし、客にも人気があるのだが、注意を怠ると、化粧が派手になる。

「色のついたマニキュアは、厳禁だといったはずです。」

「はーい」

田村が、間の伸びた返事をする。

「除光液を貸しますから、今すぐに落としなさい。」

叱りつけるように言うと

「はい」と、やっと普通の返事になった。

---

① 孙颖. 日语会话语篇中的人称代词省略研究［J］. 外语学刊, 2012（6）. 第90页

（"田村"典子说了旁边的女学生，虽然工作做得不错，

也很受客人的欢迎，但只要稍不注意就会化很浓的妆。

"我说过不能涂带颜色的指甲油。"

"是——的。"田村用拉长的声音回复说。

"我会借你洗甲水，现在马上把指甲油洗掉。"

"好的。"田村终于用正常的语气回复道。）

（鎌田敏夫『29歳のクリスマス』）

　　「注意を怠る」表示"疏忽、不注意"。这一短语需要一个逻辑上的主语，但由于句中主语被省略导致在语言层面就很难弄清"疏忽"的主语是谁，从而产生语义模糊性。由于前文中有「典子」对「田村」进行提醒这一表述，那么此处「注意を怠る」的主语可理解为「典子」。通过上下文语篇使在句子中「注意を怠る」这一短语的主语的模糊性减弱，变得易于理解。又如「色のついたマニキュア」（带颜色的指甲油）中的「色」本是一个极抽象的概念范畴，在语言层面语义模糊研究中经常作为例子被提及。如前文所述，「色」中包含了太多模糊的次范畴，且各范畴之间界限不清。虽然「色」这一概念在语言层面的研究是极为繁杂的，但这并不意味着其不能承担日常的言语实践活动功能，相反由于其抽象程度高、指称范围大，经常被用于言语实践中。「色のついた」中的「色」在上下文中受到限制，使其被理解成为可能。「マニキュア」意为"涂了指甲油的指甲"，「マニキュア」一词使「色」在此处的范畴被限制，根据常识性知识可知应为做美甲时常被使用的几种颜色。前面出现的「化粧が派手にな

る」（妆化得很妖艳）又进一步的缩小了此处「色」的范畴，因为「化粧が派手になる」（妆化得很妖艳）意味着指甲的颜色是比较鲜艳的几种之一。如果将文中的「色のついたマニキュア」换成「爪の色」（指甲的颜色），此时「色」的范畴则又会发生变化。因为「マニキュア」专指经过美甲处理的指甲，所以「色」所指称的只能是美甲中常用到的几种颜色，「爪の色」则指一般人指甲正常的颜色，「色」的范畴则更小。

在言语层面的语义模糊性研究中，对语言自身具有的模糊性这一部分是与语言层面的语义模糊研究联系最紧密的，我们甚至很难断言两者的分界线在哪里。语言层面的语义模糊与言语层面的语义模糊之间的区别并非泾渭分明，语言层面研究语义的模糊不能够完全脱离语境，因为一种语言本身就是语境的一部分，其受到文化等其他诸多因素的影响。文化对于语义模糊性的影响会在后面章节具体考察，这里不再赘述。言语层面的语义模糊较语言层面的语义模糊更重视语境对语义的影响。例如，有一些词或是语句仅从语言层面看是无法进行分析的，其本身的特点要求其必须在语境信息足够多的环境下才能够发挥功能与作用，才能被理解。日语指示代词在该方面具有典型性。鲸井（2011）将指示代词的特点总结为「指示代名詞は先行文脈の一部を指し示し、それが具体的な値として代入されて初めて意味を持つ点で、一般的な名詞と異なる。一般的な名詞を、それを自体で何らかの意味を持つ定数として扱うならば、指示代名詞は何らかの値を代入する変数であると言える。したがって、あるテキストの意味を正確に把握していくためには、その中で随時表現される指

示代名詞に具体的な値が代入されなければならない。」(指示代词对前文的一部分进行指示，只有将具体的值带给指示代词它们才能具有意义，这一点同其他一般名词是不同的。一般名词是自身具有一些固定的意义的词，而指示代词是需要将具体值带入的，具有变化性的词。因此，想要正确理解一些文本意义，便需要将具体的值带入到具有变化性特征的指示代词中。)① 指示代词在语境影响语义方面是一个极具典型性的例子，在没有具体语境就无法进行指示代词研究的情况下，指示代词应在言语层面而非在语言层面进行考察。可以说，在没有具体语境信息的状态下指示代词是绝对模糊的，其语义范畴没有原型范畴也没有范畴边界。指示代词可以指称任何范畴，或者说是可以指称所有范畴。

(24) 私の四つ上の叔父が死ぬとき「人生とはこんなものか」といったそうだ。私は奈良にいて、臨終に間に合わず、叔父のこの言葉を直接聞かなかったから、言葉の持つ調子は、掴めないが、後で聞いて、なんだか捨て台詞のような感じがして不快な気持になった。叔父は晩年、政治に興味を持ち、右翼的な運動を起こし、その活動の為に死期を早めた。「人生とはこんなものか」という言葉は恐らく叔父の実感だったろうと

---

① 鯨井綾希. 指示代名詞「それ」の文脈指示における照応規則について [J]. 日言語科学論集，2011 (15). 第 37 页

思う。

(比我大四岁的叔叔死的时候说，"人生原来就是这么一回事呀"。我在奈良，没能见他最后一面，所以没有直接听到叔叔的话，他说话时的语调也不清楚。后来听说是当时仿佛放下了什么，像是说台词一样，心中定是十分郁闷。叔叔晚年对政治感兴趣，参加了右翼政治运动，这也加快了叔叔的离世。我想"人生原来就是这么一回事呀"这句话恐怕是叔叔的真实感受吧。)

(志賀直哉『八手の花』)

　　如果不参考语境仅将「人生とはこんなものか」(人生原来就是这么一回事呀) 一句作为考察对象，那么「こんなもの」所表示的语义是无论如何也无法正确理解的。要对「こんなもの」的意义进行分析推理就只能通过上下文的语境获得足够的推理信息之后，才能得出正确的推理结果。通过下文中对"叔叔"晚年生活状态的介绍得知其晚年由于参加"右翼的政治活动"才加速其离世，所以「こんなもの」是"叔叔"发自内心的对生活的不甘或者是无奈。通过此例可以看出，如果只将「人生とはこんなものか」作为考察对象对其语义进行分析的话，该句的语义不仅是模糊的而且是无法获取的，交际双方无法进行有效的意图交换，「人生とはこんなものか」这句话的存在也就毫无意义。即便将上下文及语境中提供的信息考虑在内对「人生とはこんなものか」进行推理分析，所得到的「人生とはこんなものか」的语义也是具有模糊性的，因为在获得上下文及语境提供的足够信息基础上对「人生とはこんなものか」进行推理分析也不能完全确定「こんなもの」所表示的究竟是不甘还是无奈抑或是其他情感。在文章中指示词与其所指代的内容之间经常出现非一一对应的关系。

　　高崎（1990）指出文章中的指示代词并非与指示内容之间仅存在一对一的关系，「文章の中で指示表現を見ると、指示表現が単に指示する内容と一対一の関係で対応している場合ばかりでなく、その他の部分の文脈の影響受けながら、文章の中で指示の働きをしていることがわかってくる。」（文章中的指示表现并非全部同指示内容一一对应，也会受到其他语境的影响，在文章中发挥指示功能。）① 这就使得有指示代词出现的语句经常出现语义模糊，这种语义模糊与指示代词特殊的语法功能有关。

（二）说话人与语义模糊

　　语义模糊问题的研究，在语言层面较为重视语词本身的模糊性，在言语层面认为影响语义的因素除了语词本身的模糊性以外，说话人对于语义的影响也是较大的。说话人与语义之间具有互动性，在说话人影响语义的同时，语义也在刻画说话人形象、实现说话人意义。在这其中，语义具有模糊性这一特点成为连接二者的枢纽。语言的特性要求语言在使用时总会有说话人的因素发挥作用，在话语中多多少少总是含有说话人"自我"的表现成

---

① 高崎みどり．ケーススタディ日本語の文章・談話・指示表現［C］．東京：桜楓社，1990．第36頁

分。① 说话人的"自我"能在交际中表现出来、能够对语义产生影响的前提是语义所具有的模糊性。词层级上的说话人意义可以这样理解……说话人意义产生的语义原因和语义条件是词的语言意义所具有的模糊性。② 需要注意的是，说话人意义中所说的说话人是包括听话人在内的交际者。"尽管受话人在分析、理解语言现象时会生成主观性，产生主观意义，但是主观意义的核心是说话人意义。此处，我们理解的说话人包括所有话语生成者和话语理解者，作广义处理。"③ 本书对语义模糊性的研究将话语生成者（说话人）与话语理解者（听话人）分开，此节也按此区分，专门针对话语生成者，即说话人对语义模糊产生起到的作用进行考察。

（25）そうきいた田宮、怯えきった目の奥は、今にも消えそうな線香花火のように揺れている。

「どうするかは、あなた次第だ」

田宮の視線が揺らいだ。

「こんな小細工じゃなく、この会社を本当に再建して行こうという気構えがあるなら、協力はする」

田宮に選択の余地があるはずはない。

---

① 沈家煊. 语言的"主观性"和"主观化"[J]. 外语教学与研究：外国语文双月刊, 2001, 33 (4). 第 275 页
② 李洪儒. 试论语词层级上的说话人形象——语言哲学系列探索之一 [J]. 外语学刊, 2005 (5). 第 45 页
③ 李洪儒　王晶. 说话人意义及其结构的研究维度——语言主观意义研究（一）[J]. 外语教学, 2011 (5). 第 17 页

「どうすればいい」

「さあ、どうすればいいんですか、社長。あなた、モーツァルトなんだろう?」

近藤は冷ややかにいい、二代目経営者を睨み付けた。

「もちろん、前向きに再建しようと思っていますよ」

田宮は作り笑いを浮かべた。

「あなたが一緒に頑張ってくれるというのなら、ぜひお願いしますよ」

「じゃあ、最初にあなたの頭の中に入っているという経営計画を文字と数字に落としてもらえませんか。明日までにお願いします。その後、課長以上の幹部全員でそれを練り上げます」

(听到那话的田宫,胆怯的眼中目光闪烁不定。

"怎么办完全取决于你。"田宫的视线飘忽不定。

"如果不是这种小小的改动,而是真正想要对公司进行重建的话,我会帮你。"

田宫没有选择的余地。"我应该怎么办?"

"怎么办? 社长,你不是莫扎特么?"

近藤盯着这位第二代经营者,冷冷地说。

"我当然是想积极地重建公司。"田宫脸上带着假假的笑容。

"你如果能跟我一起努力的话,那就拜托了。"

"那么最初在你脑中的精英计划可以形成文字和数字吗? 请在明天前交给我。然后需要对课长以上的干部任命全体进行重新考虑。")

（池井戸潤　『オレたち花のバブル組』）

（26）「『アマデウス』という映画があるじゃないですか。あ
　　　のとき、注文していたオペレッタを催促にきたシカネ
　　　ーダーにモーツァルトはこういうです。心配するな、
　　　もうできた。曲はここにある」
　　　経営の天才にでもなったつもりか、田宮は人差し指で
　　　こめかみのあたりをトントンと叩いて笑った。
　　　（不是有一部电影叫《阿马戴乌斯》吗？史肯尼德向莫
　　　扎特催歌剧谱曲，莫扎特对他说"不要担心，我其实已
　　　经写完了，它们都在我这里"。自认为是经验天才的田
　　　宫，用食指敲着自己的头，笑着说。）

（池井戸潤　『オレたち花のバブル組』）

上面对话中有多处产生了语义模糊，如「どうするかはあな
た次第だ」同「どうすればいい」中的「どうするか」和「どう
すれば」虽然原意均为"怎么办"，但是对于近藤和田宫而言二
者的意义是不同的。「どうするか」和「どうすれば」在文中除
了表现其疏离语境的一般意义外，说话人分别将自己的因素加入
其中，使其语义在疏离语境的一般意义的基础上产生了偏离，从
而使其具有了语义模糊性。

近藤赋予「どうするか」的内容没有进行额外的说明，但是
以后面出现的「あなた次第だ」为根据可以推测出近藤赋予「ど
うするかは、あなた次第だ」的意义应为"我将会怎么做是取决

于你的表现"，在对话中充分显示了自己的主导地位。随后田宫说的「どうすればいい」其实是针对近藤的「あなた次第だ」进行的提问，意思为"我应该怎么做才能让你满意呢"，田宫赋予「どうすればいい」的意义使其承认自己在会话中处在被动地位这一点明示于听话人近藤，但对于自己应做什么表示不清楚，意图将自己的责任进行模糊处理。随后近藤再次重复田宫说过的「どうすればいい」，近藤赋予「どうすればいい」的意义又与前面田宫赋予的意义有所不同。近藤通过重复田宫说过的「どうすればいい」，并在其后加入表示反问语气的助词，使「どうすればいい」的意义变为"你自己应该怎么做你自己清楚"。通过反问语气向听话人施加压力，表现了说话人对于听话人含糊其辞的不满。以上三处出现的「どうするか」和「どうすれば」由于说话人对其赋予的意义以及语句背后所代表的"言语行为"各不相同，使得「どうするか」和「どうすれば」的语义模糊不清，需要听话人在「どうするか」和「どうすれば」的疏离语境的一般意义的基础上对它们进行推测，从而推理出说话人真正想表达的意图。

　　又如，对话中出现的「モーツァルト」（莫扎特）。「モーツァルト」一词作为专有名词存在，其字典意义不具有模糊性。但此处近藤将田宫称为「モーツァルト」明显不是使用「モーツァルト」疏离语境的一般意义，此时我们可以说「モーツァルト」具有了模糊性，需要听话人对说话人赋予「モーツァルト」的特殊意义进行推测。在（25）的对话中找不到能够解释「モーツァルト」特殊意义的语境信息，这就需要听话人付出更多的推理努

力去理解此时说话人赋予「モーツァルト」的意义。经过听话人
的推理发现「モーツァルト」出现在二人不久前的一次对话中，
即例（26）中听话人田宫作为说话人使用了「モーツァルト」一
词。在田宫作为说话人使用「モーツァルト」一词时，也并没有
使用「モーツァルト」疏离语境的一般意义，而是作为说话人的
田宫通过例（26）中的故事赋予「モーツァルト」特殊的意义。
在故事中的「モーツァルト」体现出的特点为"胸有成竹、才华
横溢"。说话人田宫正是将"胸有成竹、才华横溢"赋予「モー
ツァルト」一词，并将「モーツァルト」比喻成自己。在该对话
中「モーツァルト」基本脱离其疏离语境的一般意义，通过互文
使其具有情境性与隐喻性，同时具有语义模糊性。在例（25）中
作为说话人的近藤重复听话人田宫曾经使用过的「モーツァル
ト」，在例（25）中「モーツァルト」同样不表示其疏离语境的
一般意义，而是表示说话人赋予其听话人之前赋予该词的具有情
景性与隐喻性的特殊意义。说话人重复听话人之前使用过的「モ
ーツァルト」，其用意除了赋予「モーツァルト」之前同样的
"胸有成竹、才华横溢"的意义以外，还有借此对听话人田宫进
行讽刺的意思。此时，例（25）中的「モーツァルト」除了具有
例（25）中被说话人田宫所赋予的"胸有成竹、才华横溢"意义
以外，又被例（26）中的说话人近藤赋予了对听话人田宫表示讽
刺的意义。

　　可见，在具体的语言活动中，即使说话人不明确诠释自己使
用的、与疏离语境的一般意义不同的、具有情境性与模糊性的特
殊意义，说话人与听话人之间依然可以达到一定程度的相互理

解，也就是互明。能够达到这种互明的原因是说话人与听话人的认知语境在很大程度上是一致的，这种一致性是通过在同一语言环境中长久的生活获得的。正是这种认知语境的相当程度的一致性保证了说话人可以相当自由地赋予同一表达不同的意义，模糊意义也有助于说话人意义的产生，无定意义给不同个体留下各种不同方式准确界定意义的可能性。① 池上（2009）指出说话人对于"事态"的判断有相当的自由性：「＜話者＞はある＜事態＞を言語化しようとする際、その＜事態＞に含まれる内容のすべてを言語化することはできないし、また、実際問題として、内容のすべてを言語化する必要もない。話者は問題の＜事態＞の中で自らとの関わりのある（つまり、自らにとって＜意味＞がある）と判断する部分だけを選択して言語化するだけで十分である。そして、その際の自らとかかわりがあるかどうかの判断は、話者自身の＜主体的＞な判断として行われる。次に、話者は＜事態＞のうち言語化の対象として選択した部分について、それをどういう視点で捉えるかを自らとの関わりに応じて判断し、＜主体的＞に選択する。ここまでを話者による＜認知の主体＞としての営みでもって話者は自らの役割をしめくくる。」②（说话人在将事件内容言语化的时候，并不能将事件包含的内容全部言语化。实际上，也没有必要将全部内容言语化。说话人只

---

① 李洪儒. 试论语词层级上的说话人形象——语言哲学系列探索之一 [J]. 外语学刊，2005（5）. 第 47 页

② 池上嘉彦. 日本語の＜主観性＞をめぐって [J]. 日语学习与研究，2009（5）. 第 15 页

需通过判断事件中同自己相关（对自己有意义）的内容并将它们言语化便足够了。如何确定哪些是说话时同自己相关的内容，可通过说话人的主观判断。说话人在事件中基于何种方式选择同自己相关内容这一点也是主观的。至此，说话人作为认知主体的对话中，说话人的作用便凸显出来了。）保证这种赋予同一表达不同意义，具有相当的自由性的是语言本身具有的语义模糊性。

（三）听话人与语义模糊

听话人作为言语实践活动的重要组成部分，对于言语实践活动的影响是毋庸置疑的。学术界对于言语层面语义的研究多集中于说话人方面的研究，对听话人方面的研究却不够重视。言语实践活动能否顺利进行取决于说话人与听话人双方的交际是否成功。交际成功指的是说话人想表达的意图能够被听话人正确理解，从而达到说话人所希望的语用效果。正确理解的含义包括完全理解和部分理解。完全理解不必解释，部分理解的最低限度是听话人对于说话人想表达的意图理解的部分足以使该交际继续进行，换言之，部分理解的最低限度是听话人不会产生误解，也就是说话人的表达不会产生歧义。由于作为语言一般属性的语义模糊性的存在，我们认为听话人对说话人想表达的意图每次都能够完全理解这一点是不可能的。

(27)「え一、それでは本日は村上さんが毎日どのようなものをお召し上がりになっておられるかということをうかがいたいと、こう思っております。それではまず朝

「から」

「まず朝は」

「あーら、ごめんなさい。テープのヴォリュームあげるの忘れちゃった。はいどうぞ、すみません」

「まず朝は野菜を」

「あ、そうだ。朝は何時にお起きになるんですか?」

「五時に起きます。それで……」

「五時? 朝の五時?」

「だって今、朝の話してるんでしょ?」

（嗯，我今天想先问问村上先生您每天都吃些什么，所以我们先从早上开始。

先是早上啊。

啊，对不起，我忘记调整录音的音量了。好了，请说吧，抱歉。

首先，早上一般吃蔬菜……

啊，对了。您早上几点起床?

5点起床。然后……

5点? 是早上5点么?

我们现在说的不就是早上的事情么?）

（村上春樹　『インタヴュー』）

　　在该对话中被采访者回答记者问题时采用了较为模糊的「五时に起きます」。因为在前面的对话中记者向被采访者提问时已经将提问范围规定在「朝」。被采访者以为自己的表达是清楚且明确的，被采访者在回答这个问题并未故意利用语义的模糊性，也就是说，说话人（被采访者）主观认为其回答不具有语义模糊性。反观采访者（听话人），由于被采访者的回答从其疏离于一般语境的意义分析确为语义模糊性表达，所以采访者的理解并无问题，「五時に起きます」可以解释为"早上五点"或者是"傍晚五点"。采访者因为自认为没有获得足够的信息对「五時に起きます」进行理解，所以接下来对被采访者进行确认。此时，可以认为被采访者的回答对该交际起到了消极的作用。上下文的语境中采访者对于被采访者已经问出了「あ、そうだ。朝は何時にお起きになるんですか?」，已然将该问题的范围确定为「朝」，所以被采访者对于采访者不能正确理解其表达而感到意外。当说话人意图采用不具有模糊语义的表达进行交际时，听话人却将该不具有模糊语义的表达误认为具有语义模糊性成分存在则会对交际活动产生阻碍，导致交际不畅。又如：

（28）すると狸はあなたは<u>きょうは宿直ではなかったですかねえ</u>とまじめくさって聞いた。　（于是"狸"故作认真地问我今天不是应该值夜班吗。）

　　　　　　　　　　　　　（夏目漱石　『坊ちゃん』）

「坊ちゃん」认为说话人对其的询问「きょうは宿直ではなかったですかね」并非是疏离于一般语境的意义，是具有语义模糊性的，即说话人对其询问其实是具有言外之力，意在指责其在值班期间偷偷跑出去洗澡。但在小说里作者并未明确表明说话人

的询问是有指责的意思在其中的。说话人本意可能只是将「きょ
うは宿直ではなかったですかね」一句作为日常的寒暄，期待主
人公「坊ちゃん」只需按照字面意思进行理解即可，但「坊ちゃ
ん」之前便对说话人怀有偏见，所以根据自己主观判断便认定说
话人的询问其实是有所指，从而加深了对说话人的厌恶。可见，
在说话人并无利用语义的模糊性产生言外之力的故意的情况下，
听话人根据自己对语言表达的主观判断认定其具有言外之力，也
就是听话人主观认定具有语义模糊性时，会对言语实践产生消极
的作用。相比较说话人故意使用具有模糊性的表达而听话人没能
够正确理解这一情况，说话人没有故意使用具有语义模糊性表
达，听话人却将其认定为具有语义模糊性的表达，这类情况对言
语实践活动的消极影响更大。因为具有语义模糊性的表达必然带
有言外之力，从而增强语用效果，交际的语用效果主要就是体现
在听话人接受说话人传递的内容后所做出的反映。有模糊语义而
没有正确理解只是减弱了语用效果，而听话人将说话人没有故意
使用具有语义模糊性的表达当作具有语义模糊性的表达来理解，
则可能出现完全相反的语用效果。所以，即便是同样的人说出同
一句话，由于听话人的不同，可能会对言语实践产生完全不一样
的影响，此处充分体现了听话人因素对于语义模糊性问题乃至言
语实践活动的重要影响。

（四）言语实践活动中的语义模糊性

　　语言在交际中进行传递的过程可分为说话人编码和听话人解
码两部分。说话人为了表达自己意想表达的意图会按照自己的想

法组织语言，以求将足够多的信息传递给听话人，而听话人如果希望交际顺利进行，也会尽可能准确地去理解说话人传递过来的信息。在说话人将自认为信息量足够多的信息传递给听话人后，交际能够继续顺利进行的责任便全部由说话人处转移至听话人处。在交际过程中明显于交际双方意识中的语用效果其实是经过说话人创造，听话人加工的成品。听话人对于言语实践活动中说话人发出的信息起到一个修正加工的作用。听话人对说话人发出信息的不完全理解是由于语言存在模糊性以及交际双方的认知差异使然，同一语言表达在不同人的认知语境中代表着不同的意义。交际成功的前提是双方处在大致相同的认知语境下，尽管如此，双方认知语境的细微差异使同一语言表达在言语实践活动中产生模糊。正是这种语义模糊使人们的相互交际的过程变得复杂。

听话人对语义的修正与加工主要是对说话人表达中听话人未能正确理解的部分。不能够对说话人的表达完全正确理解主要原因是语言具有语义模糊性，此时听话人对于具有语义模糊性表达的理解是交际能否成功的关键因素。听话人对于说话人传递的信息是否具有语义模糊性的判断是在自己的认知语境中进行的，是主观的。说话人对其传递的信息是否具有语义模糊性是在编辑好该内容后就已经明了的，说话人故意传递的具有语义模糊性的信息在听话人处被正确理解的话，该表达会达到说话人预期的语用效果，对该交际产生积极作用；如果说话人故意传递的具有语义模糊性的信息没有被听话人正确理解，则该表达不会达到说话人之预期效果，同时可能对交际活动产生消极影响。还有一种可能性为说话人没有故意传递具有语义模糊性的信息而听话人却将其理解为具有语义模糊性的表达，此时该表达对交际产生消极影响。

在考察语言语义模糊类型的同时，结合日语语言本体特征，对日语中具有语义模糊性的语言现象按照语言与言语层面分类进行描写与评价。我们可以发现，日语语言层面语义模糊主要受到日语本体结构特点与日本人对世界的认知特点等因素的影响；日语言语层面语义模糊除受日本体结构与日本社会文化等因素影响之外，还受到言语实践活动中交际参与者的个体因素影响。同时，语言层面语义模糊与言语层面语义模糊具有动态的内在联系。对语言模糊性的研究不应仅限于语言层面，言语层面的研究更加可行，语义模糊性是一个复杂的范畴，可以多维度研究。①语义模糊表达在言语实践活动中起着极为重要的作用，语义模糊的研究在兼顾多维度的同时，应充分考虑语言本体、说话人与听话人对语义模糊性的影响。对于语义模糊性现象，特别是日语语义模糊现象的重要性也应当重新认识。模糊语言学则应被视作语义学、语用学等相关学科同等重要的语言学研究基础学科之一，对其进行更加全面、深入的考察。

本 章 小 结

在第一章提出问题的基础上，本章总结语言研究领域不同流

---

① 李贵鑫. 言语层面语义模糊性研究的理论思考 [J]. 外语学刊，2014 (4). 第65页

派对语义模糊性问题研究的不同方法模式，并进一步深入考察研究其背后的理论基础。同时，具体研究考察语义模糊性的哲学基础、定义，并与语义模糊性相近概念进行辨析，认为语义模糊性问题研究应在语言层面与言语层面分别进行的结论，尝试初步建立系统的语义模糊性研究理论体系。基于以上研究结论，对日语中具有语义模糊性语言现象按照语义学与言语层面分类进行类型分析。本章最后通过对日语语义模糊性语言表达的整理与分析，找出日语语义模糊性的特征，为下面的解释环节提供理论支撑与语料支持。

第三章

语言层面语义模糊性

上一章主要针对语义模糊性的定义、哲学根源以及具体外现形式进行了描写与归纳。本章将通过认知语言学的相关理论对语言层面语义模糊的产生根源、存在方式以及消除方法进行考察，并结合日语语言的本体性特点进行具体分析。

第一节 语言层面语义模糊性的产生

从人类认知的角度看，语言层面语义模糊的实质是语义范畴的不确定性。模糊性来源于人类的范畴化意识活动，只有在人类从事类属划分时才有模糊性可言。[①] 第二章以词作为研究对象，对于语言层面语义模糊性的表层外现形式进行了类型分析，本节

---

① 陈维振. 从现象学的角度反思范畴和语义模糊性研究 [J]. 外语与外语教学，2001 (10). 第60页

从认知语言学理论出发，将语义学研究的单位进一步分解，对语义模糊产生的根源进行深层次的考察。

一、语义范畴相关概念辨析

对语义范畴进行研究，则对概念、意义、范畴等基本概念的梳理是必不可少的。很明显，由于索绪尔结构主义语言观的影响，概念、范畴、意义等语言学基本概念在前期语言学研究中多集中于语言层面或者没有十分清晰地区分研究是在语言层面还是在言语层面进行。不同的层面研究对于概念、范畴、意义等基本概念的定义也不尽相同。以上基本概念内涵不清，则一些语言学问题便不能很好地被解释与说明。概念、范畴、意义等基本语言学术语之间的关系对语言学研究具有较大的影响，尤其对语义模糊性的研究起着至关重要的作用。所以，将以上基本概念进行清晰的划分是十分必要的。

范畴的划分，就其本质而言，就是一个概念形成的过程。每个概念都有一个对应的范畴。① 认知语言学中所提及的概念范畴化是对概念与范畴最好的解释。好像在地图上进行区域划分与限定，限定划分的过程是范畴化，划分出的区域是范畴，对限定划分进行约束的规则是概念。至于是先出现规则还是先出现划分好的区域，在这里我们不予讨论，但概念、范畴和范畴化三者的相互关系毋庸置疑。范畴是符合概念所划定规则的所有单位的集合

---

① 王寅. 认知语言学 [M]. 上海：上海外语教育出版社，2007. 第 89 页

体。范畴的实质是结果，而概念的实质是规则。范畴化的结果是范畴，并且该范畴符合与之相对的概念。在索绪尔的结构主义语言观下，概念对应"所指"。索绪尔把概念称为"所指"，把音响形象称为"能指"。语言符号连接的不是事物和名称，而是概念和音响形象，"所指"和"能指"组成语言符号。① 从各自独立的角度着眼，能指的功能是充当语言符号的形（在口语中体现为音响形象，在书面语中则体现为文字的书写形式），所指的功能是充任语言符号的义（概念）。② 与概念相关联，在语言活动中充当符号的就是"能指"，即音响形象或文字的书写形式。认知语言学与结构主义语言学对概念的产生有着不同看法，但对概念本身则有着相同的定义。认知语言学认为概念是体现在人们意识中的镜像反映，是对一类事体进行概括后产生的。虽然结构主义语言学对概念的产生没有明确的说法，但是双方对于概念本身的理解并无差别，两个语法体系中的"概念"一词具有相同的含义，都表现为规则性或概括性。

经过范畴化得到的范畴，其内涵是由无数个成员构成，华劭（2005）将范畴内成员称为义子，并在义子与范畴之间建立一个义素的概念，义素也是由一束义子组成，义素可以理解成多义词中的义项或词汇语义变体。在结构主义语言观中将其分为词汇意义和语法意义，词汇意义和语法意义相结合构成范畴。华劭认为

---

① 索绪尔. 普通语言学教程［M］. 北京：商务印书馆，1999. 第101页
② 李洪儒. 索绪尔语言学的语言本体论预设——语言主观意义论题的提出［J］. 外语学刊，2011，2010（06）. 第19页

范畴内的各个义子之间是聚合关系，在话语链条的同一位置上，它们不能同时出现，彼此之间有着互斥性。① 范畴的形成过程实际上就是概念的形成过程，也是意义的形成过程，它们几乎是同时的，② 但意义所辐射的范畴更加广泛，有的时候会超出概念映射的范畴。一个范畴、概念或意义在一个语言中可用一个词语将其相对地固定下来，这可叫做范畴或概念的词汇化。③ 词汇化使用的符号是能指，一个能指可以承载至少一个概念或意义，并将其范畴在语言结构中映射出来。就好像概念或意义作为一张图片被放在幻灯机上放映，屏幕上显示的图像是该概念或意义的范畴，这张图片的符号就是能指。为了调整屏幕上放映图像的大小、效果而对幻灯机进行的调节，是由人或者人的思维活动来完成的。这三者的关系体现为语义三角，即能指同概念、意义有直接的联系，但能指同概念与意义在语言结构中所映射出的范畴并不直接联系，而是通过人或人的思维活动进行调节，范畴可理解为所指事物的集合。

语义是指"语言所表达的概念或意义，是语言成分中的意义要素"④。语义一定要在具体的语言中才得以体现，脱离具体语言环境是无法对语义模糊性问题进行研究的，而概念则可独立于语境中具体的语言表达。语义是通过能指作为媒介将概念放在具体的语言中的映射。语义与概念并非一一对应。正如我们研究的虽

---

① 华邵. 语言经纬 [M]. 北京：商务印书馆，2005. 第 81 页
② 王寅. 认知语言学 [M]. 上海：上海外语教育出版社，2007. 第 92 页
③ 同上，第 94 页
④ 同上，第 92 页

然是概念，但在具体的言语活动中却要通过能指来进行指称。研究一个词语的语义范畴则可理解为将该能指所对应的意义在具体的言语活动中进行范畴化，即"意义范畴化"。这里强调"意义范畴化"这一说法是由于意义大于概念。在一张图上划分出一个区域，原始图的大小会影响到划分区域的结果。

语言和言语是索绪尔结构主义语言学的基础组成成分，索绪尔认为，"把语言和言语分开，我们一下就把（1）什么是社会的，什么是个人的；（2）什么是重要的，什么是从属的和多少是偶然的分开了"①。语言是：第一，定位于音响形象和概念相联结的确定部分，有所谓的被动性、接受性的部分；第二，有约定俗成的性质的部分，它具有社会性和集团性；第三，其音响形象和概念两个组成部分皆有心理性质，两者彼此结合为同质的符号，并由这些符号形成系统；第四，在抛开语言活动"混杂总体"的其他部分后，分离出来的社会的、心理的、同质的确定的对象，语言学家可以把握它、研究它。言语是：第一，语言活动中除语言以外的庞杂部分；第二，具有个人性质的部分；第三，有心理、生理、物理特点的杂质现象。② 将语言理解为已经形成的、较为固定的结构，即语言层面研究内容；言语则为在这个结构框架内正在发生的语言活动，即言语层面研究内容。语义学和语用学之间的联系是不是完全断裂的呢？答案当然是否定的。近年来

---

① 索绪尔. 普通语言学教程［M］. 北京：商务印书馆，1999. 第35页
② 李洪儒. 索绪尔语言学的语言本体论预设——语言主观意义论题的提出［J］. 外语学刊，2011. 第18页

的研究事实表明，在上述微观语言学仍然持续发展的同时，出现了另一种趋势，即转向言语、宏观语言问题的语用因素的研究，对语言单位表达层面上物理、生理特征的描写，对内容层面社会、文化因素的探索，依然蓬勃发展。产生了以语言产品为对象的话语（篇章）语言学，以语言活动（行为）为对象的心理语言学、神经语言学、辅助语言学、统计语言学一类交叉学科。正在形成的语言科学正广泛地吸收其他学科的成就，以求全面解释言语乃至全部语言现象的实质。正是依靠这种多学科、多角度、多层次对语言现象的研究，才能庶几迫近它，并对其作近乎全面的理解，整体的把握。言语研究正逐渐取得与语言研究同等的地位，尽管前者必定要把后者的成果作为自己探索的前提和出发点。①

　　我们可以再一次用幻灯的例子来表现概念、范畴、意义与语义的关系：把一个图片投射到屏幕的过程是一个概念或意义在语言活动中的价值体现过程。图片本身是概念或者意义，其表记符号就是能指，其外在表现为范畴，屏幕上显示的图片是语义范畴，通过外力的调节（具体语境等）使屏幕上映射出的图像或大于或小于原始图片（范畴）。也就是说，范畴是通过范畴化的手段将抽象概念具体化表征，意义在大多数情况下同概念相等，在具体的语言活动中的意义或概念的映射则可称之为语义。

　　菅野道夫（2001）在『日常言語への回帰』（《回归日常语言》）一文中也指出「日常言語こそ理論学はもとより諸言語の

---

① 华邵. 语言经纬 [M]. 北京：商务印书馆，2005. 第 13 页

メタ言語である。それはヒトの知の汲めども尽きない泉であ
る」（日常语言才是理论与各种语言的元语言，是人类知识的泉
源）。① 日常语言最显著的特点便是其语义的发生与理解受到多重
语境的影响。严格地说语境是无处不在的，也是不可能被摒弃在
语言学研究之外的。使用语言的具体环境、语言研究者本身的语
言使用习惯、性格特点均在广义语境的范畴之内。所谓语义层面
的研究也只是在一个相对语境影响较小的环境下进行而已。由于
语言研究不可能完全处于零语境的环境下，因此语义模糊性问题
的研究不应该也不可能在完全不考虑语境因素的情况下进行。

二、 范畴边界与范畴原型

原型范畴理论将范畴的特点描述为边界模糊、范畴内成员地
位不相等且相互间具有家族相似性。人们不可能完全客观地认识
外部世界，隶属于同一个范畴的各成员之间不存在共享所有特征
的现象，充分必要条件下不能很好地说明它们，这些成员只具有
家族相似性，特征不是二分的，范畴的边界是模糊的，范畴内的
成员地位不相等。② 这里的范畴内部成员同华劭（2005）所说的
义子为同一概念。每个范畴中都有一个或一组范畴成员是该范畴
内最典型、最符合范畴特征的代表。依据原型范畴理论，我们可
以把概念范畴确定理解为在一张地图上以最典型、最符合的成员

---

① 菅野道夫. 日常言語への回帰 [J]. 日本ファジ学会誌，2001（13）. 第 1 页
② 王寅. 认知语言学 [M]. 上海：上海外语教育出版社，2007. 第 100 页

为中心画出所需要的区域，区域内包含的所有义子组成范畴。所画区域的边界模糊，区域内的成员中包含最具有典型特征的成员，成员彼此间具有家族相似性。这同罗素与维特根斯坦等提出的"摹状论"理论是相一致的，即一个名称并不指称一个摹状语，而是指称了一簇摹状语。"一簇摹状语"在语言学层面可理解为一个语义范畴或概念范畴。从语义模糊的维度切入可以发现摹状语簇所体现的一个指称对应多个成员的性质，其范畴内成员间具有家族相似性，该指称在语义层面具有语义模糊性。能指与所指的非一一对应是所有语言均具有的属性，这是"语义模糊性为语言的自然属性"这一断言的理论基础，但实际困扰我们的并非这一自然属性而是在这自然属性基础上衍生出的在实际语言使用中存在的语义模糊性。

山田（2013）在对「本当」一词进行范畴化分析时指出，范畴化的问题主要体现在以下两方面：「1. カテゴリー化の境界より内側にカテゴリーの成員としてふり分かられることを示す；2. カテゴリーの中心的成員として位置づけられることを示す。」(1. 通过范畴化可以区分范畴成员；2. 可以确定范畴中心成员。)① 其中第一项是对特定的概念或意义进行范畴化，区分成员属于范畴内部还是范畴外部；第二项则是对范畴化后的语义范畴内部成员之间的关系进行划分，从中指出语义范畴的中心，即原型范畴。

---

① 山田仁子.「家族」に関する日本語語彙のカテゴリー化 [J]. 言語文化研究，2013 (21). 第83页

（29）自分がバカだと認識している人はバカではない。むし
　　　ろ侮れない相手だ。

　　　バカだから一から勉強する。<u>本当のバカ</u>は自分が偉い
　　　と自惚れている人間だ。

　　　（认为自己傻的人并不傻，更是不可轻视的对手。因为
　　　觉得自己傻才会从头开始学习。真正的傻子是自己觉得
　　　自己了不起的那些人。）

　　　　　　　　　　　　　　　　　　　　　　　（山田　2013）

（30）刑事ってのはな、なまじ学のあるバカなんだからな。
　　　そのてん、お前はの<u>本当のバカ</u>だから、シラを切れる
　　　ってわけだ。刑事が核心をついてきたら、バカの素に
　　　戻って、ボケーッとしてりゃいいの。

　　　（刑警是没有知识的傻子。而你是傻子中的傻子，所以
　　　要装傻。如果到了刑警的核心部门，就是回到了傻子的
　　　大本营，你接着做一个傻子就好。）

　　　　　　　　　　　　　　　　　　　　（嵐山光三郎『変！』）

　　　以上两句中的「バカ」（傻子）由于前边加了「本当」作为
修饰限制语，使其在具体语境中范畴化的标准发生了变化，以至
所指称的语义范畴发生相应的改变。例（29）中的「バカ」在不
考虑上下文及语境的情况下有两种解释，一个是「自分がバカだ
と認識している人」（觉得自己是傻子的人），另一个则是「自分
が偉いと自惚れている人間」（觉得自己了不起的人）。通过句中

上下文可以推理得出，「本当」的作用是对此次对话中的「バカ」的语义范畴进行限制，将「自分がバカだと認識している人」置于「バカ」这一语义范畴之外，而将「自分が偉いと自惚れている人間」通过「本当」的修饰置于「バカ」的语义范畴之内。此句中「バカ」的语义模糊性表现在「バカ」的语义范畴边界划分上，如果没有具体上下文及语境，「バカ」一词的范畴边界很难划分得很清晰。例（30）中的「バカ」同样具有两种解释，一个是「刑事」，其拥有「なまじ学」（没有的知识）的特质，另一个则为「お前」，因为其「シラを切れる」（装傻）所以将其归为「本当のバカ」。通过句中上下文及语境不难看出两个备选指称对象均被归属于「バカ」的范畴内部。对「お前」进行修饰限制的「本当」使「お前」成为这一语义范畴内部的中心成员，即原型范畴。例（30）中「バカ」的语义模糊性表现在范畴原型的确定上，对于「バカ」的语义范畴边界的划分不会影响该句整体命题内容。可见，语义模糊性产生的原因有两个，一个是范畴边界的不清晰性；二是范畴内部原型的不确定性。

　　词不同于其他符号的另一特点是其作为能指的语音物质与作为所指的意义内容（兼指其内涵与外延）没有一对一的关系。[①]其中内涵的语言非一一对应性使得语义范畴的原型模糊，外延的语言非一一对应性导致语义范畴边界模糊。产生语义模糊的根本是能指与所指非一一对应。语义模糊从原型范畴视角究其本质可以分为语义范畴的边界模糊和语义范畴的原型模糊。

---

① 华邵. 语言经纬［M］. 北京：商务印书馆，2005. 第34页

上一章对语义层面的语义模糊性现象的分类是以语词作为最小的研究单位。当我们将研究对象进一步分解，将研究对象细化至语义范畴内部的各要素时，回过头来用认知语言学的研究方法对上面的研究进行验证，发现也是完全可行的。

第二节　成员间的多维度结构

根据维特根斯坦对范畴的特点描述，范畴中每个成员并非具有同样的地位，范畴中有一个成员具有核心地位，其他成员围绕该中心成员分布，成员之间不具有一个完全相同的特质，成员之间以家族相似性的方式联系在一起。由维特根斯坦对范畴特点的描述可知其关注的是范畴内部成员与成员之间单一维度关系，而多个成员之间的多维度关系在其理论系统之中并没有进行明确的说明。对范畴内部成员与成员之间单一维度关系的描述无疑可以对语义认知、语义模糊等方面存在的问题进行很好的解释，但范畴内部多个成员之间的多维度关系方面论述的缺乏使得家族相似性以及范畴原型等理论在解释一些语言现象时显得力不从心。

一、范畴与次范畴间的多维度关系

俞建梁、黄和斌（2007）从中文反训词的角度对家族相似性以及原型理论提出了质疑，认为家族相似性与原型理论不能很好地解释反训现象。反训是指"一个词在共时的语言背景下，具有两个互相对立的义项，即同时具有两种相反的意义"①。反训又被称为词内反义现象或者一词兼有相反二意，这种词在各种语言中均客观存在。意义上有对立的所指，其能指在语音上可能相同、相近和不同。② 反训对语义影响的本质是语词的多义性反映在语句中使句义产生模糊性，从而导致不能正确理解说话人想表达的意图。"反义词同源和一词兼有相反二义的现象就是这方面的一种表现。产生这种现象的原因是多方面的，其中一个原因就是语言的模糊性。"③ 同时，伍铁平认为这种反训的现象在日语中也普遍存在。例如，日语中的「兄弟」（兄弟姐妹）、「今度」（这次、最近、下次）等词。一个范畴同时拥有两个对立义项的核心，这种水火相容的范畴特点必然会使人产生对原型理论的疑问。④ 家族相似性与原型理论对于反训现象的解释力不足正是源于维特根斯坦对范畴内部成员间关系的多维度方面没有进行详细的说明。在维氏的家族相似性理论中对范畴内部单个成员与单个成员、单个成员与所有成员之间的关系进行了说明，但是对范畴内部成员的整体存在方式没有进一步的研究。正是缺少对范畴成员间关系整体上的把握，才导致该理论对于"一个范畴同时拥有两个对立义项核心"的现象缺乏解释力。

---

① 俞建梁　黄和斌. 对原型范畴理论的质疑——基于反训为语料的研究［J］. 广东外语外贸大学学报，2007（4）. 第48页

② 华邵. 语言经纬［M］. 北京：商务印书馆，2005. 第38页

③ 伍铁平. 模糊语言学［M］. 上海：上海外语教育出版社，1999. 第187页

④ 俞建梁　黄和斌. 对原型范畴理论的质疑——基于反训为语料的研究［J］. 广东外语外贸大学学报，2007（4）. 第50页

　　我们认为世间万物的存在呈现为一种稳定与变化辩证统一的状态。这种稳定与变化辩证统一的状态具体体现为在微观上呈相对稳定；在宏观上呈缓慢变化的状态。这里的范畴内部微观上呈相对稳定、在宏观上呈相对变化的状态是基于"语义场"理论提出的。桥本（2000）在承认语义场是由多个词组成的基础上，以日语形容词「長い」（长）、「短い」（短）为例，指出「反意語の特徴は二つの単語が一つの共通の意味カテゴリーを持っていて、その中で、二つの、相反する方向の極が設定され、二つの反意語の意味が、それぞれの極にセットされているという点にある。……反意語は 2 語が対立している両極の最小語彙システムである」（反义词的特征是两个单词在同一意义范畴内，这两个单词分属范畴的两个极端，即反义词是两个单词分属对立两极的最小词汇系统）①。在这个以"长度"为划分标准的范畴中，同时存在「長い」、「短い」两个意思相反的成员，即"长度"这一个概念在范畴化后，得到的范畴中就会同时包括「長い」、「短い」两个成员，并且这两个成员分列这一范畴的两端。这样一来，俞、黄两人对于原型理论的质疑也就可以解释得很清楚了。

　　桥本在研究中还将语义场分为上位语义场与下位语义场，指出语义场的划分具有层次性。桥本以表示空间维度的语义场为例，将表示线状的「長い」、「短い」；表示面积的「ひろい」（宽）、「せまい」（窄）；表示距离的「たかい」（高）、「ひくい」

---

① 橋本健一. 語彙場の方法　成分分析と辞書記述［J］. 田園調布学園大学紀要，2000（03）. 第 59 页

（低）、「ふかい」（深）、「あさい」（浅）、「とおい」（远）、「ちか
い」（近）；表示体积的「おおきい」（大）、「ちいさい」（小）、
「あつい」（厚）、「うすい」（薄）、「ふとい」（粗）、「ほそい」
（细）等作为对象进行研究。其中表示距离的「たかい」（高）、
「ひくい」（低）、「ふかい」（深）、「あさい」（浅）、「とおい」
（远）、「ちかい」（近）六个词与表示体积的「おおきい」（大）、
「ちいさい」（小）、「あつい」（厚）、「うすい」（薄）、「ふとい」
（粗）、「ほそい」（细），分别根据「方向性」（方向性）、「垂直
性」（垂直性）、「上方性」（上方性）与「縦、横、高さ、長さ」
（纵横高长）为三组。并认为它们是「最少サイズの語彙場」（最
小语义场），同时指出这三个「最少サイズの語彙場」分别组成
了上位语义场「距離」（距离）与「体積」（体积）。「下位に位置
する小さな語彙場が組み合わさって、より上位に位置する比較
的大きな語彙場を構成して行くことが示されている。」（如果下
位的小语义场组合，可以形成上位的更大的语义场。）① 范畴同样
具有上位与下位之分，下位范畴作为上位范畴的成员组成上位范
畴。以日语中的「兄弟」为例，「兄弟」这一语义范畴中包含
"血缘关系的同辈家庭成员""兄弟""姐妹"三个次范畴。其中
"兄弟""姐妹"作为下位范畴组成了"血缘关系的同辈家庭成
员"这一上位范畴。同时"兄弟"这一"血缘关系的同辈家庭成
员"又作为下位范畴成为表示家庭成员的"家人"这一上位范畴

---

① 橋本健一. 語彙場の方法 成分分析と辞書記述 ［J］. 田園調布学園大学紀要，2000
　（03）. 第64页

的组成部分。

二、 范畴成员内部的多维度关系

关于范畴内部成员间的关系，桥本（2000）根据语义场的理论认为可将范畴看成是多个次范畴组成的范畴集合体，每一个次范畴都是原范畴的内部成员。辐射范畴的结构就像是一个容器，它的次范畴就是容器里的各个小容器。每一个次范畴又可形成一个新的中心范畴，其周围又形成它的次范畴，这样，词义就光芒四射般的扩散开来。① 将一个范畴看成多个次范畴的集合体这一观点可以很好的说明反训现象，即一个词具有两个相反的意思，在具体的语句中不能准确地判断句中该词应为何意，从而致使句义产生语义模糊。对于同一词具有两个完全相反的义项这一现象不仅日语中有，其他语言中也是屡见不鲜，可以说反训这一现象具有普遍性。根据范畴理论可以对其进行有效的解释，将范畴内部成员视为在这一范畴内部存在的次范畴，次范畴内部又有许多次次范畴存在。至于需要将范畴分解至次范畴还是次次范畴又或是次次次范畴层面则需要人根据具体交际活动发生时具体情况而定。现在对于范畴内部的研究仅限于范畴内部的个体成员，也就是这里所说的次范畴。然而，通过反训现象的研究表明将范畴分解至次范畴层面对于有些语言问题不能够很好地进行解释，这就

---

① 李瑛　文旭. 从"头"认知——转喻、隐喻与一词多义现象研究 [J]. 外语教学，2006，27（3）. 第1页

要求我们将范畴内部研究进一步深化，根据具体需要将范畴分解至次次范畴抑或次次次范畴。在分解至次范畴或次次范畴时，次范畴或次次范畴之间的关系对于解决语言问题起着极为重要的作用。

通过上一节的分析可知，范畴与次范畴的关系为上位与下位的关系。上位范畴与下位范畴的关系为由抽象到具体的关系，即越是下位的概念其表征的内容就越是具体，而越是上位的概念其表征的内容越是抽象。较之具体概念所对应范畴来说，抽象概念所对应范畴包含的范围更广，其内部成员也更多。范围更广、成员更多的抽象概念相对具体概念来说在认知方面会表现出更多的模糊性。如日语中"兄弟"一词作为上位范畴，其至少包含"兄弟"与"姐妹"两个次范畴，这两个次范畴将同一辈具有血缘关系的亲属通过性别进行区分。「今度」一词作为表示相邻的逻辑顺序，包含了"这次""下次"和"上次"三个次范畴。「距離」则至少具有「たかい」（高）、「ひくい」（低）、「ふかい」（深）、「あさい」（浅）、「とおい」（远）、「ちかい」（近）六个次范畴。而「距離」作为「空間」的次范畴，与其处于同一层面的还有「面積」、「体積」等次范畴。「面積」、「体積」、「距離」等「最少サイズの語彙場」包含有「おおきい」（大）、「ちいさい」（小）、「あつい」（厚）、「うすい」（薄）、「ふとい」（粗）、「ほそい」（细）等范畴内部成员，这些成员根据不同的分类标准被范畴化后分别被归入「面積」、「体積」等范畴。「面積」、「体積」等范畴又在一起作为「空間」的次范畴组成了「空間」这一概念范畴。质言之，在「空間」这一范畴内部存在「面積」、「体積」等

次范畴，同时也存在「おおきい」（大）、「ちいさい」（小）、「あつい」（厚）、「うすい」（薄）、「ふとい」（粗）、「ほそい」（细）等范畴内部单一成员。次范畴与单一成员间的关系显然不在同一维度，将所有的范畴、次范畴以及范畴内容单一成员置于两维的平面内显然是欠妥的，所以，在这里我们可以认为范畴内部各成员之间存在复杂的立体性结构。

第三节　语义模糊与比喻

对于比喻的研究，学界存在两种分类方法，一种将比喻分为隐喻与转喻；另一种将比喻分为隐喻、转喻与提喻。本书采用前一种分类方法，即将比喻分为隐喻与转喻两类。比喻作为人类认知世界的重要手段，其本质是利用人类简单的、具体的概念知识对复杂的、抽象的概念事物进行认知。比喻对于范畴本身来说是范畴的一种扩张形态，其存在是基于两个概念范畴间具有共同点，该共同点体现为两个概念范畴间具有相似性或相邻性。隐喻的基础为两个概念范畴间具有相似性；转喻的基础为两个概念范畴间具有相邻性。薦田（2009）对比喻的特点归纳为「メタファー化については、元の意味をどのような要素に基づいて概念化し、新たな意味を生み出しているか、その『要素』の捉え方が、ここでいう類似性の本質である。メトニミー化については、元来の意味から新しい意味を推測して生み出すのであるから、その語が使用された文脈や状況から容易に推測し得るとい

うことが、隣接性の本質である」（隐喻就是基于原有意义中某些要素产生出意义，对要素的选择是基于相似性。转喻则是通过原来意义推测出新意义，而从相关语境中较容易地推测出新意义是基于相邻性)①。

一、隐喻与转喻

隐喻分为常规隐喻与创新隐喻。本节主要对常规隐喻的几种类型进行分析。常规隐喻一般分为结构隐喻、实体隐喻与方位隐喻。

(31) a 十分に消化された考えではない。（还没有完全消化这个想法。）

b 頭が故障。接触が良くない。（头出现故障，接触不好。）

c 気持ちが盛り上がる。（情绪高涨。）

（翟东娜　2006）

以上三个例子分别对应结构隐喻、实体隐喻与方位隐喻。常规隐喻的存在前提为本体概念范畴与喻体概念范畴具有相似性。例（24）a 中，将「考え」比喻成食物，即「思想は食べ物」（思

---

① 薦田奈美. 認知言語学的観点に基づく意味変化の一考察［J］. 言語科学論集, 2009（15）. 第 86 页

想是食物）。「思想」与「食べ物」两个概念范畴具有相似性。
「思想」与「食べ物」均具有可被人体吸收的特点。「思想」被人
的大脑吸收，「食べ物」被人的消化系统吸收。正是基于这一共
同点产生了「思想は食べ物」的隐喻模式。例（24）b 将「頭」
比喻成「機械」，即「体は機械」（身体是机械）。「体」与「機
械」两个概念范畴之间的相似性是产生该隐喻模式的基础，这两
个概念范畴的相似性体现在「体」与「機械」都可作为劳动力，
「機械」本身被制造出来就是为了替代人类的体力和脑力劳动。
这里需要注意的是「頭」同「機械」并不处于同一维度。「頭」
上位范畴「体」才是与「機械」处于同一层面的概念范畴。例
(31) c 是基于「楽しいは上」这一隐喻模式。该模式是基于「良
し悪し」与「方向」两个概念范畴相似性而产生的。「楽しい」
与「上」分别作为「良し悪し」与「方向」两个概念范畴的次范
畴，基于上位范畴的相似性产生了「楽しいは上」这一隐喻
模式。

　　通过对上例的分析，可以得出在概念范畴内部上位范畴之间
具有相似性的情况下，下位范畴之间同样具有相似性。在一个概
念范畴内部不管有多少次范畴，它们在相似性问题上具有一致
性，并且这种相似性的一致性可以跨越不同的层面，具有相似性
的不同范畴中不同层次的下位范畴间亦具有相似性。

　　转喻存在的前提是两个概念范畴之间具有相邻性，也就是说
两个概念范畴具有或多或少重合的部分，从范畴内部成员的角度
看，两个范畴之间至少有一个共同的成员。

（32）a. うちの子は全然言うことを<u>聞かない</u>。（我家孩子完全不听我说的。）

　　　b．最近また<u>村上春樹</u>を読み始めた。（最近开始读村上春树。）

　　　c. 喫茶店で<u>「お茶」</u>でも飲もう。（在咖啡馆喝点茶什么的吧。）

　　　d. 今日は<u>花見</u>に行こう。（今天去赏花。）

（翟东娜　2006）

　　例（32）a 中的「聞く」的范畴为"听"。一段话一般是先听到说话内容，然后理解其意图，最后听从其指令，所以"听"同"理解"和"听从"两个范畴在实施顺序上相邻，例 a 中「聞く」的概念范畴从"听到"转喻至"听从"。例（32）b 中「村上春樹」是作家，该作家创作了许多小说，所以"作家"这一概念会激发联想其他相关的概念范畴，比如"作品""小说"等，此例中「村上春樹」的范畴从专名转喻至"作品"。例（32）c 中的「お茶」同样会激发一些相关范畴，比如"红茶""饮品"等。「お茶」作为一个概念范畴其内部还存在诸如"红茶""绿茶"等次范畴，同时，它也是"饮品""无酒精饮料"等概念范畴的下位范畴。所以，这里的「お茶」是一种下位范畴表示上位范畴的情况。反观例（32）d「花見」本意原是观赏一切种类的花，但在日语中「花見」专指观赏樱花。"樱花"作为"花"的下位范畴，同时也拥有"染井吉野""山樱"等范畴成员，所以，这里的「花見」其实是一种上位范畴表示下位范畴的情况。

通过以上分析可知，转喻中的相邻性不仅在处于同一层面的、相邻的范畴间发生，也会在不处于同一层面、具有上下位关系的两个范畴间发生，即发生相邻性两个范畴的位置关系可以表现为两个范畴有部分重合或两个范畴的关系为包含与被包含。

二、比喻的生成机制

从范畴的角度考察语义模糊产生的根源可知其产生的根源分为范畴边界的模糊与范畴原型的模糊两种。范畴边界的模糊导致语义范畴扩大或缩小。范畴原型的模糊导致语义表达的核心内容不清晰、不明确。语言学层面研究的对象除了词、短语之外，还包括句子和语篇等以及对它们的语义范畴进行分析。比喻作为一种认识世界的手段，其目的是将复杂的事物简单化、抽象的事物具象化。比喻对范畴本身来说是抽象范畴的一种具象性的替代形式。在语言初级阶段，范畴的边缘是模糊不清的，除了范畴内的成员界定范围是模糊的，范畴和范畴之间的边界也是模糊的，这样就会产生范畴内的相互借用和跨范畴间的相互借用。[①] 这里所说的"借用"就是利用简单的、具体的概念对复杂的、抽象的概念进行具象化的解释。从修辞学的角度说，就是运用比喻的手段使复杂事物变得更加容易理解。扩展是人的一种范畴认知能力，将那些与范畴原型势力相似有不同的势力求同舍异纳入

[①] 刘建鹏　杜惠芳. 语法隐喻与范畴化的认知性研究［J］. 西安外国语大学学报，2012，20（4）. 第 54 页

范畴，从而扩展该范畴。范畴扩展的过程与比喻密切相关，比喻是范畴扩展的重要手段。[①] 就比喻的结果而言，就是通过比喻使抽象事物的范畴变得相对清楚，在某一维度扩张范畴的边界，降低推理、理解的难度，从而使人更容易对其进行认知，比喻的作用除了可以使范畴边界向外扩张之外，还可以使范畴的边界向内收缩。薦田（2009）将隐喻与转喻用图表的形式表现如下。

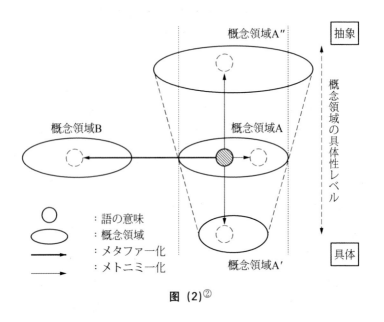

图（2）[②]

① 翟东娜等. 日语语言学　认知语言学研究 [C]. 北京：高等教育出版社，2006. 第440页

② 薦田奈美. 認知言語学的観点に基づく意味変化の一考察 [J]. 言語科学論集，2009（15）. 第91页

通过薦田（2009）总结的图表可以看出，隐喻表现为不同概念范畴之间的语义映射，转喻表现为上下位概念范畴间的语义关联。转喻一般发生在由抽象到具体的一系列连贯的概念范畴之间，可以是上位范畴比喻下位范畴也可以是下位范畴比喻上位范畴。薦田（2009）认为发生隐喻的两个范畴之间不具有相邻性，且在对范畴整体把握的时候，并未注意到范畴内部的立体性结构问题，导致在隐喻、转喻的研究中不可避免地出现一些难以解释的问题。

在例（31）b 中，如果单纯地使用范畴理论对其进行分析，那么"头"和"机械"并不是处在同一层面的概念范畴，与"机械"相对应的应是"身体"这一概念范畴。在这里"头"作为"身体"这一概念范畴的下位范畴与同"身体"处于同一层面的"机械"这一概念范畴间发生隐喻，将"机械"这一范畴的语义映射到"头"这一概念范畴中。也就是说，"头"这一范畴与"机械"这一范畴间具有相似性，但"头"与"机械"这两个范畴未处在同一层级。"身体"作为"头"的上位范畴同"机械"之间具有相似性，也同样具有相邻性。那么，"头"和"机械"之间的隐喻是如何产生的这一问题又出现在我们的脑海里。语义场理论认为同一种语言中的词汇在语义上并不是孤立的，而是相互联系的，即一个词跟该种语言中其他所有的词在语义上都有联系。整个语言系统呈一种复杂的网络结构。"身体"同"机械"两个范畴之间的联系就是产生范畴相似性的基础。有一个同时与"身体"同"机械"相邻的概念范畴存在，如"关节"这一次范畴既存在于"身体"中，又存在与"机械"中。通过"关节"这一次范畴将"身体"与"机械"两个范畴相连接。"关节"又可继续分为"骨骼关节""人造关节""连接机械的关节"等等。植入人体的"人造关节"究竟是属于"身体"范畴还是属于"机械"范畴，这本身是模糊不清的。所以，能够使两个范畴具有相邻性的基础正是范畴中具有的模糊性。在"具有关节的事物"这一抽象范畴中，"身体"同"机械"均属于该范畴内部下位范畴，根据家族相似性理论，"身体"与"机械"两个下位范畴间具有"家族相似性"，这与两个范畴在某一维度具有相邻性这一结论是相一致的。所以，我们可以说在某种程度上相邻性也是隐喻产生的基础之一，所谓产生隐喻的相似性就是一种在不同维度间存在的范畴间具有的相邻性。同时，某一维度一般指不同范畴内的不同层次的范畴或次范畴，可能是次范畴与次次范畴，也可能是范畴与次范畴等等。

转喻的基础是一系列连贯范畴间语义关联，本质是语义范畴的伸缩。在薦田（2009）的图表中，将转喻仅限于同一范畴内部上下位范畴间，下位范畴比喻上位范畴体现为语义范畴扩张，上位范畴比喻下位范畴体现为语义范畴缩小。例（32）b中，"村上春树"与其作品之间并非上位范畴与下位范畴之间的关系。"村上春树"作为一个特殊的概念范畴包含很多下位范畴，同时各范畴中也包括不同层次的成员，如"作家""小说""诺贝尔文学奖"等，这些成员全部都与"村上春树"这一范畴有直接的关联。"小说"作为一个较为抽象的上位范畴与"村上春树"这一范畴相重合的部分是"村上春树的小说"。通过"村上春树"这一特殊的范畴可以将"小说""作家"等抽象的上位范畴连接起来。此时"村上春树"是属于"小说"范畴还是属于"作家"这一点是模糊不清的。也就是说，转喻产生的根本原因是作为具有相邻性的两个范畴重合部分成员归属性的不清晰与不确定。图（2）由于没有考虑到范畴内部结构立体性的问题致使该图表不能很好地说明不同层次范畴间的相邻性。如果利用范畴内部结构立体性的特点就可以很好地解释上下位范畴间具有相邻性这一问题。

雅各布森（Jakobson）曾说："相似性是被增添到邻近性上的，因此任何转喻都带有一点隐喻的色彩，任何隐喻也都带有转喻的痕迹。"[①] 转喻被认为是基于范畴间的相邻性而产生的，而隐喻一直被认为是基于范畴间的相似性而产生的，对于相似性产生的原因进行进一步发掘就会发现相似性的产生实际上是基于本体范畴与喻体范畴同属于一个上位范畴，本体范畴与喻体范畴在该上位范畴内部作为成员，本体范畴与喻体范畴间具有"家族相似性"。所以，可以说隐喻在某种程度上也是基于范畴间的相邻性而发生的。范畴间相邻性产生的根源是基于范畴交界处存在一个连接两个范畴的次范畴存在，次范畴的内部成员分属这两个范畴。次范畴内部成员归属的非确定性是使两个范畴紧密联系的内在动因。究其根本，可以认为范畴内部的模糊性是比喻产生的最终原因。

---

① 李瑛 文旭. 从"头"认知——转喻、隐喻与一词多义现象研究 [J]. 外语教学，2006，27（3）. 第2页

第四节　言语层面语义模糊性特征

任何事物均存在积极的一面与消极的一面，两者呈动态的对立统一，同时存在互相转化的情况。对于语义模糊性问题的研究，诸多学者偏重于其消极方面，从如何消除甚至是消灭语义模糊性的角度出发对语义模糊性问题进行研究。在哲学研究经历语言论转向后，各界学者发现了语言在哲学研究中的重要地位，将语言与人相联系，发现了语义模糊性积极的一面。

一、范畴化、模糊化与语法化

范畴化作为认识世界的主要方式，随着人对世界认知的不断发展也随之发生相应的变化。其变化过程形成一个动态的循环系统，词汇化是在该过程中一个相对特殊的阶段。语言层面语义模糊性产生的根源为范畴边界的模糊与范畴原型的模糊，其根本而言是范畴内成员在边缘成员与范畴原型之间不断运动的过程。重新范畴化后词汇意义被固定，从本质上说是改变了词汇的语义范畴。

（一）范畴化

在语言研究层面，我们将非范畴化定义为在一定条件下范畴成员逐渐失去范畴特征的过程。这些成员在重新范畴化之前处于

一种不稳定的中间状态，也就是说在原来范畴和它将进入的新范畴之间会存在模糊的中间范畴，它们丧失了原有范畴的某些典型特征，同时也获得了新范畴的某些特征。① 刘正光等（2005）将语言范畴化分为 3 个部分：范畴化、非范畴化、重新范畴化。很明显从范畴化经历非范畴化再到重新范畴化是一个循环过程，从历时的角度来看，语言的范畴化过程是一个动态过程；从共时的角度来看，范畴化循环的每一片断都是模糊的，因为无法确定该片断是处于范畴化、非范畴化或重新范畴化阶段。就像一部电影是由无数静态图片组成一样，每一个范畴化的片段最终组合在一起形成动态的范畴化过程。重新范畴化的语言学表现形式是语词或者句子用法的固定，也就是语法化。与刘正光等将范畴化过程三分相对，薦田（2009）将该过程分为两个阶段，「意味の変化が、実際の言語使用の場における新しい意味の発生と、習慣化による意味の定着という、二階段の過程を有する現象として定義すると、『どのように意味が発生するか』ということと、『どのように意味が定着するのか』という 2 つの点から、意味変化現象を捉えることができる。」（意义的变化是在实际使用语言时产生的新意义，并由于习惯化使其意义固定。如将意义变化定义为上面两个阶段，则可通过"意义如何产生"和"意义如何固定"来研究意义的变化过程。）② 薦田（2009）将语法化称为「意

---

① 刘正光　刘润清. 语言非范畴化理论的意义 [J]. 外语教学与研究，2005，37（1）. 第 29 页
② 薦田奈美. 認知言語学的観点に基づく意味変化の一考察 [J]. 言語科学論集，2009（15）. 第 79 页

味の変化」并将其分为"新意义的产生"与"习惯化的固定"两个阶段。这与刘正光所说的范畴化、非范畴化、重新范畴化基本一致，只是刘正光在"新意义的产生"与"习惯化的固定"两个阶段之间增加一个非范畴化阶段。从范畴化到非范畴化再到重新范畴化，经历重新范畴化后又出现非范畴化。这是对历时语言观中的语言存在方式进行的概括性描写。语言的发展无论如何也不会改变这样一种永动的、循环的语言发展规律。薦田（2009）对语言发展的概括是从语言意义的层面进行的，从语词的角度，也就是语词的语义层面进行的。相对范畴层面，语义层面研究更多关注语义的变化过程。如果在范畴层面更进一步研究语法化问题，便进入范畴内部结构的研究，研究对象从范畴转移至范畴内部成员。研究方向由语法化的变化过程，转向发生条件与转化机制。

　　范畴化是指人的认知对事物的类属划分，根据语义场理论我们知道一种语言的所有语词均存在一定的联系。这种联系并非永恒不变，它们一直在缓慢地、不停地发生着变化。每一个词语都代表一些事物，所有的事物通过语词形成一个更加复杂、更加庞大的有机系统，该系统同样也在发生着缓慢的变化。范畴化就是将这些互相联系、不断变化的事物按照不同的标准进行划分，由于事物的不断变化发展导致对其划分必然带有临时性和模糊性。为了对这种具有临时性与模糊性的划分结果进行研究，索绪尔提出了历时语言观与共时语言观。从共时语言观的角度出发，可以认为经过范畴化的范畴是一种相对稳定的事物分类。经过范畴化划分后的、具有临时性和模糊性的划分结果我们称之为范畴。范畴内部成员间呈立体性结构，该结构极其复杂，复杂到无法完全弄清范畴内部每一个成员同其他成员的关系，只能大致了解该成员在该范畴内部的大致位置，即该成员是处在所属范畴的中心还是边缘。

（二）模糊化

语义模糊性的产生分为范畴边缘模糊与范畴原型的模糊。范畴边缘模糊是范畴的范围有扩大或缩小的可能性。范畴范围的扩大或是缩小一般通过转喻的方式进行。因为转喻的发生必然存在范畴间的相邻性，可以说转喻是概念范畴边界扩大或缩小的发生条件。概念范畴边界的变化首先是利用范畴本身具有的模糊性使范畴间的相邻性成为可能，再通过相邻范畴间的借用形式使本体范畴与喻体范畴相联系，从而达到扩大或缩小范畴范围的目的。脱离语言本体原有范畴所表现出的语义范畴自然不可避免地带有语义的模糊性。如前文的例（32）：

(32) a. うちの子は全然言うことを<u>聞かない</u>。（我家孩子完全不听我说的。）

b. 最近また<u>村上春樹</u>を読み始めた。（最近开始读村上春树。）

c. 喫茶店で「<u>お茶</u>」でも飲もう。（在咖啡馆喝点茶什么的吧。）

d. 今日は<u>花見</u>に行こう。（今天去赏花。）

（翟东娜　2006）

　　a、b、c 三个例子中的本体范畴出现了扩大的情况，例（32）d 句中的本体范畴被缩小。语义范畴通过语义范畴的相邻将其边界扩大或缩小，使之模糊化。在范畴内部成员层面，边缘成员的归属性模糊使范畴间的相邻性成为可能，从而能够有条件触发转喻的发生；在范畴层面，转喻的发生使本体的语义范畴发生扩大或缩小，从而使其语义模糊化。在语句层面转喻是语义模糊产生的条件之一，在语词层面语义模糊性又是使范畴能够联系起来并发生转喻的一个重要条件。

　　范畴原型的模糊多与隐喻相联系。隐喻的触发条件是范畴之间具有相似性，由于相似性本身就是一个比较模糊的概念，给相似性下定义是相当困难的。人的想象力与创造力以及对世界的认知直接决定着人对于相似性问题的认知程度，并且相似性随着社会的发展、文明的进步也在不断地发展变化。如果对隐喻中本体与喻体范畴间的相似性进行更深入的考察，并将范畴内部情况一同进行分析就会发现，所谓的相似性本质就是范畴内部的某些次范畴间的相邻性，也就是说，发生隐喻的范畴间其实在某种程度上也存在着相邻性。只是这种相邻性是发生在两个不在同一纬度的范畴之间。隐喻的发生使喻体范畴的意义映射至本体范畴，而本体范畴的范畴原型在映射的过程中变得模糊。如前面提到的例（31）：

　　（31）a. 十分に消化された考えではない。（还没有完全消化这个想法。）

　　b. 頭が故障。接触が良くない。（头出现故障，接触不好。）

　　c. 気持ちが盛り上がる。（情绪高涨。）

（翟东娜　2006）

　　以上三个例子分别对应「思想は食べ物」、「体は機械」、「いいことは上、悪いことは下」三个隐喻模式。"事物""机器""方位"三个概念范畴分别将自己的范畴映射至"食物""身体""好坏"三个概念范畴中。喻体的三个概念范畴内包含的成员很多，从不同角度对其进行分析得出的结果也不一样。如"食物"这一范畴中就包含"美味""健康""水果""营养""可消化性"等。在「思想は食べ物」这一隐喻发生时，究竟应该将"食物"这一范畴中的哪些因素映射到"思想"这一范畴上是模糊不清的。同理，将"机器""方位"中的哪些成员映射到"身体""好坏"的范畴也是模糊的。这种模糊性的产生导致在理解「思想は食べ物」、「体は機械」、「いいことは上、悪いことは下」这三个隐喻式模时，应将喻体范畴中的哪个成员作为范畴原型进行理解出现了不确定性。在范畴成员层面，两个范畴内部的某个次范畴在某个层面具有相邻性，这种相邻性在不同层次的范畴间体现为相似性，使范畴间的语义映射成为可能。在范畴层面，本体语义范畴以范畴间的相似性为基础，通过隐喻将喻体的范畴映射至本体范畴，在映射过程中范畴的原型变得不清晰，从而产生语义模糊。

（三）语法化

语法化和范畴化密不可分，从认知本质上讲就是一种重新范畴化的过程，是对词汇项等进行的重新范畴化。这种重新范畴化的产生需要一定的触发条件，再经过突显、隐喻、概念整合等过程。在重新范畴化结束后，词汇项本身的意义经自动化形成了语法意义。[①] 语义范畴在经历范畴化后处于一个相对平稳的状态，此时范畴的边界与原型也均处于最清晰的状态。在这个相对平稳的、清晰的状态下，范畴会在使用中发生无数次具有临时性的范畴边界或范畴原型的模糊化。这些具有临时性的范畴边界或范畴原型的模糊化多是比喻所引起的，其中有些比喻被使用的频率较高，有些比喻被使用的频率较低。被高频率使用的比喻，较易形成使用的习惯化，也较易出现「習慣化による意味の定着」（习惯化衍生的语义固定）现象。基本词汇的特征之一为使用频率高，而使用频率越高，就越容易发生语法化。[②] 西川（1998）认为「ある話し手が何かある新しい概念を表現したいと思い、しかも既成の語彙（exicon）のなかに適切な形式儲彙）がない場合、新しく工夫しようとする。その工夫のあり方として旧来の許彙から借用し、これを変容して新しい語彙の創造を成し遂げるのである、時間とともにそれが受け入れられ、一般化され、

---

① 张有军. 语法化与范畴化：语法化过程中的认知机制 [J]. 东北大学学报：社会科学版，2009，11（2）. 第178页
② 黄小丽. 日语基本名词的语法化特征 [J]. 复旦外国语言文学论丛，2009（1）. 第130页

使用される頻度数が殖えてくると、一つの語彙として辞書に
1ist されてくるのである」(说话人想表达新概念，并且现有的词
汇中没有合适的形式，便想要创造一个，创造的方法是从原来旧
的词汇中借用，对其改造从而创造出新词。随着事件推移，且被
大家接受，新词被一般化并增加了使用频率，最终成为一个词汇
被编入辞典)①。比喻使语义范畴发生变化从而出现语义模糊，通
过比喻使语义出现的模糊经过多次的使用被大多数的语言使用者
了解与接受，继而形成语言习惯。通过比喻发生的、形成习惯
的、具有语义模糊性的语义范畴在众多因素的影响下，使原本具
有临时性的语义范畴逐渐固定成为一个固有的语义表现。在由临
时性向固有性转化的过程中，语义也由模糊向非模糊转化。语法
化是一个"实词虚化"的过程，多体现为词的实际意义逐渐虚化
成为具有语法功能的成分。从语言语法化的角度看，语法化作为
实词的重新范畴化，固定了原来不属于该范畴的语义内容，也就
是语法化的部分成为语义范畴中新的固有成员。语法化的过程既
是一个去模糊化的过程，也是一个模糊化的过程。语法化本身也
是重新范畴化的过程，语法化完成的同时重新范畴化也宣告
完成。

　　语法化的过程相当于将原有范畴进行重新范畴化，在范畴化
向重新范畴化转变的过程中，必然会经历非范畴化阶段。处于非
范畴化阶段时，概念范畴的边界与原型最不清晰，是语义最模糊

---

① 西川盛雄. 接頭辞形成と文法化現象 [J]. 熊本大学教育学部紀要，1998 (47). 第
　94 页

的阶段。语法化的完成相当于重新范畴化的完成。但语法化的完成并不等于语义模糊性的完全丧失。语法化完成后一般会出现两种情况：一种是原来的范畴被语法化的新范畴所取代；另外一种是原来范畴与新范畴共存，旧的语义范畴并不丧失，也就是一个范畴内既有旧的部分又存在新的部分。后者对于原来的范畴而言，虽然范畴的边界随着语法化的完成而变得相对清晰但却出现了两个范畴原型。由于语法化的发生前提是两个范畴间具有比喻性关系，即两个范畴间具有相邻性或相似性，所以在完成语法化后新范畴内出现两个范畴原型，但这两个范畴原型并非完全被割裂，而是在某方面具有联系。语法化后增加的范畴是"实词虚化"后的、相对抽象的部分。

日语的「てみる」在上古和中古，最初为移动动词和有限的处置动词占据了「見る」前接动词的绝大部分。表示空间移动的动词和「あける、取り出す、引き寄せる」等表示处置的动词与「見る」构成一个连动结构，表示动作主体在前接动词所表示的动作完成之后用视觉接触某事物。[①] 在完成语法化后，视觉动词「見る」从表示"用眼睛对事物的存在或运动进行确认"这样一个具体的语义，变化到表示"结果期待性""体验性"这样一个抽象的语义。在其转变过程中「見る」的原意逐渐消失。[②]「てみる」虽然还存在些许表示"用眼睛对事物的存在或运动进行确

---

① 夏海燕. 日语补助动词「テミル」的语法化 [J]. 日语学习与研究，2010（2）. 第37页
② 同上，第39页

认"的用法，但该用法逐渐消失却是不争的事实，且该趋势必然导致其完全丧失。在"用眼睛对事物的存在或运动进行确认"的用法开始丧失的时刻起，「てみる」的范畴原型由两个变为一个，但新范畴较原范畴更加抽象。从认知的角度看，越抽象的范畴其认知就越模糊。虽然「てみる」语法化后新范畴的原型变为一个，但是其指称的范畴更加抽象，范畴内成员更多、范围更大，范畴边界也更模糊。可以说，语法化后的「てみる」语义范畴原型虽然变得清晰，但范畴边界却变得模糊。

相对于语法化后新范畴完全取代原有范畴，语法化后新增部分与原有部分共存这一现象更为普遍。新增范畴从语义学角度讲就是在原有语义范畴的基础上新增了一个义项，该义项与原有范畴间存在内在联系。新增范畴与原有范畴在等级上存在不对等性是经常出现的现象。所谓的不对等性指的是新增范畴与原有范畴从范畴内部立体性角度看，二者不处在同一维度，即表现为一个为次范畴，另一个为次次范畴；或者是一个为原范畴，而另一个为次范畴等情况。

如日语中的「目」一词，川口（1998）将其语义范畴分为四大部分并分别命名为「目1」、「目2」、「目3」、「目4」。「目1」指的是像"耳""鼻""手"等人或动物身体的一部分以及其所具有的机能，并包括由此通过比喻得到的扩展意义。「目1」具有一定的模糊性，是「目」最初始的意义；「目2」被认为是由「目1」在时间和空间领域中的使用发展而来的，包括：构成整体的部分之间的空隙、被刻出类似于牙状物、平行于表面的模样或花纹，如「木目」、「箆の目」等，分割的边界、计量或单位、状态变化的临界点等；「目 3」是作为接尾词存在，如「多め」、「甘め」等；「目 4」多作为量词与数词连用，如「二度目」、「三番目」等。川口（1998）将这四大部分之间的关系归纳为：「目 1」→「目 2」、「目 1」→「目 3」、「目 2」→「目 4」，即「目 2」、「目 3」是「目 1」的部分用法通过隐喻、转喻等比喻手段扩展后经过语法化固定后得出的，「目 4」则是由「目 2」的部分用法语法化后得到的。并通过对「目」的语义范畴的研究得出「目」作为一个意义范畴，其内部具有次范畴与次次范畴且各层次范畴之间具有相似性。通过以上分析可知日语语法化问题完全符合 Heine 等把隐喻模式看作是语法化最主要的驱动力的观点。人类认知的特点决定了在隐喻映射过程中一般是从具体概念投射到抽象概念，即语法化过程中的语义变化是一个逐步抽象的过程，可表示为：人＞物＞过程＞空间＞时间＞性质（"＞"表示抽象化过程）。[①]

　　岩崎（2008）针对日语中接尾词「っぽい」的语法化情况进行考察，指出「近世・明治前期・明治後期・大正・昭和前期・昭和後期・平成ごとに整理し、意味用法の展開を調査した。その結果、『っぽい』は、主に動詞連用形に接続し、『すぐに/よく（上接動詞の状態になる）意を表す用法と、名詞・色の名・形容詞/形容動詞の語幹などに接続し、『そのような感じである』意を表す用法に分かれ、異なった展開が認められる。前者

---

① 张有军. 语法化与范畴化：语法化过程中的认知机制 [J]. 东北大学学报：社会科学版，2009，11（2）. 第 181 页

の用法では、延べ語数・異なり語数ともに現代まで殆ど変わらないが、後者の用法では前接語及び意味用法に拡張が見られる。特に名詞接続の用法は著しく拡張する」（按照近代、明治前期、明治后期、大正、昭和前期、昭和后期、平成分析整理后，对接尾词「っぽい」的用法进行了调查。接尾词「っぽい」多用于接动词连用形，表示"马上、经常"的意思，以及接名词、颜色词、形容词/形容动词词干等，表示"有某种感觉"。这两种用法被看作是词义不同方向的发展，前者用法的总单词数和不同单词数一直未发生明显变化，后者用法中前接词及意义用法均发生明显变化，特别是名词接续的用法范围发生明显地扩大)①。

岩崎（2008）指出例（27）在语义上具有一定的模糊性，可以对其进行以下三种解释：

（33）今日はテストがあるっぽい。（今天好像有考试。）

（34）あの人は女っぽい。（那个人像个女的。）

 a.（あの人は女であり）いかにも女らしい女である。
  （（那人为女性）一看就是女的。）

 b.（あの人は男であり）女みたいな男である。
  （（那人是男的）像女性的男性。）

 c.（あの人の性別は分からないが）その特徴から判断するに、女のようである。〔（性别不明）从特征判

---

① 岩崎真梨子.「一ぽい」意味用法と展開［J］. 日本語の研究，2008（04）. 第135页

断像是个女的。]

（岩崎　2008）

　　岩崎（2008）同時指出 [（34）のような 3 通りの用法が見られるが、このうち、(b) のような『あるものが、別のものに似た性質を持つ』意を表す例と、(c) のような『正体がよく分からないものについて、その特徴から上接語そのものであると判断する』意を表す例が、昭和の終わり頃から増加する。前掲 (33) のような句接続の例は、(c) のような用法を介して、モダリティ表現に関わる文法形式へと用法が拡張したのではないかと考えられる。」[从（34）的三个例句的用法可知：b 表示"某一事物拥有其他事物特征"和 c 表示"对前接词不知究竟为何的，可从其特征来判断"两个用法在昭和末期开始增多。像例（33）那样接续的例子应理解为在 c 的用法基础上，进一步出现了向语气表达用法扩张的情况。]①

　　语法化对于范畴的影响体现在两方面，一是语法化后新范畴取代原有范畴，即在改变其范畴原型后，其意义抽象化使得范畴边界变得模糊；二是语法化后新范畴与原有范畴合并产生一个扩大了的新范畴，增加了一个范畴原型，同时使得范畴内部出现不同层次的次范畴与次次范畴，增强范畴内部的立体性。通过以上的实证考察可以发现语法化发生的前提是语义模糊性的存在。语义模糊性的存在使比喻的实现变为可能，比喻在某种角度可以看

① 岩崎真梨子.「一ぽい」意味用法と展開 [J]. 日本語の研究，2008（04）. 第135 页

作是语义模糊性在语言具体使用过程中的发展。比喻模式在日常的使用中被逐渐固化，从而形成了语法化的现象。从语义范畴的角度看，语法化的本质就是语义范畴经重新范畴化后，语义范畴的原型与边界清晰化的结果。

二、积极与消极方面

语言的使用者——人，具有个体差异性，所以语义模糊性无所不在，有言语实践的发生就伴随着语义模糊的出现。同样一句话、一个词不同的人会产生不同的理解。这种差异性有时推动话语交际进程，有时却阻碍话语交际的进程。所以，对于语义模糊性问题的研究应在回归日常语言的前提下进行，在对语言发生的场景进行一定的规定后展开更深入的考察。

（一）模糊性与精确性的互相转化

模糊意为不分明、不清楚，与之相对，精确的意思是清楚、分明。人类活动追求结果圆满，完成工作总习惯尽量精确，避免模糊。模糊与精确作为矛盾对立的两个方面其实是互相联系、互为因果、互有交叉的，它们存在互相转化的现象。

成语"一目十行"指读书的速度快。其中的"一"和"十"本都是精确的数字，但在这个成语中却指称模糊的语义范畴。日语中的「一日の長」中的「一」也是典型的精确语言转化为模糊语言。「一日の長」的意思为年龄大，积累的经验多；略胜一筹。「一」作为一个精确词本来的意思是不具有模糊性的，但在这个短语中，「一日」所表示的意思绝非一天，而是一个模糊的范畴，表示好几天、一段时间。除此之外，「三日にあげず」、「四苦八苦」、「十人十色」、「九死に一生を得る」等，其中的「三」、「四」、「八」、「十」、「九」在这里均表示模糊的语义范畴。精确语义转化为模糊语义不仅仅出现在数词方面，成语"千钧一发"中的"钧"本为重量单位，是一个精确词，但在这个成语中却指称一个模糊的范畴，即极其危急的情况。在日语中同样有"千钧一发"的说法——「一髪千鈞を引く」。可见，不论是中文还是日语中均存在精确词在具体使用中被用作指称模糊的语义范畴，也就是说，存在精确词表达模糊语义的用法。

　　语言中不仅仅有精确词在具体使用中被模糊化使用的情况，同样也存在模糊词在具体使用中被精确化的现象。日语中的「青空」中的「青」本身作为一个表示颜色的词被认为是典型性的模糊语义词，特别是在与其他相近颜色的区分这一问题上，由于其可以表示汉语中"青""蓝"两个颜色，而一直被作为语言模糊性的典型问题进行研究。但「青空」却并非模糊词，表示无云的晴朗天空。「車」作为一个比较抽象的上位概念，其内部成员包括"汽车""火车""自行车"等次范畴，可以说「車」的语义范畴是模糊的，但是「車海老」中的「車」专指一种身体卷曲后像车轮的虾。此时「車」指称的并非外形、功能各不相同的车辆，指称的是像车轮一样的外形，与疏离于语境的「車」的语义范畴相比较而言，「車海老」中的「車」可认为是精确的。

　　精确性与模糊性在语义层面的互相转化使得语言在使用中变得更加富有弹性，表达方式也变得更加丰富多彩。模糊与精确之间的界限本身便是一个不清晰的、模糊的范畴，将一个词或一句话归入模糊或精确在某些时候变得异常困难。模糊与精确的区分只能在同一层面进行，在不同层面的研究中对模糊与精确进行区分也会得到不同的结果。语言作为人的一部分，在最开始被使用时人们同样要求其精确，避免模糊。随着科学的进步，人们认知水平也随之提高，对精确与模糊的认识也发生着相应的改变。自扎德的《模糊集》开始对模糊性进行量化分析，使模糊性理论正式被运用于自然科学领域，人们对于模糊性的问题有了更深刻的认知。模糊性不再代表着消极，在某些领域同样具有积极的意义，模糊性在某种状态下可在人性化、弹性化、功能化等方面做出更多的贡献。当然，模糊性具有的消极意义也同样不可否认。在消极方面与积极方面共存的情况下，能够清楚地辨析两者，即分清语义模糊在何种情况起到积极作用、何种情况起到的是消极作用这一点才是研究的前提与基础。

（二）语义模糊性的消极方面

关于语义模糊性的消极方面，从语言层面看，指的是表达的语义内容不确定，会产生一个以上合乎逻辑的解释，进而对语义理解产生不良影响，其中一种情况可称之为歧义。歧义就是说话人想表达的意思没有被听话人正确理解，甚至是被听话人误解。听话人理解的意思相对于说话人想表达的意思来说是歧义的。歧义的出现毫无疑问会阻碍交际的顺利进行，这里说的顺利进行指的是说话人想要达到的语用效果能够实现。歧义是相对于结果而言，只有产生了说话人说话意图没有被听话人按照说话人意想的方式理解这一结果，我们才说产生了歧义。语义模糊的存在是歧义的前提，首先该语句应具有语义模糊，在具有语义模糊的基础上才能够讨论这种语义模糊会不会最终转化为歧义。语义模糊对于听话人来说一般存在两种可能，一是听话人发现了说话人话语中的语义模糊性；二是听话人完全没有发现说话人话语中存在的语义模糊性。前一种情况，一般听话人发现说话人的话语具有语义模糊时，多数人会选择针对语义模糊部分进行提问来确认说话人的真正意图。除此以外，小部分听话人会故意按照对自己有利或是自己希望的方向进行理解，进而继续进行语言活动。后一种情况，由于听话人没有发现说话人话语中具有的语义模糊，那么自然不存在听话人向说话人确认说话人真正意图的问题，但对听话人来说，有很大的几率对说话人话语中真正想表达的内容产生错误的理解。以上两种情况从结果论的角度看，语义模糊性较多的表达会增加产生歧义的概率，而歧义的出现必然会对语言活动双方交流产生障碍。

（三）语义模糊性的积极方面

随着语言问题研究的深入，人们发现语义模糊性表达在语言活动中除了具有消极的一面外，同样会对人类语言活动产生积极的作用。如前文提到的比喻的发生正是基于语义模糊性的存在，使人类在语言表达方面更加丰富多样、富有想象力。语义模糊性积极的方面多体现在言语层面，笔者拟在下一章中着重探讨。

三、 语义模糊的消除

　　人类社会的发展是按照优胜劣汰的自然规律进行的，语言也不例外。"消灭消极方面，利用积极方面"也正是人类社会处理语义模糊性问题所采取的方法。野田（2002）将消除日语中语义模糊现象的方式归纳为三种「文法論的な知識・意味論的な知識・一般常識的な知識」（语法知识、语义知识、一般常识）[①]。语义模糊问题的研究分为语言层面与言语层面，「あいまい文は二つ以上の意味に解釈できる可能性をもっているが、人間は実際には優先的に一方の意味に解釈することが多い。人間は、何にもとづいて一方の意味に解釈するのだろうか。この問題については、語句のレベルのあいまいさと文のレベルのあいまいさに分けて考えたい。」（语义模糊表达虽然具有两种以上的解释，但人实际上会优先采用一种解释。人根据什么选择其中一种解释，这个问题应该分成超句的模糊和单句的模糊分别进行考察。）[②]

　　对于言语层面的语义模糊的消除问题，除去可依靠说话人说话时的语音、语调等直接语境因素消除语义模糊外，在语言层面要消除语义模糊的话，大体可从利用语法、语义、常识三方面的相关知识进行。

---

① 野田尚史. 日本語のあいまい文［J］. 日本ファジ学会誌，2002（14）. 第 7 页
② 同上，第 11 页

（一）利用语法消除语义模糊

语法作为语言使用的一般规律，可以从消除因语言内部结构产生的语义模糊，如：

(18) 私は他人に対してあれこれと質問を<u>浴びせかけられる</u>立場にはないのだ。

（我不能对别人问这问那的。）

（村上春樹　『世界の終りとハードボイルド・ワンダーランド』）

如前所述，由于日语自身的特点其被动态与可能态在某些情况下呈现同一种存在形式。如果只看「浴びせかけられる」，确实很难断定这究竟是被动态还是可能态。但是通过语法的相关知识就很容易消除此句的语义模糊，根据日语语法，「浴びせかけられる」在表示被动时前面不会同「他人に対して」这一成分共现。这就从根本上消除了本句的语义模糊。

（二）利用语义逻辑关系消除语义模糊

对具有语义模糊性表达的理解，利用语义中蕴含的逻辑关系消除语义模糊也是常见的手段之一，如：

(35) 学校給食の試食会に参加して、子供と同じものをいただいていました。<u>アルミの食器と先割れたスプーン</u>、

パンや副食がとてもおいしくなった以外は、二十年前
と全く同じ雰囲気です。

（我参加了学校的校餐试吃会，吃了和孩子们一样的东
西。除了铝制的餐具和叉匙以及面包和副食变得很好吃
之外，同 20 年前的感觉完全一样。）

（『朝日新聞』1988. 10. 10）

　　这句的语义模糊起因于其结构。由于「アルミの食器と先割
れたスプーン、パンや副食がとてもおいしくなった」是一个结
构比较复杂的短语，其成分间既有并列关系同时也包含修饰关
系。「アルミの食器と先割れたスプーン」（铝制的餐具和叉匙）
同「パンや副食」（面包和副食）呈并列关系还是同「パンや副
食がとてもおいしくなった」（面包和副食变得很好吃）呈并列
关系这一点是这句话语义模糊的所在。根据本句的意义分析，如
果认为「アルミの食器と先割れたスプーン」（铝制的餐具和叉
匙）是同「パンや副食」并列的，那么该句的意思将成"铝制的
餐具、叉匙、面包和副食都变得很好吃"，则句子变得非常奇怪
且不合乎逻辑。在这里根据语义上的逻辑性与合理性可以判定
「アルミの食器と先割れたスプーン」（铝制的餐具和叉匙）同
「パンや副食がとてもおいしくなった」（面包和副食变得很好
吃）并列。这与后面的利用常识消除语义模糊所不同的是，利用
语义逻辑关系消除语义模糊不会启动语言知识以外的相关领域的
经验或知识，只利用语言知识便可以轻松解决。

（三）利用常识消除语义模糊

除了利用语法和语义中的逻辑关系消除语义模糊以外，还可以利用一般性的常识对语义模糊性表达进行消除，如：

(36) ところが、横流し物資を供給する男が MP に逮捕され、自分も捕まる恐れが出てきたうえ、<u>変質したペニシリンを売った暴力団</u>から狙われる羽目にも陥った。（购买贪污物资的人被军警逮捕，自己也有被逮捕的可能，而且因为将变质的青霉素卖给黑社会，所以也被黑社会盯上了。）

(『朝日新聞』1979. 11. 12)

本句中的语义模糊之处在于「変質したペニシリンを売った暴力団」这一短语应解释为"将变质的青霉素卖给黑社会"还是"黑社会卖变质的青霉素"。根据一般常识性判断应是"将变质的青霉素卖给黑社会"才会有句子后半部分"被黑社会盯上"这一情况出现，所以「変質したペニシリンを売った暴力団」应当理解为"将变质的青霉素卖给黑社会"。根据句子中给出的信息结合人类的一般常识便不难消除语义模糊，得出正确的解释，对于听话人来说并不需付出过多的推理努力。

通过以上语言层面语义模糊消除方法的归纳、总结可知，在语言层面存在的语义模糊，就其形式而言是语言表达产生的多义，究其结果而言又分为两种，一种是这种多义在语言层面通过

「文法論的な知識・意味論的な知識・一般常識的な知識」（语法知识、语义知识、一般常识）三种方式得以消除，对于语言层面的这种消除其实并不需听话人付出过多的努力，对其理解本身亦无太大难度；另一种为这种多义性仅凭借语义层面给出的信息是很难得以正确理解的，所以在语言层面体现为模糊性。在第二章语义模糊的类型分析中列举的例句大多在语言层面表现为具有难以理解的多义性，也就是歧义。但这种语言层面的歧义性并非无法消除，这种由语义模糊性衍生出的歧义在信息量更大，可参考因素更多的言语层面虽然有些仍让听话人觉得难以理解，但绝大部分是可以通过言语层面的相关知识得以解决的。也就是说，语言层面的语义模糊在言语层面就有可能不再作为语义模糊现象存在，同理，在语言层面被理解为精确意义或是确定意义的结构和形式在言语层面也很有可能变成模糊表达。对于同一形式或结构在语言层面和言语层面表现出不同特性的这一问题，会在下一章"言语层面的语义模糊性研究"中着重考察。

本 章 小 结

根据前章的结论，语义模糊性研究应当区分语言层面与言语层面，本章主要就语言层面的语义模糊性问题展开研究。在语义学层追问语义模糊性的产生根源，得出语言层面语义模糊性产生的根源为语义范畴边界或原型范畴的非清晰性的结论。将语义范畴进一步分解，指出范畴内部成员间结构关系呈立体性。同时，根据以上结论对比喻进行深入探讨，发现比喻的本质是本体与喻体的语义范畴具有相邻性，这种相邻性有时体现在范畴间，有时体现在次范畴间。最后，通过对语言层面语义模糊性特点的考察发现语言层面的语义模糊性多发挥消极作用，并同言语层面语义模糊性存在互相转化的现象。

第四章

言语层面语义模糊性

第三章针对语言层面的语义模糊性进行了相关的考察研究，本章则将研究延伸至言语层面。言语层面比语言层面涉及因素更多、范围更广，本章拟结合关联理论、认知语言学等前沿学说考察语义模糊性在言语层面的特征与状态。

第一节　言语层面语义模糊性的产生

语言层面语义模糊性研究围绕概念范畴的原型与边界展开，言语层面的语义模糊性研究在语言层面的基础上，除了对单纯的语句意义进行分析考察以外，更需要对说话人、听话人、语言环境等诸多因素进行全面的掌握才有可能得到较为客观的研究结果。

格赖斯的合作原则是语用学研究的重要部分，合作原则提出量的准则、质的准则、关系准则和方式准则。作为其中关系准则的进一步发展斯波伯与威尔逊提出关联理论，该理论被认为是现代语用学中极具代表性的理论之一，其主要关注的是人与人之间的交际过程以及交际参与者对交际内容的理解。本节拟以关联理论为理论基础针对言语层面的语义模糊性问题进行考察。

一、交际意图与关联

关联理论是由斯波伯与威尔逊在 1986 年提出的，其根本的研究对象并非是语篇，而是人与人之间进行的言语实践活动。语篇只是诸多交际符号中的一种，我们虽然研究的是语言，但究其本质来说研究的是人。关联理论正是希望通过对言语实践活动的分析与追问，寻找人类社会言语实践活动中的人的形象，并认为关联性是言语实践活动成果的关键因素。斯波伯与威尔逊认为要确保言语实践的成功需满足以下几个条件：

首先，假设交际的参与者均期望该交际能够成功，双方为了交际能够到达最大关联而努力。一个真心的交际者和一个自愿的听话人必须共同拥有的唯一目标是成功实现交际：那就是，听话人辨认出交际者的通报意图。[①]

其次，参与者要确认双方的认知语境，保证参与者之间互知。个人和个人之间的感知能力的效度是不一样的。人们说不同的语言，具有不同的概念，结果就会构建不同的表征，从而做出

[①] Sperber, D& D. Wilson. Relevance: Communication and Cognition [M]. Oxford: Blackwell, 1986/1995. 第161页

不同的推理；他们也会有不同的记忆，那么也就会用不同的理论以不同的方式去描述其经验。因此，即使所有人都共享相同的狭窄物理环境，我们称之为的认知环境依然会不同。[①] 想要保证交际的顺利进行，必须确认双方的认知环境的互知处在交际需要的最低标准之上。

说话人在确认以上两点后，向听话人发出一个交际意图。交际意图的本质是"使交际者有这个信息意图的现象互明于听者和交际者"，即向听话人明示自己想要进行交际的意图，希望产生一个刺激，该刺激意想将一个假设范畴明显于听话人这一点互明于说话人与听话人，听话人相信说话人明示的信息意图中隐含着一个假设集，并积极对其进行推理。此时该刺激中存在关联保证，在听话人的推理过程中可实现最佳关联。在听话人实现最佳关联后，听话人停止推理，交际完成。需要注意的是，交际完成并不一定意味着交际成功。关联理论认为一次失败的交际也会产生最佳关联，并且是交际完成。这里的交际成功指的是听话人按照说话人的预期正确理解说话人的信息意图。

二、语义模糊性与关联理论

语义模糊性作为语义的普遍特性存在于语言世界的每个角落。作为语言活动的润滑剂，模糊性的存在为人类交际创造良好

[①] Sperber, D& D. Wilson. Relevance: Communication and Cognition〔M〕. Oxford: Blackwell, 1986/1995. 第 38 页

环境。笔者认为关联理论作为解释人交际活动的理论，其基础为语义的模糊性。

由于人类认识的不断发展，语言不断被赋予新的意义，语言获得新意义的过程便是人类语言系统向前发展的过程。其发展过程必然要从最初的一个词只具有单个义项逐步发展到具有多个义项。正是由一元向多元的发展，使语言意义变得更加丰富、细腻。罗素提出的摹状论指出专有名词与对象不是一对一相互对应的，而是包括该对象的属性、特征等其他成分。在此基础上维特根斯坦提出摹状簇论，指出专有名词所对应的应是一簇与该专有名词相关的成分，并进一步提出著名的家族相似性。近年来，随着语言学研究重心由语言转向言语，句子的语义模糊性开始为广大学者所关注。俞东明（1997）、张乔（1998）、伍铁平（1999）等均针对句子的语义模糊性做过相关研究。俞东明把说话人在特定语境或上下文中，使用语义不确定的、模糊的或间接的话语向听话人同时表达数种言外行为或言外之力这类现象称做语用模糊。① 日本学界对于语义模糊的研究主要有益冈隆志（2001）、庵功雄（2001）、森山卓郎（2003）等针对语气、助词等从超语篇的视角探讨它们的语用功能。

关联理论作为研究交际中明示—推理互动过程的理论可以解决编码理论不能解决的一些问题。传统的编码理论认为语码模式把说话人说出某句话所要表达的意思等同于这句话字面上表明的意义，也就是说，语码模式认为一句话的话语意义就是这句话的

---

① 俞东明. 语法歧义和语用模糊对比研究［J］. 浙江大学学报，1997（6）. 第 29 页

字面意义。这是语码模式游离于语境之外来探索会话含义的必然
结果。[①] 此时交际活动中的语码与语义假设为一一对应，也就是
能指与所指的一一对应。明示—推理和语码模式作为解释人类交
际的两种理论，对于他们之间的关系，斯波伯与威尔逊认为交际
可用这两种交际模式中任何一种方式来实现。具体来说，交际既
可以通过编码信息和解码信息来实现，又可以通过为有意图的推
理提供证据来实现。语码模式和明示—推理模式无论哪一种都适
用于不同的交际方式，把任何一方拔高到普遍性交际理论的地位
都是错误的。语码模式和推理模式两者都要受制于适用于信息处
理的所有形式的普遍性限制，可是这两者中无论哪一个都太宽
泛，以至于不能单独建构成一个交际理论。[②]

　　关联理论认为，与编码模式相对，明示—推理交际的过程是
交际者生成一个刺激，它使得交际者意想通过该刺激将一个假设
集 I 明显于或更明显于听者这一点互明于交际者和听者。[③] 此处
的假设集 I 很明显是包含多个语义假设的集合。正因为说话人的
信息意图与所表征的假设非一一对应，所以才需要听话人进行推
理确定假设集的内容以便于交际活动能够顺利完成。推理过程其
实就是从具有多个语义假设合集中选取自己认为正确的一项或几
项，究其本质就是一个在具体语言活动中消除或减少语义模糊的
过程。人进行的交际活动之所以具有编码和明示—推理两种模式

---

① 侯敞. 也谈语码模式和推理模式的关系 [J]. 外语学刊, 1997 (3). 第 26 页
② Sperber, D& D. Wilson. Relevance: Communication and Cognition [M]. Oxford:
　 Blackwell, 1986/1995. 第 3 页
③ 同上, 第 63 页

也是因为语义模糊性并非固定不变，语义模糊性一直以一种动态的方式存在。语义模糊性是明示—推理模式存在的前提，而关联理论的诞生正是为了对人类交际中存在的明示—推理模式进行深入的研究，质言之，交际过程中存在的语义模糊性是关联理论存在的基础与希望解决的主要问题。

言语层面研究学作为语言层面研究的发展与延伸，在语言层面研究注重语言符号与世界以及语言系统内部形态的基础上，更加关注语言在具体语境中的意义以及言语实践活动中的具体语言使用者，也就是说，语言层面的语义模糊性主要体现为语言指称上的非一对一性以及语句内部结构上的不确定性，与此相对，言语层面的语义模糊性则体现为话语在具体语境中的意义以及说话人在说出一句话是所想表达的意图，而不是构成这句话的词或词组本身可能具备的意思。① 言语层面的语义模糊性就其表现方式来说大致有以下几个方面：话语本身具有的意义、在具体语境下话语具有的意义、说话人想要表达的意图、听话人理解到的意图等。

语言层面的语义模糊性问题研究主要集中在"话语本身具有的意义"这一项，话语本身如果具有一个以上意义，那么就增加了该话语具有语义模糊性的可能。对"在具体语境下话语具有的意义"这一项的研究，语言层面研究对其一直持比较暧昧的态度。考虑具体的语境因素是言语层面研究的重点，但是语言层面的研究又不应该也不可能完全排除语境的影响，所以在语言层面

① 李秋梅. 关于语用模糊的再思考——兼与语义模糊相对比 [J]. 山东外语教学，2003 (1). 第 65 页

研究语义模糊性时究竟有多少语境的因素参杂其中是很难说清的。

　　由于言语层面研究是以研究言语实践动态发展为主要任务，所以对于其中语义部分的研究也呈现一种多样化的趋势。语义的研究可以从说话人、听话人和话语本身的含义三方面结合具体语境中影响语义的因素入手。可以确定的一点是由于语码模式表达语码（所指）与语义假设（能指）的一一对应性消灭了语义模糊性存在的空间，所以研究语义模糊一般应在言语实践活动中明示—推理这一模式下进行的，同时，明示—推理模式所要追求的也正是将言语实践活动中具有语义模糊性表达的语义去模糊化。

三、语码模式与明示—推理模式

　　斯波伯与威尔逊给明示—推理模式下的定义为：说话人生成一个刺激，它使得说话人意想通过该刺激将一个假设集明显于或更明显于听话人这一点互明与说话人和听话人[①]。明示—推理包括了说话人发出交际意图和信息意图以及听话人付出努力对交际意图与信息意图进行推理分析这几个步骤。语码模式对人类言语实践的解释局限于语言系统内部，认为交际活动仅仅是交际双方依据所使用语言的句法规则和语义规则来进行编码和解码，交际的成功与否取决于听话人解码的信息是否与说话人编码的信息相

---

① 孟建钢. 对关联理论缺陷的微观性批评［J］. 外语学刊，2012（6）. 第84页

一致，完全不考虑语言外因素对言语实践活动的作用和影响。[①]
语码模式是人类交际类型中最为朴素的，但也是最为重要的。斯
波伯与威尔逊认为明示—推理模式和语码模式都可以作为实现交
际的途径，两者不能够完全被对方取代。明示—推理与语码模
式最大的不同为前者具有主观性，而后者即话语的意义是否有
不等同于字面意义的可能性则为客观结果，不受其他因素影响。
两者的共同点是同为实现交际的手段，而交际的本质为说话人
将一个假设集明显于听话人，也就是说话人意义的诠释。说话
人通过从一定角度给听话人揭示言说对象、以自己的方式诠释
和评价对象，努力促使听话人得到自己预计好的结论，实施某
些预期行为。[②] 可见，交际的讨论如果脱离说话人的主观因素明
显是不切合实际的，但这并不代表语码模式的存在是毫无意
义的。

连斯波伯与威尔逊也不能否认在交际活动中语码模式的重要
作用。作为交际中最为质朴的方式——语码模式无处不在。关联
理论认为语码模式为不考虑语境因素的交际，存在于理想的交际
活动中。笔者认为其实不然，人在进行交际活动时所追求的结果
是产生自己所期望的语用效果。语用效果产生的前提是听话人将
对方明显于自己的假设集置于自己的认知环境之下。在笔者看
来，将假设集置于自己的认知环境下的过程就是一个解码的过

---

① 侯敞. 也谈语码模式和推理模式的关系 [J]. 外语学刊，1997 (3). 第 26 页
② 李洪儒. 论词层级上说话人意义的形成因素 [J]. 外语教学，2013，34 (6). 第
13 页

程。所有的人都生活在同一个物理世界，我们毕生都在致力于从
这个共同环境中获得信息，并对这个环境构建最好的心理表征。
但我们不会都构建相同的表征，这是因为，一方面在我们较狭窄
的物理环境之间存在差异，另一方面我们的认知能力也存在差
异。个人和个人之间的感知能力的效度是不一样的。人们说不同
的语言，具有不同的概念，结果就会构建不同的表征，从而做出
不同的推理；他们也会有不同的记忆，那么也就会用不同的理论
以不同的方式去描述其经验。因此，即使所有人都共享相同的狭
窄物理环境，我们称之为的认知环境依然会不同。[①] 根据斯波伯
与威尔逊的描述我们不难看出没有任何一个人的认知环境会与另
一个人完全相同，正是这种认知环境的不能完全重合使得人在交
际活动中对语义的理解会出现不同，产生语义模糊。在同一语言
系统中的个体，大部分认知环境是重合的，这也是在同一语言系
统中个体可以相互交流的关键所在。传统意义上语码模式的实质
将假设集置于一个公共的系统中，该系统中语码对应的意义已经
完全固定，是一个使用同一语言的群体的共同认知环境。所有个
体共有的认知环境也等于是每个人分别拥有的认知环境或者说是
所有人认知环境中重合的部分。

　　(37) A：今何時ですか。（现在几点了？）

　　　　B：8時です。（8点。）

---

① Sperber, D& D. Wilson. Relevance: Communication and Cognition〔M〕. Oxford: Blackwell, 1986/1995. 第 38 页

如果以上对话发生在某天早上，两个不认识的人之间，该对话仅仅是针对时间的提问，听话人不认为有其他影响说话人信息意图的因素存在，所以不需要付出推理努力便可使交际者的假设集明显于自己。对于时间的提问，其话语意义等同于字面意义，那么我们可以说此时的交际模式为语码模式。

(38) A：今何時ですか。（现在几点了?）

  B：すみません。（抱歉。）

如果以上对话是一个领导对迟到的下属的提问，那么听话人根据自己已经迟到的实际情况加上对领导平常说话习惯的分析可推理得出领导是在指责自己上班迟到，所以听话人以道歉的方式进行回复。对于以上两个例子中 A 的提问是应选择语码系统进行解码还是选择推理模式进行分析，此点显然是明显于听话人的。

言语实践既涉及语码模式又涉及推理模式这一点是各派学者都认同的，但对于两种模式的共存方式却鲜有学者进行说明。探讨两种模式的共存方式就是探讨言语实践活动的实现方式，就是探讨人思维方式的基本状态，也是探讨人存在的根本形式。根据上述语料可以看出，听话人会根据自己的认知环境中的百科信息、词汇信息和逻辑信息结合当时语境使说话人生成的假设集明显于自己。根据上面的语料分析可得，例（38）的听话人在获得说话人发出的信息意图后结合各方面因素推理得出说话人此时表达的意图为指责，将「今何時ですか」（现在几点了）推理为

「もう遅くなった」（你迟到了），然后将其置于自己的认知环境中进行解码。坂原（2007）也指出言语实践活动中存在先语用推理，然后进行解码的情况:「意味論は語用論に支えられて初めてまともに働くことができるのだから、まず語用論があって、次に意味論が働くと考えることさえ不可能ではない。」（语言层面意义有言语层面意义的支持才能发挥作用，我们认为是言语层面意义先发挥作用，然后才是语言层面的意义发挥作用。）① 人类言语实践活动的心理表征过程为推理—解码，推理过程本质上就是一次语码转换的过程。也许有人会问为什么不是反之的解码—推理。因为解码是一种极朴素的、客观的方式，或者说是一种自动生成机制。听话人无需考虑交际者的主观性，语码与意义一一对应，解码后的语言已经直接转化为假设集，进入听话人认知环境，不需再进行进一步的转化。在听话人的潜意识中，一定存在一个机制：首先判断对于交际者发出的语言是首先需要推理还是解码，这个判断过程也许是一个无意识行为，但就其本质而言，其本身就是一个推理过程。在言语实践中，听话人往往首先假定说话人所说话语都是随意的言谈，假定话语里充满了各种各样的语用含糊，假定话语里有时会出现因寓意而导致的半真半假的含糊现象。当说话人刻意要表达他所说话语的字面确切意义时，他就要通过明说提供更多的语境信息；而听话人或许需要付出更多的努力来加工那些语境信息，才会对话语做出确切的理解。② 坂

---

① 坂原茂. 認知と語用論のインターフェイス [J]. 言語, 2007（12）. 第 27 页
② 何自然. 再论语用含糊 [J]. 外国语, 2000. 第 11 页

原也认为对于话语的理解可以是先在言语层面分析后进入语言层面进行解码。

斯波伯与威尔逊将最大关联定义为付出最小的处理努力从而获得最大的语境效果。当说话人发出信息意图后，如听话人认为说话人的表达等同于其字面意义时，听话人几乎不需要付出处理努力。当说话人发出的信息意图也确实为其字面意思时，明示于听话人的假设集 I' 等于说话人意想发出的假设集 I，听话人的认知环境中获得了最大的语境效果。此时语码模式最为符合最大关联的定义。通过以上可知：第一，语码模式在被断定为语码模式之前也是需要付出处理努力进行推理的；第二，语码模式符合斯波伯与威尔逊对于最大关联的定义，语码模式可作为实现最大关联的一种言语实践方式。

所谓明示与隐含的对立，是一种笼统的说法，指的是在交际当中，在需要明示信息的时候，说话人选择使用模糊语言隐含他的交际动机、话语含义等，以达到他的交际目的，这样就势必在明示与隐含之间形成一种对立关系。由于模糊语言具有较大的灵活性，可进可退，可伸可缩，可上可下，可攻可守，给说话人和听话人留有较大的回旋余地，所以模糊语言被广泛地运用于政治、外交、法律、商贸等领域①。语言暗含仅存在于明示—推理模式中，语码模式中并无暗含的存身之所，暗含是推理的附属物。推理是过程，暗含是结果。实现暗含的外化也是实现推理的

---

① 刘建刚. 明示与隐含的对立——言语实践中的关联与模糊 [J]. 西安外国语大学学报，2006，14 (1). 第13页

过程。此处需要注意的是，明示指的是说话人的信息意图，即可直接进行解码的语码，而本文说的明示—推理当中的明示其实是交际意图的明示行为。通过以上分析可知，解码是交际活动中不可缺少的必要组成部分，听话人进行推理的目的是获得说话人意图表达的假设集并将假设集转化为自己认知环境中可以进行解码的语码信息，并通过解码使假设集明显于自己。该机制能够顺利进行的基础保障是语言的模糊性，如果语言不具有模糊性那么所有的言语实践活动就只能通过语码模式来进行，任何推理活动都是多余的。可以说，语言作为人存在的家园，语言的模糊性赋予了人在家园中自由活动的空间。

第二节　语言层面语义模糊性特征

语言层面语义模糊性的产生根源为能指与所指的非一一对应性，言语层面语义模糊产生的根源则更加复杂，除了语码与意义的非一一对应性之外，在交际活动中说话人同听话人也是影响语义的重要因素，言语层面语义模糊的研究应从话语本身、说话人、听话人几方面入手，且语境则始终贯穿在这三个方面，随处可见其踪影。关联理论中的最大关联与最佳关联分别体现了说话人意图产生的语用效果与交际中实际产生的语用效果。在交际活动中使最大关联与最佳关联之间产生差别的根源就是语义的模糊性。

一、交际目的与语义模糊性

最大关联与最佳关联作为关联理论的重要概念一直有学者在对其进行深入研究。何自然（1998）、孟建钢（2012）等均特别对最大关联与最佳关联进行了阐述。在《关联性》的第二版中将关联原则由原来的一条改为两条是为了使大家注意到最大关联性与最佳关联性之间的差异。① 可见斯波伯与威尔逊也认为最大关联与最佳关联在关联理论中占有举足轻重的地位，所以要在第二版中特别加以说明。何、孟两位学者均指出尽管斯波伯与威尔逊一直在强调最大关联与最佳关联的重要性，仍然还有许多人将最佳关联和最大关联混为一谈。② 最大关联与最佳关联是在说话人发出信息意图后听话人对信息意图进行推理的过程中实现的。影响最大关联与最佳关联的是说话人与听话人双方语境互明的契合度。以下是斯波伯与威尔逊对最大关联与最佳关联的明确解释：我们认为一个人会自动地以最大关联为目标且影响其认知行为的正是对这个最大关联的估计。实现最大关联涉及选择一个假设的最好语境，即：可以最好地在努力和要取得语境效果之间实现平衡的语境。当这样的平衡得以实现时，我们就说该假设经过了最佳处理。我们指出的是该假设经过最佳处理而取得关联性。③

---

① 何自然　冉永平. 关联理论—认知语用学基础 [J]. 现代外语，1998 (3). 第 96 页
② 孟建钢. 对关联理论缺陷的微观性批评 [J]. 外语学刊，2012 (6). 第 86 页
③ Sperber, D&. D. Wilson. Relevance: Communication and Cognition [M]. Oxford: Blackwell, 1986/1995. 第 144 页

最大关联是说话人所追求的。说话人意图完全被听话人理解，实现最大关联最好的手段就是语码模式，也就是说话人在编码时尽量避免使用具有语义模糊性的语码，因为具有语义模糊性的语码如果出现在语句中，听话人就会进入明示—推理模式。交际活动主体间的认知差异必然导致对同一具有模糊性语义的语码产生不同的理解，在明示—推理模式的语言活动中较难达到说话人意图百分之百被听话人理解，也就是不能完全消除语义的模糊性。最佳关联是听话人付出推理努力后获得的实际语用效果，最佳关联反映在听话人处。最大关联是说话人在设计语码时所追求的，最佳关联是听话人在得到语码后产生的。关联性被分成最大关联与最佳关联涉及到说话人与听话人两者主观的心理判断，具有主体间性。交际活动中的说话人和听话人均会为了交际成功而积极付出努力是关联理论成立的前提条件。在发出信息意图之前，说话人会分析听话人认知语境，努力使双方互知认知语境，并根据分析结果发出信息意图，此时说话人所追求的是信息意图全部被听话人获得从而得出最大关联。说话人发出交际意图后，信息意图这一客观存在在听话人认知环境中能够被获得多少已经脱离说话人的掌控，经过听话人处理后的信息意图在经过听话人认知语境中处理后体现为语用效果，此时语用效果具有听话人的主观性。由于说话人与听话人的之间存在媒介——言语实践活动，其关系变为"主体（说话人）—媒介（言语实践活动）—主体（听话人）"形式。因此，语义模糊性的存在形态关乎的并非说话人或听话人单一的主体性，而是两者之间的主体间性。主体和主体共同分享着经验，这是一切"意义"的基础，由此也形成主体之间相互理解和交流的信息平台。人们的活动在这种文化的氛围中进行，因而也就给所做的事情附加有意义的前提。意义通过主体间的交往而得以建立。主体间通过分享经验，使得相互间的理解成为可能，并且因此构成相互间的交流，达到一定的意义共享。意义具有主体间性，在主体间传递，并以此将众多主体连结起来，形成一个意义的世界。对于主体来说，没有意义的存在是没有理解的存在，这样的存在不是主体的存在。意义并非是在主体自身形成的，而是在主体和主体间形成的。① 因此，具有语义模糊性的交际是存在主体间性的交际，具有意义。

听话人接收到说话人发出的信息意图后，在双方认知语境互知的基础上，对说话人信息意图进行推理，听话人追求的同样是最大关联。当听话人自认为对说话人发出信息意图的推理已达到最大关联时，听话人的推理便停止，随着听话人推理的停止随即交际宣告完成。听话人以为达到的最大关联其实是斯波伯与威尔逊所说的最佳关联，也就是创造了"最好地在努力和要取得效果之间实现平衡的语境"。需要强调的是，说话人与听话人双方均以获得最大关联为目标，但最终完成交际活动时的状态为获得最佳关联而非最大关联。举个例子，说话人给出的信息意图中想要明显于听话人的假设集 I 其信息容量为 a，那么说话人自然希望听话人可以获得假设集 I 中全部的信息。听话人也希望通过分析和推理可以使假设集 I 中的全部信息明显于自己。但在推理分析的过程中，当听话人将假设集 I 中信息量分析至 b 时，便以为已

① 郭湛. 论主体间性或交互主体性 [J]. 中国人民大学学报，2001，15（3）. 第33页

获得足够的关联性，即认为假设集 I 的信息已全部明显于自己，笔者称之为假设集 I'，随即终止了推理。这时听话人如果将假设集 I 中 a 的信息全部明显自己，即 a 等于 b 时，便是达到最大关联，这是说话人与听话人所共同追求的；如果听话人只将假设集中 b 的信息（且 b 小于 a），即假设集 I' 明显于自己则仅达到最佳关联。最佳关联的本质是听话人基于自己的主观判断认为经过自己的推理分析，与说话人的信息意图已经达到的最大关联。

孟建钢认为：同一个道理在交际中至多能实现最佳关联，而不可能实现关联最大化。所谓实现关联最大化，不过是人们的一种奢望罢了。① 笔者认为这个观点还有待商榷。所谓实现最大关联也就是交际活动中说话人的信息意图完全明显于听话人。以假设集 I 与假设集 I' 之间的关系来说，即假设集 I 与假设集 I' 完全重合。对于大多数言语实践活动来说，绝大多数情况下假设集 I 大于假设集 I'。但并非没有假设集 I 等于假设集 I' 甚至是假设集 I 小于假设集 I' 的情况发生。只要满足以下两个条件，有假设集 I 等于假设集 I' 的情况是会出现的。

（1）交际活动参与者双方认知语境契合度高。双方认知范畴重合度高或者一方的认知范畴完全包含另一方的认知范畴都有利于交际活动达到最大关联。双方认知范畴重合度高指的是双方认知范畴中对于具有模糊性的词语或是语句所映射的概念范畴基本一致。隐性衔接实际上是一种句子级，甚至更大单位上的省略现象，与非结构衔接中的省略相似。所不同的是，后者中省略的部

---

① 孟建钢. 对关联理论缺陷的微观性批评 [J]. 外语学刊，2012（6）. 第 87 页

分可以在上文中直接找到，而隐性衔接中省略的部分无法在上下文中找到，只能由听话者或解释者根据情景语境和文化语境推测出来。这样，讲话者在说话时需要对听话者有一个正确的估价：什么信息他可以根据情景语境推测出来，什么不能，需要用语言明确表达出来。① 一方认知范畴完全包含另一方的认知范畴的情况，如一个成年人和一个刚会说话的儿童进行交际活动，此时成年人的认知范畴完全包含儿童的认知范畴。儿童对具有语义模糊性表达的一切可能产生的推理结果，成人均能准确预知。在交际活动中，成年人会首先预判儿童的认知语境，然后选择适当的表达方式或者语码，使听话人（儿童）进行适度的推理分析。类似的交际活动极容易获得最大关联。

（2）推理说话人明示的信息意图需要付出极少的推理努力。在说话人明示的信息意图无限接近于或等于语码模式时，听话人只需要付出极低的推理努力便可获得假设集Ⅰ的全部信息。

除了假设集Ⅰ等于假设集Ⅰ'之外，还有假设集Ⅰ小于假设集Ⅰ'的情况。听话人通过分析推理交际者明示的信息意图后得出的假设集Ⅰ'大于说话人想要明示给听话人的假设集Ⅰ，也就是我们日常会话中常常说的"你想多了""我真没那个意思"；另外，在言语实践中，也可能发生假设集Ⅰ同假设集Ⅰ'完全没有交集的情况，这种情况的发生则是因为参与者双方未能达成认知语境的互知，导致交际失败。根据关联理论，上述两种情况也属于获得最佳关联，即交际完成，从而再次证实关联性中的最佳关联是具有

① 张德禄. 论语篇连贯 [J]. 外语教学与研究，2000（2）. 第106页

听话人的主观性的。

　　语义具有的模糊性使得进行言语实践活动时，在说话人和听话人的认识中产生具有差异的假设集 I 同假设集 I'，假设集 I 同假设集 I' 之间差异的存在使得个体的交际活动更富有弹性，也更容易完成。语义模糊性的存在让假设集 I 成为一个变项，不同的听话人会产生不同的理解。正是语义的模糊性让一个语言表达具有多个可能性，将言语实践活动的参与者双方引入交际活动当中。

二、主观性、行为性与连贯性

　　言语层面的语义模糊性问题，很多学者将其定义为在交际活动中语言表现出的"言外之力"。对于这一定义，笔者认为略有不足。从前文中对语义模糊、语用模糊、歧义等进行的整合性研究可以看出言语层面的语义模糊性单单从说话人维度切入是不够的，还应考虑说话人发出的内容相对于听话人而言是否具有完全理解的可能性。质言之，言语层面的语义模糊性具有动态性特点，仅从说话人或听话人单方面考察交际活动中的语义模糊性问题是片面的。"言外之力"的定义也应从说话人、听话人与语言本体三方面考察。言语层面研究的主要是在交际活动过程中语言、人、语境以及它们相互之间的关系。同时，也应注意到在言语层面研究语言并不能够完全脱离语义学的范畴。言语层面是语言层面研究的延伸及扩展。拟在对动态语义模糊性研究的基础上结合日本人言语实践活动的特点考察语义模糊性在人们交际活动中的存在方式与特点。

（一）主观性

沈家煊（2001）对语言主观性的定义为：主观性指的是语言的这样一种特性，即在话语中多多少少总是含有说话人"自我"的表现成分。也就是说，说话人在说出一段话的同时表明自己对这段话的立场、态度和感情，从而在话语中留下自我的印记。同时，沈家煊认为日语中具有明显的主观性，"有的语言表现'主观性'的形式很明显，例如日语，说日语几乎不可避免地要用明确的语言形式来表达说话人对所说内容和对听话人的态度或感情"①。池上嘉彦对于主观性的定义同沈家煊大致相同，他认为「発話の主体（locutionary agent）による自己表出（self-expression）」（Lyons 1982：102）のことで、具体的に言えば、自らの態度や信念、気持、人格、情動などが言語を通してさまざまな形で表現されることと説明している」（说话人的自我表现，即自己的态度、信念、情感、个性、情绪等通过语言以各种形式表现)②。言语层面研究的主要对象是言语实践过程中语言的使用与理解以及在此过程中说话人同听话人之间的动态关系。从主观性的角度讲，言语实践活动就是说话人把自己的主观性信息转化为语码通过言语实践活动传递给听话人，听话人将接收到的语码进行分析，从而取

---

① 沈家煊. 语言的"主观性"和"主观化"［J］. 外语教学与研究：外国语文双月刊，2001，33（4）. 第 268 页
② 池上嘉彦. 日本語の＜主観性＞をめぐって［J］. 日语学习与研究，2009（5）. 第 13 页

得听话人的意思表示。首先，由于人的个体差异，听话人和说话人的知识经验、认知能力各不相同，所以必然导致双方在交际过程中产生认知范畴的不对称性。其次，由于语言的有限性同世界无限性的客观对立，导致语言本身必然是模糊的。将主观性转化为语码的过程就是"主观化"的过程，其主要是对说话人个体认知范畴的描写。主观化的过程必然伴随着交际活动中语义模糊的生成。「日本語話者にとっては、自らの体験する事態を＜主観的把握＞のスタンスで現場臨場的に語る（そしてその結果、自己は＜ゼロ＞として言語化される）ことは比較的自然に受け入れられる認知的営みのようであり、その傾向は空間、時間の隔たり（場合によっては、自己と他者の区別）をも越えて比較的容易に拡大されるように思える。」［日语中说话人习惯将自己获得的经验以自我理解的形式当场表达（其结果是自己也隐于语言之中），其较易于跨越时间和空间的界限（有时是跨越自己和他人的区别）。］① 所以，日语具有较为明显的说话人主观性这一特点使得日语在进行交际活动的过程中产生较多的语义模糊现象。听话人对会话内容进行推理分析的过程是将说话人"主观化"意义进行理解、接纳的过程，也是说话人意义的外化过程。意义的表现也会由于说话人的不同而不同，「＜意味＞とは＜事態＞そのものに客観的に内在するものではなくて、話者がそこから＜主体的＞に創出するものであるということである。同じ＜事態＞

---

① 池上嘉彦. 日本語の＜主観性＞をめぐって［J］. 日语学习与研究，2009（5）. 第14页

を言語化していても、表現の形式が異なっているということで）＜意味＞も異なる。」（所谓的意义，同事件不同，不是客观事物，而是说话人主体性地创造出的东西。即便将同样的事件语言化，其表现形式也有所不同。)① 相同的语言表达不同说话人的主观性，这依赖于语义具有的模糊性，说话人意义产生的语义原因和语义条件是词的语言意义所具有的模糊性。②

1. 说话人视角（说话人视点）

影响说话人主观性的因素除了上面提到的说话人的认知、范畴以外，还包括说话人的视角和情感两个方面，它们之间的关系互有交叉，想要明确区分说话人的认知范畴、视角以及情感是比较困难的。

说话人视角是指说话人对客观情状的观察角度，或是对客观情状加以述说的出发点。这种视角经常以隐晦的方式在语句中体现出来。③ 在日语中对说话人主观性问题的研究离不开说话人视角问题的考察，这与日本社会具有较为强烈的内外意识有关。中根千枝（1967）指出，日本社会具有强烈的内外意识。日本人极力想避开与其他集团里的人扯上关系。在日本人的意识里不愿意与集团以外的人发生过多的联系，并将此称作「ウチの者以外は人間にあらず」（非内部人员不当作人看待）。由于集团以外的人

---

① 池上嘉彦. 日本語の＜主観性＞をめぐって [J]. 日语学习与研究，2009 (5). 第 16 页
② 李洪儒. 试论语词层级上的说话人形象——语言哲学系列探索之一 [J]. 外语学刊，2005 (5). 第 45 页
③ 沈家煊. 语言的"主观性"和"主观化" [J]. 外语教学与研究：外国语文双月刊，2001，33 (4). 第 269 页

是自己不认识的，没有与其交流的经验，所以在心中会有一些不安、焦虑，说话的时候也竭力避免涉及到集团以外的人。例如：一个日本人在介绍自己时，不管是经理、普通职员或是其他什么职位都说自己是「……会社の者」（……公司的人）。日本人内心非常重视自己属于哪一个集团，而自己在所属集团中的地位则属于集团内部的事情，不需要告诉集团外部的人。

庵功雄（2001）认为："表示'亲近感'的名词反映着说话者的'视点'。因为当叙述的事项中有远近关系程度不同的人时，从更近的人的立场去看待事物比较自然，反之则不太自然。"①

（39）a. 西武がオリックス（羚羊）に勝った。（西武队胜了羚羊队。）

b. オリックス（羚羊）が西武に負けた。（羚羊队输给了西武队。）

（庵功雄　2001）

听话人通过两个例句对同一个客观事实进行描述可判断出说话人对于两支球队的喜好程度，例（39）a 说话人站在西武队的视角描述，表明说话人是西武队的球迷；例（39）b 说话人站在羚羊队的视角描述，表明说话人是羚羊队的球迷。这便是庵功雄（2001）所说的视点问题，即"从更近的人的立场去看待事物比较自然"。庵功雄还曾以日语中授受动词为例进行说话人视角方

---

① 庵功雄. 新日本语学入门［M］. 外语教学与研究出版社，2005. 第149页

面的研究。

> （40）太郎が花子に本をあげた。（太郎给花子书。）
>
> 太郎が花子に本をくれた。（太郎给花子书。）
>
> 花子が太郎に本をもらった。（花子从太郎处得到一本书。）

> （庵功雄 2001）

以上三句是对同一个客观事实进行描写，即书由"太郎"处移动至"花子"处。但是通过选用不同的授受动词表现出说话人对"太郎"和"花子"与自己关系的远近程度的主观性判断。两者同说话人的关系亲近程度完全取决于说话人的主观认识，具有较为纯粹的主观性。

日语中还经常通过敬语表达来表现说话人视角从而实现社交指示，即说话人通过使用敬语体系表现自己同语句中涉及到的人物的地位差别进而完成对于听话人进行语句中涉及的人物的社交指示。

> （41）a 花子が太郎に本をもらった。（花子从太郎处得到一本书。）
>
> b 花子が太郎に本をいただいた。（花子从太郎处得到一本书。）

上面两句描写了同一个客观事实，但是例（41）a 中除了表现说话人、花子、太郎三者亲近程度的差别外，还体现出说话人同太郎基本处于同一社会阶层；(41) b 中除了表现三者亲近程度之外，还体现出说话人认为自己的社会地位要低于太郎这一主观判断。这种主观性并非通过语码直接表现出来，而是通过一种"言外之力"来体现，需要听话人进行推理分析后才能获得。我们认为这种包含"言外之力"的表达是具有语义模糊性的，但这种语义模糊却不需要听话人为得到正确的分析推理结果而做出更多的努力，属于下文提到的规约性间接言语行为。这种"言外之力"包含了说话人的主观因素，且该主观因素具有绝对效力，即听话人即便对于说话人的主观判断有异议，但在该交际活动语境下，也会完全采信听话人的主观判断。听话人心中即便认为说话人同花子关系更加亲近，但说话人采用了表现自己与花子关系较远的表达方式，那么，此时听话人也会接受说话人对于自己、花子和太郎三者的关系判断，至少是暂时的认为说话人相比花子而言，同太郎的关系更加亲近且太郎的社会地位更高。

2. 语气

　　日语中对语气的定义无论是日本学界还是国内日语学界至今尚无定论。日语中语气是英语"modality"一词的音译，所以最开始对语气研究仅限于类似英语中 can、must、may 等表示说话人态度的情态动词。由于日语的特殊性，现代日语研究中对日语语气的研究范畴明显大于英语的语气词研究范畴，除了一般的情态表达以外还包括几乎所有能够体现说话人情感的表达。森山（2000）等将句子分为命题部分与语气部分，并将语气部分解释为叙事、表达的方式方法。这与分析哲学早期提倡将逻辑与命题分开是内在统一的。森山等（2000）指出「文は二つの要素に分けること

ができる。一つは、述べる内容として文の中核を構成する事態（言表事態）である。これは『こと』あるいは命題（proposition）とも呼ばれる。もう一つは、『述べ方』『発話様式』を表す部分である。これはモダリティ（modality）と呼ばれる」［句子可分为两个要素，一个是由叙述内容构成核心的事件（言表事件），也被称为命题；另一个是表现"叙述方式""说话模式"的，这部分被称作语气］①。对于语气的分类，仁田（1991）、益冈（1991）、庵（2001）将语气分为对命题的语气和对听话人的语气。对命题的语气指的是说话人通过语气表达自己对命题内容的主观看法；对听话人语气指的是说话人想要向听话人表达自己的态度或立场。以上两种分类均包含说话人主观判断，即具有主观性。主观性的特点必然导致语句带有或多或少的语义模糊性。

（42）そう。また、はじめたらしいの。けれども、それのなおらないうちは、帰還もゆるされない<u>だろう</u>から、きっとなおして来る<u>だろう</u>と、そのお方も言っていらしたそうです。

（嗯，好像又开始了。但如果治不好是不能退伍回来的，所以应该是治好后才会回来吧。那人这样说道。

（太宰治　『斜陽』）

例（42）中「だろう」接在说话人不能确定的内容之后，表

---

① 森山卓郎　仁田義雄　工藤浩. モダリティー［M］. 東京: 岩波書店, 2000. 第 4 页

示说话人是出于对「だろう」前面内容的推测做出该表述的，从而使表达变得委婉、富有弹性，保证交际活动更加顺利的进行下去。「だろう」的用法是基于说话人通过自己主观的判断或推理从而得出语句真值具有不确定性这一主观认识。因此，可以说表示推测的「だろう」表达说话者的主观认识，即对命题的语气。奥田靖雄（1984）将例（42）中「だろう」的用法称为单纯推测。「だろう」本身的存在意义就是对语句命题进行模糊化，使其从一个清晰的语义表达变为具有模糊性的语义表达。

（43）もちろん室内に移すわよ。だってあなた、春になったら凍りついた鳥を雪の下から掘り返して解凍していきはえらせて「はい、みんな。ごはんよ」なんていうわけにもいかない<u>でしょ</u>う？

（当然要移进室内了。因为你总不能等到了春天将冻了的小鸟从雪里挖出来，然后说大家来吃饭吧。）

（村上春樹　『ノルウェイの森』）

例（43）中的「だろう」除了表示语句中的命题是说话人主观推测得出的以外还带有明显的互动指向性。说话人希望听话人对语句中命题给予肯定的回应，同时将话语权由说话人处转移至听话人处，积极地要求听话人参与到该交际活动中来。也就是说，语气产生的语义模糊性除了能使语言富有弹性，使言语实践活动更加顺畅之外，还对交际活动中参与者之间开展互动具有积极的促进作用。

（二）行为性

奥斯汀从行为的角度提出的"言语行为理论"指出说话其实是在实施某种行为，该行为通过语言的言外之力实施。并将言语行为划分为裁决型（判定宣告型）、行使型（権限行使型）、承诺型（行為拘束型）、行为型（態度表明型）、阐释型（言明解説型）。美国哲学家塞尔在此基础上对言语行为理论进行补充与完善，将言语行为分为断言行为（演述行为）、指令行为（指令行為）、承诺行为（話者拘束行為）、表态行为（表出行為）及宣告行为（宣言行為）。塞尔又将言语行为分为直接行为与间接行为，间接行为又被分成规约性间接言语行为与非规约性间接言语行为。李奇楠（2006）指出日语是间接言语行为非常发达的语言，对于间接言语行为的研究具有重要的价值。

（44）窓を開けてくださいますか。

　　　窓を開けてくださいませんか。

　　　窓を開けていただきたい。

　　　窓を開けていただけませんか。

　　　窓を開けていただければありがたい（のですが）。

　　　（请把窗打开。）

（李奇楠　2006）

以上表达均表示要求听话人将窗打开，其语义中并不存在表示请求的表达，故这些表达属于间接言语行为，说话人通过言外

之力实施了表示请求的行为。由于日语中以疑问的方式表达请求的意义这一点已经成为规约性行为，以上句子均应属于间接言语行为中的规约性间接言语行为。「疑問文によって相手の都合を聞き、間接的にお願いをすることができる。自分が利益を受けるという関係を明確し、相手の意向をなるべく丁寧に尋ねることで、いわば相手を断りやすくし、命令の強制力を減殺することで丁寧な待遇的意味を持った依頼文を構成する。」（可通过疑问句询问对方情况，间接提出要求，尽可能礼貌地表明自己获利之事实并询问对方意见。让对方较容易拒绝，减弱话语中的强制力，使疑问句成为具有礼貌意义的指令行为。）① 规约性间接言语行为的特点是：它们在语句结构上有一定的格式化特征，一般情况下按照习惯可以很容易地推断句子的言外之意。② 一个语句如果在言语层面上被认定具有言外之力就可以认为其具有语义模糊性。对具有语义模糊性语句进行的理解需要听话人付出推理努力进行推理分析从而得出说话人正确的意思表示。对于规约性间接言语行为，听话人可以按照习惯很容易地推断出句子的言外之意，规约性间接言语行为对语境的依赖性较小，在形式上较接近语码模式。从语言动态发展的角度，规约性间接言语行为是语言由明示—推理模式向语码模式发展过程中的一种中间形态。

从语义模糊性角度看，同规约性间接言语行为相对的非规约

---

① 森山卓郎　仁田義雄　工藤浩. モダリティー［M］. 東京：岩波書店，2000. 第 76 页
② 翟东娜等. 日语语言学　日语语用学研究［C］. 北京：高等教育出版社，2006. 第 294 页

性间接言语行为由于其无规律可循、没有约定俗成性、对于其正确理解需要结合具体语境进行相对复杂的分析推理才能得出这几个特点可以看出，理解非规约性间接言语行为较理解规约性间接言语行为需要听话人付出更多推理努力。规约性言语行为虽表现了语言的"言外之力"，但这种"言外之力"已经基本成为该句构式意义的一部分，不管是否考虑语境等其他因素，无论是在语言层面还是在言语层面都可较为容易地得出其所蕴涵的"言外之力"，即在语言层面和言语层面均可认为其具有语义模糊性；非规约性间接言语行为中使用的表达方式并不一定能通过语义分析得出其"言外之力"或认为其具有"言外之力"，这种"言外之力"只能由听话人结合具体语境，通过推理分析才能够获得，即在语言层面未必得出其具有语义模糊性的结果，但在言语层面通过其他因素可推理得出其具有语义模糊性的结论。如前文提到的例（28）：

(28) すると狸はあなたはきょうは宿直ではなかったですか
　　 ねえとまじめくさって聞いた。（于是"狸"故作认真
　　 地问我今天不是应该值夜班么。）

（夏目漱石　『坊ちゃん』）

文中的「きょうは宿直ではなかったですかねえ」这一表达，从语言层面看，具有的语义模糊性仅限于对事实的推测，属规约性间接言语行为。当这句话在夏目漱石的小说中出现时，由于读者已经对句中涉及的人物及其关系有了一定的认知，所以结

合具体语境通过对这一表达进行分析推理可以得出其具有言外之力的结果。文中主人公对于校长的印象并不好，在心里给校长起了"狸"的绰号。主人公在本应轮到其值宿的夜里偷偷溜出去洗温泉，并在回来途中遇到校长。校长明知是主人公值宿，在之前还向主人公说过"你辛苦了"。所以此时对其发问「きょうは宿直ではなかったですかねえ」明显想表达的不是字面的意思，而是该句的"言外之力"，即"今天是你值宿怎么还不好好呆在学校里"。这句话在语言层面并未体现出是说话人实施的非规约性间接言语行为，但在言语层面对其语义进行分析，得出其在交际活动中发挥作用的其实是其表征的言外之力。这体现了语义的动态性特征，即从静态角度对其进行的研究，则研究结果具有相对性，即每一次对于语言的运用均有其特殊性，语言意义的研究在进行静态研究的基础上进行动态研究是必须的。同时，从语义模糊性角度看，语义模糊性与清晰性，或者说与非模糊性可以互相转化，不存在永远模糊的语言表达，也不存在永远精确的语言表达。

（三）连贯性

连贯性是语篇最重要的特征之一，它常常被解释为语篇各组成部分在意义或功能上的连接关系。在有些情况下，语篇的连贯关系通过语言明确表示出来，但在另一些情况下，语篇的连贯性则表现得不那么明显，这就需要语言使用者运用言语信息或认知推理来推导出语篇中隐含的连贯关系。许多学者认为连贯性与相关性之间存在着密不可分的关系。① 会话语篇连贯主要是通过将会话语篇中的句子或语段在语篇内部进行衔接而实现的，虽然衔接既不是连贯的必要条件也不是连贯的充分条件，但衔接对于语篇连贯的重要性是众所周知的。

孟建钢（2001）在研究语篇连贯与衔接的基础上指出会话语篇连贯主要涉及会话双方的语言心理活动及其交互作用以及文本外的知识等。对于一段自然而非有意杜撰的话语来说，这种连贯是听话人的理解造成的，因此，它是听话人理解话语的一种假设。② 语篇的连贯在某种程度上体现为听话人主观性对于语篇的影响。同时，孟建钢（2001）还提出可以从交际活动关联性的角度来解释语篇连贯的问题。关联性是在交际活动中客观存在的一种特性，是保证交际活动能够完成的必备前提条件之一。关联性不受说话人或听话人的意志影响，早就存在于双方的认知范畴中。对关联性不存在遵守与否的问题，因为只要交际活动能够进行，那么就可以说交际活动中的语句之间具有关联性，说话人与听话人正是基于这一点才能够完成言语实践。"关联理论"包括两个原则，一是认知原则，人类倾向于与最大关联性相吻合；二是交际原则，每一个明示的交际行为都应设想为其本身具有最佳关联性。"关联理论"使大家认识到关联性是人类系统中的一个客观存在，这对之前的语篇连贯与衔接的研究是一个颠覆。"关联理论"开创了一个研究新思路，从过去的研究语篇之间如何被

---

① 苗兴伟. 关联理论对语篇连贯性的解释力 [J]. 外语教学与研究，1999 (3). 第 9 页
② 孟建钢. 关联性与会话语篇连贯研究 [J]. 外语学刊，2001 (2). 第 54 页

衔接起来变为在承认言语实践活动具有客观关联性存在的基础上研究言语活动中人的问题，即将衔接等认定为客观特性，从而将研究重点从研究其连贯的形式转移到听话人对于关联性的识解。同时，斯波伯与威尔逊对交际活动中的语码模式与推理模式也进行了考察，认为交际既可以通过编码信息和解码信息来实现，又可以通过为有意图地推理提供证据来实现。语码模式和明示—推理模式无论哪一种都可适用于不同的交际方式，这样，把两种模式中的任何一个拔高到普遍性交际理论的地位都是欠妥的。因此，语码模式和明示—推理模式都受制于这种"适用于所有形式"的普遍性的限制，可是这两者中无论哪一个都太宽泛，以至于不能单独建构成一个交际理论。① 从语义的角度看，语义清晰的语句可以直接进行语码的解码得出其意义，而对语义模糊的语句需要进行分析推理才能得出正确的答案，即通过上下文及语境对说话人语句中"言外之力"进行追踪最终获得准确的意义。正如上面提到的"语义模糊性与清晰性，或者说与非模糊性可以互相转化，即不存在永远模糊的语言表达也不存在永远精确的语言表达"。有些在语义层面是非模糊的表达，在具体的语言环境中可能带有一定的"言外之力"，而在语言层面具有模糊性的表达，通过具体的语言环境会将语义中的模糊性消除，从而在言语实践活动中为听话人提供准确的意义。关联理论主要是针对言语实践活动中的明示—推理模式进行研究，关联理论是在承认语句之间

① Sperber, D& D. Wilson. Relevance: Communication and Cognition〔M〕. Oxford: Blackwell, 1986/1995. 第 3 页

存在关联性的基础上对言语实践活动中具有语义模糊性的表达进行的研究。日语言语实践活动中出现具有语义模糊性表达的情况非常多，故关联性问题的研究在日语领域中也是极为重要的。通过对日语言语实践活动中关联性问题进行研究可以更好的了解日本人交际中的思维方式与认知方式。

在语篇连贯与衔接的研究中，指示词一直是被关注的重点，在关联性问题的研究中，指示词也同样具有不可忽视的地位。指示词是用来指代前文曾经出现过或是交际双方均已明知的内容，但是由于个体差异性以及语言本体的模糊性的存在导致在交际过程中对指示词的理解产生误差从而出现语义模糊。指示词的特点是不能够脱离具体的语境，我们可以将指示词理解成具有寄生特性的语言成分，指示代词的存在不能脱离其指代内容，如果指示词在文中无所指，就会导致听话人在理解上造成逻辑混乱，那么其存在就无意义。指示代词所指代的内容需要听话人进行推理从而得出，其指代内容的不确定性是产生语义模糊的根源之一。从某种程度上可以说在语言层面研究中指示词全部是模糊的，或者说是无法单独进行研究的，指示词只能在具体的语境进行研究。

（45）くし型に切られたオレンジが鮮やかな汁をしたたらせ、ガラスのお皿に盛ってある。私が<u>それ</u>を食べているあいだに、睦月は部屋の温度が一定になるようにエアコンをセットし、一日のBGMを選んでくれるのだ。

（切成块的橙子挂着新鲜的汁水放在玻璃盘上。在我吃它们的时候，睦月调好空调的温度，选好了今天的背景

　　音乐。）

（46）くし型に切られたオレンジが鮮やかな汁をしたたらせ、
　　　ガラスのお皿に盛ってある。私が<u>それ</u>を割ってしまった
　　　のは、私の落ち着きの無さがなせるわざかもしれない。
　　　（切成块的橙子挂着新鲜的汁水放在玻璃盘上。我把它
　　　们摔碎可能是为了使我兴奋起来。）

（鲸井　2011）

　　上面两个例句中的「それ」前面的内容完全一样，但由于
「それ」后面接续的动词不同使得「それ」所指代的内容也不同。
(45) 中「それ」指代的是「くし型に切られたオレンジ」，（46)
中「それ」指代的是「ガラスのお皿」（玻璃盘）。指示代词存在
的基础就是需要有与之相对应、符合认知规律与一般逻辑的、信
息量足够的语境。如果不考虑前句所提供的信息，那么例（46）
中「それ」所指代的内容就是模糊的，这种模糊性要求我们在理
解「それ」所指代的内容时必须要在上下文中寻找相关的语境信
息。联系上下文理解「それ」指代内容的过程其实就是将上下文
联接起来的过程，就是实现语篇连贯的过程。在语篇中，我们可
以发现许多衔接机制，如所指、替代、省略、连接、相邻配对
等。如果这些隐性衔接机制可以视为这个语篇的衔接机制，我们
就可以在解释任何语篇的衔接机制时，用衔接与语域两个条件来
衡量。这样，我们就必须扩大衔接的涵盖范围，增加外指衔接机
制，即到情景语境和文化语境中去寻找其所指向的衔接机制和隐
性衔接机制。……但有的隐性信息不是通过情景语境可以得到

的，而是要借助与讲话者和听话者共知的信息和共享的文化背景信息。隐性信息具有作用是因为这些信息是可以通过所进行的交际活动的性质、讲话者和听话者的关系、身份和背景等推测出来，从而使语篇连贯。① 这里所说的隐性信息大多数情况下是同语义模糊表现内在统一的。所以，语篇中的连贯与衔接存在的基础是为了语篇连贯与衔接提供推理的基础和可能。语义模糊的存在使人在理解语句的正确意义时，促成其他语句与该语句的联系，从而实现语篇的连贯。

第三节   语言与言语层面语义模糊性

语言学中语义的模糊与精确就像是是物理学中的"力"一样，在实际运用中并不存在教科书上不考虑空气阻力和其他外力影响——所谓的理想状态。模糊与精确的判别同样需要事先将具体外部环境加以规定才能更好的对对象语言进行深入考察。

一、语言与言语层面的差异性

（一）层级差异

所谓层级性指的是语言层面的语义模糊与言语层面的语义模

---

① 张德禄. 论语篇连贯 [J]. 外语教学与研究，2000 (2). 第 106 页

糊存在于不同层面，且语义模糊性问题由于存身之所的不同，二者本身具有层级上的差异。从言语层面看，语言的存在究其本质是为了传递意义从而达到交流的目的。由于语言本身的特点以及语言使用者个体的差异使得语言在传递的过程中会出现意义表达模糊的现象。有些模糊是说话人为了增加语用效果故意为之，有些则是无心之举。说话人无意为之的模糊现象有时会对言语实践活动产生影响。语言层面研究的主要内容是句子或语篇的内部结构以及意义，较少考虑说话人或听话人的因素，对于语用效果自然更不关心。言语层面研究相对于语言层面研究而言，对于句子等语篇组成单位内部构造的研究并不多，主要将句子或语段整体作为研究对象，研究其在言语实践活动中所传达的意义以及对交际者双方和语篇整体产生的具体影响。在语言层面对语义模糊的判断标准为是否具有第二种意义解释，如果有就可以认定其是具有语义模糊性的表达。这种判断标准其实具有一定主观性，即谁来判断，又如何判断。对于同样一个句子，不同的人会对其从不同角度进行解读从而得到不同的答案，这本身受到读解人自身认知语境的影响。大多数情况下，同一语言的使用者还是能够得到相对一致的答案，这一点保证了语言层面语义模糊性判断的相对一致性。这种一致性保证了将是否具有第二种意义解释作为语言层面语义模糊性的判断标准得以成立。

　　反观言语层面的语义模糊性的判断标准。在确定言语层面语义模糊性的判断标准之前，应先分清语言层面语义模糊性、言语层面语义模糊性与语用模糊三者之间的差别。言语层面语义模糊性的判断标准是该表达是否具有"言外之力"。言语层面的语义模糊性指的是在考虑说话人、听话人、语言发生环境等因素的前提下，说话人表达的内容在听话人的认知语境中是否需要通过推理才能得到说话人真正意想表达的意图。准确地说，在言语层面表现出的语义模糊性才是语用模糊的基础。如果将语言层面表现出的语义模糊性置入语用学范畴，将其与言语层面的诸多因素一并考虑，在语言层面表现出的语义模糊性可能在言语层面不能得以体现。言语层面表现出的语义模糊性能否转化为语用模糊需要语用效果来检验。语用模糊是说话人的主观意志体现在言语实践活动中的结果，也就是说，语用模糊是具有明显的说话人主观性的，并且实现了或者部分实现了说话人所预期的语用效果。前文在辨析语义模糊性与语用模糊时指出语义模糊性是语用模糊的基础。现在将语义模糊性分为语言层面的语义模糊性与言语层面的语义模糊性，那么可以说语言层面的语义模糊性向语用模糊转化的过程中首先需要成功地在言语层面表现出模糊性才能最终达到说话人意想的语用效果，进而实现语用模糊，它们的关系可表现为：语言层面的语义模糊性—言语层面的语义模糊性—语用模糊。语言层面的语义模糊性不能直接转化为语用模糊，这就表明说话人如果意想利用语义模糊性表达某些意图，那么必须在考虑语言层面的语义模糊性的同时考虑语用因素对于语义模糊性的影响。需要注意的是，在语言层面具有语义模糊性的内容在言语层面有可能失去该模糊性，同样在言语层面的具有语义模糊性的内容在语言层面也未必具有模糊性。

（二）对象性差异

语言层面与言语层面语义模糊性研究的对象从根本上来说是具有差异性的。语义学研究的是语句或语篇的内部结构，而语用学研究的对象是以语句或语篇为基本单位的。例如：

（16）誠は目をそらし、コーヒーカップを口元に運んだ。篠塚の笑顔が、何となく眩しかった。

＜中略＞

昨夜、家に帰ってから篠塚に電話したのだった。<u>電話では話しにくい相談事があるといったから</u>、篠塚も心配したのだろう。

（诚把视线转开，喝了一口咖啡。筱冢的笑容很灿烂。昨夜回到家后给筱冢打了电话。因为说是想谈在电话里不方便说的事情，所以筱冢想必也很担心吧。）

（東野圭吾 『白夜行』）

从语言层面分析，后句的主语由于被省略使得该句子的结构变得不完整，从而使听话人对语义的理解产生了困难，即动作主体难以通过该句子的字面意义获得。对于该动作主体的分析需要通过语篇连贯的特性来解决。语篇是内在连贯的，所以我们可以在语篇内寻找其他线索对打电话的动作主体进行推理分析。通过其他相关语境信息的收集整理后，我们可以得出打电话的动作主体是「誠」。从语言层面分析，由于缺少上下文语境信息，会发现这句话中打电话的动作主体模糊不清。如果将这段话置于言语层面进行分析则着眼点有所不同。后句虽然具有语义模糊性，但关联理论认为，对于话语理解的重要前提便是事前认定该话语具有关联性，也就是连贯性。那么，对于这一动作的主体其实已经存在于听话人（读者）的认知语境之中这一点，几乎不需推理便可得出。这句话的研究重点并非复原其具体结构抑或是使其语义清晰化，而是考察说话人说出这句话的目的为何，简言之，说话人在说这句话时是否具有言外之力。如果具有言外之力，听话人是否正确理解其包含的言外之力才是言语层面的研究关键。

由此可见，即便是对同一语句的语义模糊性进行研究，在语言层面和在言语层面其重点和对象均不一致。语言层面将语言以及其意义作为研究对象，研究重点考察语言本身的特点；言语层面的研究对象是语言背后的使用者，研究重点是语义模糊性对语言使用者认知的影响。言语层面语义模糊的特点是不将语义模糊性表达本身作为研究重点，更希望通过言语层面语义模糊性问题的研究对人类的认知方式和认知心理进行深层次的考察。

（三）主观性差异

言语层面的语义模糊相对于语言层面的语义模糊具有较强的主观性，受到说话人与听话人的影响较大。如前文所述，在言语实践活动中说话人在发出交际内容时，语句的语义具有说话人主观性，该主观性是说话人在意想表达自己的信息意图而进行语言编码时所产生的，在说话人发出信息并且被听话人接收到之后，信息的主观性由说话人主观性变为听话人主观性。说话人发出语码后，该语码便脱离说话人的影响，其语义范畴受到听话人主观因素的影响。反观语言层面的语义模糊性问题中对主观性的分析基本是研究者通过语句结构来假设说话人的表达带有某些说话人意图表达的主观性，且其研究范畴仅限于意义层面。肖传国（2000）在语言层面对日语中动词、形容词的主观性表达进行了归纳总结，将表达主观性的主体与具体动作的主体分开，得出语言层面表达主观性的主体均是说话人，而具体动作的主体可以是说话人也可以是其他人。在这里对日语动词、形容词主观性的整理完全没在言语实践活动的场景下进行，即纯粹从语言层面出发对日语动词、形容词的主观性进行考察。这种考察由于缺少对说话人与听话人以及当时具体语境的考虑，所以对于语义的理解也是不充分的。

（47）お金が盗まれた。（钱被偷了。）

（48）（貧乏な娘）大切なお金が泥棒に盗まれた。
　　　（对贫穷的女儿极其重要的钱被小偷偷走了。）

（肖传国　2000）

从语言层面对两个句子的语义进行分析会发现两个句子均带有语义模糊性。例（47）中的「お金」具体是什么是模糊的。例（47）中的「大切な」更是一个语义模糊的词汇。肖传国（2000）认为例（35）是客观描述"钱被偷了"这一事实；而例（48）在表示"钱被偷了"的基础上，句子还具有主观性且具有深层含义。在表示"（对于贫困的女孩）极其其重要的钱被小偷偷了"
的同时，说话人将自己的主观性加入到该句子中，说话人觉得该
句子的主体受到损失，小女孩可能处于无法生存下去的境地。对
于例（48）的主观性分析是对这个句子语义模糊性的分析，即听
话人（读者）推测说话人（作者）真正想要表达的客观事实是小
女孩无法生存还是小女孩无法买到她心仪已久的东西抑或是其他
什么情况，这一点是比较模糊的。此时，说话人想要描写的事实
取决于「大切」（重要、珍贵）。「大切」（重要、珍贵）的程度越
深，则小女孩的处境就越悲惨。

　　如果给例（48）设定一个具体语境，将其放入言语层面进行
研究，其研究的方向以及重点便又有不同。假如平时跟该句子的
主体关系较为亲近的说话人正满脸悲切的讲述这件事，那么此时
说话人说例（48）这句话除了描述一个客观事实，并且该事实可
能会给该主体生活带来更多困难之外，还包含超出语义范畴的意
图表示，那就是说话人对"贫困的女孩"的遭遇表示同情或者希
望听话人对其提供帮助等。这种表现自己心情的行为是隐含在例
（48）的语义之中，需要听话人结合其他影响语义的诸多因素并
通过推理才能够得到。如果听话人回应「それは大変ですね」
（那太惨了），则表示听话人通过推理得出说话人隐含在例（48）
的意图为对"贫穷的女孩"表示同情，并且听话人对说话人的意
图表示赞同。在听话人向说话人回复「それは大変ですね」（那
太惨了）时，听话人也将自己的判断，即听话人的主观性植入该
交际活动中。如果听话人的回应是「じゃあ、何かできることは
ありますか」（那有什么是我能做的么），则此时听话人将说话人

的意图理解为希望听话人为"贫穷的女孩"提供帮助,且听话人也愿意为其提供帮助。听话人以上的两种理解从逻辑上看都是符合一般交际规律的。由于听话人和说话人存在必然的个体差异,该差异导致二人的认知世界不可能完全相同。听话人对于说话人表达的理解并不一定能保证是说话人的真实意图。所以,听话人对说话人意图的理解不可避免的带有主观性。

两个例子相比较,例(48)带有主观性,且其言外之力是通过「大切な」一词表现的。「大切」译为"重要的、珍贵的",其本身便是一个使语义变得模糊的限制语。「大切」具有的语义模糊性使得例(48)整个句子带有语义模糊性。听话人对「大切」本身语义模糊性的理解影响了听话人对说话人意图的理解准确性。可见,有模糊限制语存在的语句中,模糊限制语的理解对于交际活动能够产生重要影响。对模糊限制语的理解直接影响对语句语义的理解,语义模糊性给予听话人更大的推理空间供听话人寻找自己认为最合理的解释。同时,语义模糊也为言语实践活动提供了更大的包容性,允许听话人的理解在一定范围内稍微偏离说话人的原意,保证了言语实践活动的流畅性与成功率。所以,言语实践活动中交际参与者(听话人与说话人)对语义模糊性的理解直接影响双方的交际质量与交际效率。

二、 语言与言语层面的关联性

在语义模糊性研究的过程中发现,虽然语言层面与言语层面语义模糊性的存在形式各不相同,却总能在某些方面找到两者之间的相互联系。从历时的角度看，整个语言系统发生着缓慢变化。语言系统中的各个成分均在发生变化，具有变异性。语义模糊性研究中的变异性指的是语言层面的语义模糊性同言语层面的语义模糊性并不具有对应性，语言层面具有语义模糊性的表达在言语层面其语义模糊性可能会消失；语言层面不具有语义模糊性的内容在言语层面也可能由于其他诸多语用因素的影响从而产生语义模糊性。同一表达在语言层面与言语层面所表现出的语义可能由模糊性向非模糊性变异也可能由非模糊性向模糊性变异。语言层面的语义模糊与言语层面的语义模糊是不能被割裂开来的，它们是一个连续统。因此对语义模糊性问题的研究应该兼顾语言层面与言语层面。在兼顾二者的同时清楚地掌握二者之间的形成过程与存在方式也是极为必要的。

　　言语实践活动中说话人在组织语言之前首先要对听话人的认知环境与认知能力进行评估，从而决定自己要给出语言表达的复杂程度。说话人语言表达的复杂程度的外在体现方式就是语义模糊性的程度，说话人自认为没有语义模糊性的表示等同于关联理论中所说的语码模式，不需要听话人付出努力进行推理便可知说话人的信息意图。对说话人有意识地使用带有语义模糊性表达进行推理的难度与语义模糊性的高低程度成正比。说话人的表达中含有的语义模糊性程度越高，听话人需要付出的推理努力就越多，相反说话人的表达中含有的语义模糊性程度越低，听话人需要付出的推理努力就越低。听话人从语言层面选取的语料是经过说话人主观认知语境处理过的，也就是带有说话人主观性的表达。该语料从进入听话人的认知语境开始，便带有说话人的主观性，我们说该语料便脱离语言层面进入了言语层面。带有说话人主观性的语料与说话人的主体认识之间存在以下几种关系：第一，语言层面不具有语义模糊性语料经听话人加工后具有言语层面的语义模糊性；第二，语言层面不具有语义模糊的语料经听话人处理后仍然不具有言语层面的语义模糊性；第三，语言层面具有语义模糊性的语料经听话人处理后仍具有言语层面的语义模糊性；第四，在语言层面具有语义模糊性的语料经听话人处理后不具有言语层面的语义模糊性。以上四种关系均是从说话人角度出发，且不考虑说话人无意识的语用失误。第一项与第四项的情况属于前文提到的语言层面的语义模糊与言语层面的语义模糊存在互相转化的现象。第二项与第三项属于虽然经过说话人的主观性处理但对于语料的语义模糊性并未产生影响，只可能对语义模糊的程度产生影响。

　　语料经过说话人的主观加工后通过不同形式传递至听话人处。听话人在接收到说话人发出的信息后，首先会对该信息内容做出预测。石黑（2008）认为听话人对于说话人信息内容的预测是正确理解说话人信息内容的必要条件：「理解主体の心内で起こる予測という活動は、文章を理解する過程において欠かすことができない。もし理解主体に予測能力がなければ、理解主体、とりわけ母語話者が、あれほど短時間で正確に文章を理解することはできないと考えられるからである。」(听话人内心中发生的预测行为在文章理解过程中也是不可缺少的。如果听话人没有预测的能力，听话人特别是母语者，难以在短时间内正确理解文

章。)① 听话人对信息内容的预测与理解均会顾及说话人主观性。听话人一般会按照自己的预测，将接收到的内容置入自己认知语境中进行分析。听话人的认知语境是一个与说话人认知语境很相似的语义系统。听话人将信息内容分解至语码模式后，在自己的认知语境，也就是语言层面进行解读，然后结合获得的其他语用因素给出相应的反映，即语用效果。听话人判断接收到的信息内容是否带有语义模糊性这一点已经脱离说话人的掌控范畴。听话人对信息内容进行预测时会考虑说话人因素，但是听话人考虑的内容与说话人意想表达的内容是否一致仍不确定，如果说听话人能够正确理解或部分理解说话人意想表达的信息意图，那么在此话轮中该语句便具说话人主观性与听话人主观性，即主体间性；如果听话人完全错误地理解了说话人的信息意图，即将说话人故意使用的具有语义模糊性的表达理解为不具有语义模糊性或是将说话人故意未使用的具有语义模糊性的表达理解为具有语义模糊性，则此时在此话轮中该语句便不再具有说话人的主观性而只具有听话人主观性。前文所说的四种情况均带有说话人的主观意识，经过听话人理解后，上述四项中的说话人主观性均有可能被消除。以上四种情况从听话人角度推理后又可以分为具有语义模糊性和不具有语义模糊性两种，只要听话人推理得出的结果与说话人所希望得到的不一致，那么此时话语中的说话人意识便被抹去。言语实践活动的评价标准是说话人意想得到的语用效果是否

① 石黒圭. 日本語に文章理解過程における予測の型と機能 [M]. 東京：ひつじ書房，2008. 第 3 页

实现，该语用效果能否实现的关键之一是听话人能否正确判断信息内容是否具有语义模糊性，除此以外，另一关键是听话人能否正确推理得出说话人意想表达的意图。如果听话人认为说话人的信息不具有语义模糊性，那么该内容进入听话人的语码系统进行解码，如果听话人认为说话人的信息具有语义模糊性，那么该内容刺激听话人的认知语境进行推理分析，将说话人的信息内容转化为听话人认知语境中的语码，并最终在听话人的认知语境中进行语码解码。

可见，语义模糊性问题在言语实践中的作用十分重要。交际双方对于语义模糊性的认知正确与否直接关系着交际能否成功。在言语实践活动中，绝对的语言层面的语义模糊性是不存在的，在说话人开始使用语言时，便不可避免地带有说话人主观性色彩。这便是维特根斯坦所说的不可能在完全"真空"的环境中对语言进行研究。本书所说的语言层面的语义模糊性是相对于言语层面而言，较少的考虑说话人因素，并假设说话人的认知语境与使用语言的一般意义绝大部分一致。那么，说话人在选择语码的时候我们可以将其理解为说话人在语言层面组织语码，而后经过自我加工使其具有说话人的主观性并将其带入言语层面。从语言本身的角度看，一个语词或语句在说话人使用之前的语义是语言层面的。在说话人使用时，该语词或语句经说话人加工便带有了说话人的主观性色彩，而在说话人使用之后，该语词或语句被听话人获得并予以理解，经听话人加工后的语词或语句又增加了听话人的主观性色彩。在说话人选取、向听话人传递、听话人获得并理解的过程中，同一语词或语句的语义在不断地发生着变化，该变化可能是语义模糊程度上的，也可能是在具有语义模糊性与不具有语义模糊性之间发生。所以，言语层面的语义是基于语言层面语义经过交际活动双方加工形成的，言语层面的语义模糊性也同样是语言活动交际双方在语言层面语义的基础上加工而来。同理，语言层面的语义不应该也不可能完全脱离言语层面因素的影响，语言层面的语义模糊性亦或多或少受到言语层面因素的影响。质言之，语言层面的语义模糊性与言语层面的语义模糊性不是相互断裂开来、相互对立的概念，而是呈一种连续统的状态存在，具有相互关联性。二者经常出现相互转化的现象，在研究其中一个层面的某对象时，应充分考虑该对象在另一个层面中的具体形态。

第四节　语义模糊性与言语层面语法化

语法化不仅仅在语言层面存在，在言语层面也同样存在。语言层面语法化被认为是语义范畴重新进行范畴化后的结果，而言语层面发生的语法化现象与语言层面的语法化有所不同。言语层面的语法化与言语层面语义模糊的关系以及相对于语言层面语法化的差异性是本节的研究重点。

一、言语层面语法化的特点

与语言层面的语法化现象不同，言语层面的语法化问题主要集中在语言活动中所表现出的不同于其一般意义的特殊意义。言语层面语法化可理解为"语用因素规约化后向语法因素过渡以及词序在实际使用中被凝固化，从而表达某一具体语法功能等转变过程"①。对于普通意义上的语法化现象，一色（2011）认为「文法化（grammaticalization）」とは、簡潔にいうと内容語から機能語への変化であり、統語的自立性の喪失や意味の抽象化を伴う現象である」（所谓的语法化，简言之，是有具有指称内容的语词变为功能语词，并伴有丧失独立性、意义抽象化等现象）②。语法化是语词或是语句独立性丧失且语义范畴抽象化后的结果。一色（2011）对于普通意义语法化的定义更多是在功能上对其进行解释，Heine（1991）、Hopper&Traugott（1993）将语法化的特点总结为：

文法化の特徴〔Heine（1991）、Hopper&Traugott（1993）〕

a. 具体的意味から抽象的意味へ変化する。（具体意义向抽象意义转变。）

b. 語彙的内容から文法的内容へ変化する。（语词内容向语法内容转变。）

c. 客観的意味から主観的意味へ変化する。（客观意义向主观意义转变。）

---

① 王建伟　苗兴伟. 语法化现象的认知语用解释 ［J］. 外语研究，2001（2）. 第32页
② 一色舞子. 日本語の補助動詞「―てしまう」の文法化　主観化、間主観化を中心に ［J］. 日本研究，2011（15）. 第202页

　　d. 命題の意味から談話の意味へ変化する。（命题意义向话语意义转变。）

（大村　2014）

　　Heine（1991）、Hopper&Traugott（1993）对语法化问题特点的概括既包括语言层面的语法化也包括言语层面的语法化。a项与b项主要是对语言层面的语法化特点的描写，c项与d项则是对言语层面语法化问题的总结。在前文对语言层面语法化问题的考察中得出，语言层面的语法化问题是语义范畴的重新范畴化，重新范畴化（语法化）后的语义范畴较之前的语义范畴更加抽象，且新范畴承担了更多的语法功能，这与Heine（1991）、Hopper&Traugott（1993）总结的a、b两项是一致的。言语层面的语法化是在语言实际运用中得到的。语言层面的语法化与言语层面的语法化是一个连续统，并非相互割裂。言语层面的语法化特点中由客观意义向主观意义转化这一点也正是言语层面语义模糊的重要特点，所以，可以认为言语层面的语法化问题同语言层面的语法化问题一样，在进行语法化的过程中语义模糊性对其起到了至关重要的作用。

　　大村（2014）在Heine（1991）、Hopper&Traugott（1993）对语法化特点进行总结的基础上将语言活动分为两个层面，一是对客观事件的描写，另一层面是说话人内心认识的主观表达。大村（2014）指出:「発話は大きく2つの領域に分けることができ、一方は事態を描写する客観的領域であり、残る一方は、話し手の心的態度を担う主観的領域である。」（话语大体可分2个方面，一个是对事件的客观描写，另一个是说话人内心认识的主观方面。)① 这两个层面从语用学的角度分析就是将语言活动分为 a. 命题；b. 说话人态度。说话人态度包括说话人对命题的态度以及说话人自身的态度。大村（2014）将说话人对命题的态度以及说话人自身的态度这一部分等同于日语中的语气（モダリティ），即具有说话人主观性认识的部分，他认为「発話の意味構造が階層を成しており、中心に〈命題〉が、その外側に〈命題〉を作用域とする〈命題態度〉が、その外側にこれらを作用域とするく発話態度〉がある。〈命題〉は、言語表現によって記述される事態描寫であり、文意味の客観的領域を形成する。〈命題態度〉と〈発話態度〉は、話し手の心的態度を擔う主観的領域を形成する。……この主観的領域をモダリティと呼ぶことにする。モダリティの定義は発話時點における話し手の心的態度となる。」（话语由几个层次构成，命题为中心，其外侧是命题态度，再向外是话语态度。命题是与言语表达描写的客观事件形成的客观方面。话语态度形成说话人内心态度的主观方面。我们可以将这个主观方面称为语气。语气就是说话时说话人内心的态度。)② 同时，一色（2011）指出这种在语言活动中体现出的主观性并非固定在其语言层面的语义范畴之内，而是在具体的使用过程中由上下文或语境赋予，是有可能具有模糊性的语用意义。一色（2011）、大村（2014）将语法化的过程归纳为:「事態描寫に関わる機能（描写客观情况）」→「命題態度を表す機能（表达命题态度）」→「命題態度を修飾する機能（修饰命题态度）」→「発話伝達態度に関わる機能（传递语言活动主观性）」

事態描写に関わる機能（描写客观情况）

命題態度を表す機能（表达命题态度）

命題態度を修飾する機能（修饰命题态度）

発話伝達態度に関わる機能（传递语言活动主观性）

图（3）

可见,「事態描写に関わる機能（描写客观情况）」→「命題態度を表す機能（表达命题态度）」过程是通过说话人主观化实现的,而「命題態度を修飾する機能（修饰命题态度）」→「発話伝達態度に関わる機能（传递语言活动主观性）」过程则是通过其主体间性的特点实现的。

语言层面的语法化是语义范畴的再范畴化（重新范畴化）,言语层面的语法化则体现为语言在交际活动中指称的功能由客观向主观方向变化。在语言层面语法化中,一个表达需要经过范畴化、模糊化后才能最终完成语法化。在此过程中语义模糊性是语法化发生的必要条件，语义模糊性的存在使语义范畴的模糊化成为可能，语义范畴的模糊化多以比喻等方式出现，比喻用法的固定标志着语法化的完成。在言语层面，语法化主要通过追求体现说话人的主体性和交际活动参与者（说话人、听话人）的主体间性来实现，即语法化的目的是使语言在具体的语言活动中承担表现交际参与者主观性的功能。在交际活动中对于主观性的理解主要通过语用推理来完成。言语实践活动的两种理解模式——推理模式与语码模式，其中推理模式主要解决的是言语实践中具有语义模糊性的表达。从语言的历时性角度看，一个表达从描写客观事实发展至传递话语活动主观性必然经历语义范畴的变化，其变化规律也符合范畴化、模糊化、语法化的顺序。

二、 语义模糊与语法化的关系

金田一（1976）在对补助动词「てしまう」进行研究时指出，「てしまう」具有「終結態」（完成体）和「既現態」（进行体）两种。

(49) a. 太郎がカードを<u>配ってしまう</u>と、皆はそれを一斉に手に取った。

（太郎把卡片一发完，大家便一起拿起卡片。）

b. 太郎がカードを配ると、皆はそれを一斉に手に取った。

（太郎一发卡片，大家便一起拿起卡片。）

（一色　2011）

比较例（49）中 a 和 b 可以看出，例句 a 中附加补助动词「てしまう」后句子动作先后顺序为"分发"动作结束后才进行下面动作，即发卡片的动作结束后，大家才拿起卡片。例（42）b 句中由于缺少补助动词「てしまう」使得例句中"大家拿起卡片"这一动作是在"分发卡片"这一动作完成后进行还是在"分发"的过程中进行的这一点变得模糊不清。例（42）a 句中补助动词「てしまう」为表示"动作完成"的「終結態」（完成体）。

(50) a. （まさに書いているところを見て。）（看到正在写。）

　　　　「子供たちが茶の間の壁に落書きを書いてしまったよ。」

　　　　（小孩子在茶水间的墙上乱写了。）

　　 b. （書いた後の状態を見て。）（看到写后的状态。）

　　　　「子供たちが茶の間の壁に落書きを書いてしまったよ。」

　　　　（小孩子在茶水间的墙上乱写。）

（一色　2011）

例（50）中说话人描述"孩子在墙上涂鸦"这一客观事实时，动作主体（孩子）是正在进行该动作还是该动作已经完成，从语言层面是难以区分的，需要结合具体语言环境、充分考虑诸多语用因素后才能得出正确的结论。根据 a、b 两个具体语境中的语例说明补助动词「てしまう」既可能表示「終結態」（完成体）也可能表示「既現態」（进行体），在语言层面具有模糊性。相对于例（42），此处补助动词「てしまう」的语义范畴发生了扩大，在表示「終結態」（完成体）的基础上出现了表示「既現態」（进行体）的用法，在不考虑语境语用因素时出现语义模糊性。可以说，「てしまう」的语义范畴发生了模糊化。此时补助动词「てしまう」尚处于由「事態描写に関わる機能（描写客観情況）」向「命題態度を表す機能（表达命题态度）」过渡阶段。

（51）くよくよせずに楽しいことをやったほうがいいのかもしれない。壊れた恋は早く捨<u>てしまおう</u>。

（不要闷闷不乐，做些高兴的事情吧。把逝去的恋情干干脆脆的处理掉吧。）

（青山えりか『好きから始まる冬物語』）

（52）…自分ならではの将来予想（ストーリー）に基づいて投資を行うことが挙げられます。しかし、自分が発見したストーリーはすでに株に盛り込まれているという事実のほうは見落としがちで、結局割高な株を買<u>ってしまいます</u>。

（可以对自己将来的设想进行投资，却容易忽略自己发现的股票已经在价格最高点这一问题，结果买入价格虚高的股票。）

（山口揚平『日本人が知らなかった新しい株の本』）

例（51）中补助动词「てしまう」表示"痛痛快快、一口气完成"，一色（2011）将其解释为「動作主体が意志を持って行為を行って負担感などを一掃し、その結果、話し手が爽快感を感じること」（一扫因动作主体意志进行的行为带来的责任感，使听话人感受到说话人的爽快感）①，说话人向听话人建议尽早痛痛快快地处理掉逝去的感情，以摆脱闷闷不乐的状态。例（52）中补助动词「てしまう」表示对事件「遺憾（遗憾、对于事件无能为力）」等态度，对于例（52）一色（2011）的解释为「動作主体が意志を持って行為を行い、あるいはコントロール不可能な状況下で行為を行い、その結果話し手が残念な気持ちになること」（因动作主体意志进行的行为或不可掌控的情况下进行的行为，结果使说话人感到遗憾）②。说话人对"买入价格虚高的股票"这一情况缺乏控制力，从而表示遗憾与惋惜。以上两句中补助动词「てしまう」均为说话人意图向听话人传递其看法、态度等主观性内容的主观化表达。例（52）对于出现情况表示的"遗憾、无能为力"属于「命題態度を表す機能（表达命题态度）」，例（51）中说话人对听话人提出了建议属于「命題態度を修飾す

---

① 一色舞子. 日本語の補助動詞「一てしまう」の文法化　主観化、間主観化を中心に［J］. 日本研究，2011（15）. 第205页
② 同上

る機能（修飾命題態度）」。表示带有说话人主观性用法的出现标志着补助动词「てしまう」的语法化进程进入了由「事態描写に関わる機能（描写客观情况）」向「命題態度を表す機能（表达命题态度）」发展的阶段。

(53) 高かったから迷ったけど、結局思い切ってマンション買ってしまったよ。
（不在乎房价正处在高点，毅然购买了公寓/房价正处于高点却买了个公寓。）

（一色　2011）

例 (53) 中，补助动词「てしまう」在句中既可以解释为"不在乎房价正处在高点毅然购买了公寓"，表现动作主体在实施该行为时的状态，为「命題態度を表す機能（表达命题态度）」；还可以解释为"房价正处在高点，却一下子买了个公寓"，表现说话人对于"买公寓"这一行为无法控制从而觉得遗憾的态度，为「命題態度を修飾する機能（修饰命题态度）」。例 (53) 在语言层面具有语义模糊性，该语义模糊性反映在言语层面为听话人理解说话人主观性态度的不确定性，听话人在言语层面可提供线索不足时，难以正确理解说话人意图表达的主观性内容。补助动词「てしまう」的语义范畴在经历语法化后在语言层面实际发生了扩大，语言层面的语义范畴扩大在言语层面产生的影响使听话人需要付出推理努力才能理解说话人的真正意图，在言语层面出现的说话人主观化表达一般均会带有语义模糊性。发生语法化的表达在语言层面没有语法、常识以及语义线索的情况下，较容易产生语义模糊，但该语义模糊在言语层面通过上下文或语境等语用因素可以消除。

> (54) A:「誰? パソコンの電源、勝手に切ったのは?」
>
> 　　B:「すみません…、私がさっき {切りました/切ってしまいました}。」
>
> 　　A:（谁? 谁随便把电脑的电源关了?）
>
> 　　B:（对不起，是我关的/不小心关的。）
>
> 　　　　　　　　　　　　　　　　　　（一色　2011）

例（54）中补助动词「てしまう」除表达由于事实无法控制而遗憾的意思外，还有对于自己将"电脑电源关掉"之动作的主观故意性弱化的意思。例（54）是 B 在向 A 就其将"关闭电脑电源"这一行为道歉。例（54）中没有使用补助动词「てしまう」的表达是对事件的客观描写，此句中 B "关闭电脑电源"的行为是 B 故意为之，B 只是将情况客观陈述并未表现出主观性。如果 B 在句中使用了补助动词「てしまう」，此时该句表示 B 由于无意识行为"电脑电源关闭"给 A 带来不便，即由于 B 没有意识到"关闭电脑电源"这一行为会给 A 带来不便，从而弱化了 B "关闭电脑电源"这一行为的主观故意性，同时，在句中也体现出 B 向 A 表示歉意这一语用效果。说话人正是通过语法化后的补助动词「てしまう」向听话人表示自己并未意识到自己"关闭电脑电源"的行为会给听话人带来不便，从而向听话人表达歉意。说话

人利用补助动词「てしまう」时充分考虑了听话人能够对该表达
进行正确理解的可能性，并且兼顾了自己与听话人的体面，尽量
使表示歉意的意图表达得委婉、含蓄。此时，例（47）中蕴含的
不仅仅是说话人表达歉意的主观性，还具有对听话人体面的考虑
以及对其理解能力的判断，那么，可以认为例（47）中体现出了
主体间性。说话人运用补助动词「てしまう」发生语法化后具有
语义模糊性的特点，将自己意想表达的意图委婉地传递给听话
人，交际顺利完成。出现表达说话人与听话人主体间性的用法标
志着补助动词「てしまう」的语法化处在「命題態度を修飾する
機能（修饰命题态度）」→「発話伝達態度に関わる機能（传递
语言活动主观性）」阶段。随着语法化程度的加深，说话人意图
传递的信息内容不但包含说话人的主观性同时也包含听话人的主
观因素，然而主体间性的存在增加了说话人与听话人对该信息内
容理解产生差异的可能性，简言之，语法化程度的加深导致主体
间性的出现，主体间性的存在使得语言实践活动中信息内容的语
义模糊性增加。

通过以上语例可以看出言语层面语法化与语言层面的语法化
在形式与目的上均有差异，语言层面的语法化改变了语词的语义
范畴，使其语义范围发生变化，相对于语言层面的语法化，言语
层面的语法化则更加不稳定、更加复杂，存在更大的模糊性。语
用方式的形成，是语境化的行为、话语和效果高度统一、构成原
型的结果。一定形态的语用行为方式通过合适的条件，独立或携
带其他话语信息单位进入话语，释放其潜在的语力。通过类似情
景中的反复作功、自我整形、凝固，从而成为典型的、可反复操

作的模型。这一过程，就是语法化、规律化或规则化。但是，语用方式对行为的模型化程度是介乎体系化和灵活的行为之间的。它不可能也没有必要把某一行为绝对凝固下来，使之功能单一化。① 这种具有主观性内容的主观化表达其特点符合 Heine (1991)、Hopper&Traugott (1993) 对语法化现象的总结。语法化过程也是体现主观化的过程。由于主体间的差异，主观化过程必然出现主体间的认知模糊。具有主观性内容的表达需要听话人通过推理才能得到说话人意图表达的正确含义，这一特点同样符合前文对言语层面语义模糊性特点的总结。所以，言语层面语法化必然出现言语层面语义模糊性表达，即临时性的语义范畴模糊化。言语层面语义模糊经过语义范畴的清晰化固定转化为语言层面语义模糊，语言层面语义模糊是语言层面语法化发生的前提条件。言语层面语义模糊与言语层面语法化的关系为：言语层面语法化的出现一般伴随着言语层面语义模糊性表达的使用，言语层面语法化可以是语言层面语法化的中间过程，言语层面语法化的发展趋势是出现语言层面的语义模糊进而发生语言层面语法化，语言层面语义模糊的清晰化标志着语言层面语法化的完成。言语层面语义模糊又成为语言层面语法化发生的前提条件，语言层面的语法化又为发生言语层面语法化提供基础。三者相互转化的本质同历时语言学语言发展观相统一。（见图 4）

---

① 何刚. 语用方式——语用的语法化 [J]. 外国语：上海外国语大学学报，1997 (3).
第 42 页

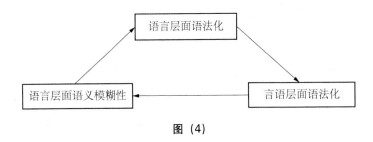

图 (4)

三、 特定语境中的语法化

语言层面语法化的特点为语词的语义范畴发生变化，且发生变化后的语义范畴原型与边界均保持相对稳定的状态，语义范畴指称对象更加抽象、概括。言语层面语法化的特点为语词发生语法化后由描写客观事实向表现主观态度过渡，能够表现语言活动参与者的主体间性，并最终在语言层面固定。语言层面语法化与言语层面语法化并非两个毫无关系的变化过程，二者是一个连续统。语言层面语法化与言语层面的语法化以语言具有的语义模糊性为媒介不断的进行着循环变化，从历时语言学的角度看，正是这种循环转化的方式使得人类语言不断向前发展。语言以无数种方式存在于这个连续统中，语言层面语法化与言语层面语法化只是这个循环系统中较为独立、较为特殊的两种。此外，本节将对语言层面的语法化与言语层面的语法化两种特殊存在以外的语言存在形式进行考察。

（一）半语法化

(55) A「そう？早く帰って来るかしら。」

　　B「<u>さあ、どうでしょう</u>ね。マサ子が、おとなしくしていたら、早くお帰りになるかも知れないわ。」とは言ったが、しかし、あのご様子は、今夜も外泊にきまっています。

　　（A "这样啊？能早回来么？"）

　　（B "谁知道呢。雅子如果听话，可能会早回来。"虽是那样说，看起来今夜一定是在外面过夜了。）

（太宰治　『おさん』）

例（55）中 A 向 B 提问"是否能够早些回来"，B 采用了非常模糊的回答「さあ、どうでしょう」。B 的回答对于 A 的提问在语言层面不是一个具有语义模糊性的表达，可认为 B 也不知道能否早些回家。但在言语层面结合相关语用因素来看，B 采用的回答中出现语义模糊。对于 A "是否能早些回来"的提问，B 的回答可以解释为"不能肯定是否能早些回来"或者是"估计不能够提早回来"。这两种可能性其实都表现出 B 对 A 所提出问题出于礼貌，而不愿正面回答，故采取模糊的回答方式，这种说话人故意使用的模糊的方式自然带有说话人的主观性。A 根据 B 的生活习惯、说话方式等其他语用因素通过推理得出 B "一定是要在外面过夜"，B 虽然采取模糊的回答方式，但也明知 A 会通过推

测得出其"在外面过夜"的答案。B采取的回答方式除了具有说话人主观性外，还具有B因为要避免伤害A的面子且明知A会通过推理得出其意想表达的真实意图而表现出的主体间性。「どうでしょう」（谁知道呢）这一表达从语言层面分析，不具有语义模糊性，且并未将这种提问的委婉回答方式作为固定用法。简言之，「どうでしょう」（谁知道呢）作为提问的委婉回答并非语法化后的结果。但「どうでしょう」（谁知道呢）在作为提问的回答且与语气助词「さあ」连用时，基本均作为对于提问的委婉回答使用。

（56）和尚は知りあいの歯科医を訪ねた。歯科医は、歯をひねくりまわしていたが、「どうも、見当がつきませんな。私は死人の歯を治療したことがありませんから、なんとも云えませんが、これはたゞの偶然で、なんでもないことじゃありますまいか」。

「このホトケはクビをくゝって自殺したのですが、死ぬ前に、歯にアブリダシで字を書いておいたら、骨になってから、こうなるのと違いか」。

「<u>さあ、どうでしょう</u>。歯にアブリダシを書いた話はきいたことがありませんが、口の中は濡れているのが普通ですから、アブリダシを書いても流れて消えて失くなりはしませんか。これは何かの偶然でしょう。私は骨になった歯など見たことがないのですが、シサイに見たら、こんなのは例が多いのかも知れませんな」。

（和尚拜访了牙医朋友，牙医把牙齿摆弄了一下说"好像没发现什么，因为没看过死人牙齿所以也说不出什么来。有没有可能这只是偶然，没什么特别的地方呀"。

"是不是这人上吊自杀，在死前，用特殊的墨汁在牙齿上写了这些，然后形成骸骨后，才会变成这个样子的?"

"哎呀，谁知道哪。没听过用特殊墨汁在牙齿上写字的情况。因为口中一般较湿润，用墨汁写了也会消失吧。我没见过成了骸骨的牙齿，单如果仔细查查，这样的例子说不定也很多哪。"）

（坂口安吾　『行雲流水』）

　　「歯科医」对「和尚」的提问同样采取了委婉的回答方式。「歯科医」的回答「さあ、どうでしょう」（谁知道呢）在语言层面的语义范畴中并不具有表示否定回答的义项，但「和尚」通过「歯科医」后面给出的解释利用语用推理可以得出「歯科医」对其提出的假设持否定态度。「歯科医」为顾及「和尚」的面子，采取委婉的表达方式。这一用法同样表现出言语实践活动参与者的主体性与主体间性。同时，「歯科医」采用需要听话人「和尚」通过推理才能得出正确答案的委婉表达方式也具有言语层面的语义模糊性。
　　以上两个例子中的「どうでしょう」在辞典的解释义项中，

即语言层面的语义范畴中不具有表示否定的义项，但在言语层面具体语境中，当作为问题的回答且与语气词「さあ」连用时，其意义基本上表示说话人对问题的否定态度。「どうでしょう」语言层面的语义范畴并未增加表示否定意义的义项，这意味着「どうでしょう」并未因其具有"表示会话中对于提问进行否定性回答"这一点发生语法化。「どうでしょう」在具体的语言活动中，作为回答且与语气助词「さあ」连用时，即「さあ、どうでしょうね」，在言语层面已经认为其"表示会话中对于提问进行否定性回答"，所以可以说「どうでしょう」以「さあ、どうでしょう」的形式，在言语层面特殊的语境中的用法已被语法化。对于这种在言语层面完成语法化但在语言层面其语义范畴并未发生变化的情况可以称之为半语法化。

（二）暂时性语法化

　　日本自 1984 年起，在每年的 12 月上旬都会由『現代用語の基礎知識』（现代语基础知识）评审委员会根据本年度『現代用語の基礎知識』（现代语基础知识）的读者调查问卷评选出当年的流行语。『現代用語の基礎知識』（现代语基础知识）评审委对流行语的解释为「1 年の間に発生したさまざまな『ことば』のなかで、軽妙に世相を衝いた表現とニュアンスをもって、広く大衆の目・口・耳をにぎわせた新語・流行語を選ぶとともに、その「ことば」に深くかかわった人物・団体を毎年顕彰するもの」（选取一年中出现的、各种各样的语词中具有巧妙影响世态意义的、广大民众耳熟能详的新语/流行语，同时对与这些语词

相关的人物及团体进行一年一度的表彰)①。当选的流行语为当年对社会产生一定影响并被大家广发使用的词语。当选的流行语一般具有以下特点：1. 当选流行语对于社会的某些方面产生一定的影响；2. 当选流行语在该年度的被使用率较之其他年度有明显提高；3. 当选流行语的语义范畴发生改变；4. 当选流行语被高频率使用的时效性较为明显。2013 年当选的流行语「倍返し」（加倍奉还）是当年收视率极高的电视剧『半沢直樹』中主人公「半沢直樹」经常使用的台词。「倍返し」（加倍奉还）在该剧中被使用前，其语义范畴仅限于语言层面的语码意义且语义范畴相对稳定。

(57) 黒崎：「恨まないでね。これが私たちの仕事なの。」

　　　半沢：「恨みはしません。ただ、この借りは倍にして
　　　　　　返します。やられたら、やり返す。倍返しだ。
　　　　　　それが私の流儀なんでね。」

　　　（黑崎：别恨我。因为这是我的工作。

　　　半泽：我不恨你。只是我会加倍奉还。被打了就要打回
　　　　　　去，而且是加倍奉还。这就是我的做法。）

（『半沢直樹』　第二話）

例中「黒崎」将「半沢」准备用于偿还银行贷款的房产扣押，导致「半沢」陷入困境。在此种背景之下「半沢」说出「倍

---

① 引自 http://singo.jiyu.co.jp/

返し」。其后「倍返し」多次在主人公台词中出现，并随着该剧人气飙升「倍返し」也成为当年的流行语。在成为流行语之前，「倍返し」表示"加倍奉还"，原指还双倍的金钱；作为流行语的「倍返し」，其语义范畴被限定在"以牙还牙"这一语义范畴内，较成为流行语前的语义范畴变大，且具有较强的主观性。作为语义范畴扩大的「倍返し」经过重新范畴化，其语义变得模糊，语义范畴从金钱扩展到更加抽象的范畴，即扩大为说话人实施报复行为这一语义范畴。通过「倍返し」从一般词汇到流行语这一过程，语义范畴的变化符合语法化的演进特点，也可以说，「倍返し」的语义范畴经历了一次从范畴化到模糊化再到语法化的过程。「倍返し」在不到一年的时间内经历语法化的全过程，其经过语法化的语义范畴随着电视剧『半沢直樹』的热度下降也逐渐回归到发生语法化之前表示"加倍奉还借来的钱"这一相对于"以牙还牙"而言客观性更强的一般性语义范畴。

　　同年入选流行语的还有著名女主播「滝川クリステル」在日本东京申办 2020 年奥运会的最后陈述中所使用的「おもてなし」。《大辞林》对于「もてなし」的解释为「客に対する扱い；客に御馳走」（对待客人的态度；招待客人吃饭）。加接头词「お」使「おもてなし」成为「もてなし」的敬语表达。语言层面「おもてなし」为客观性表达，可以表示积极方面也可以表示消极方面意义。在著名女主播「滝川クリステル」口中的「おもてなし」当选流行语的 2013 年，「おもてなし」被限定在著名女主播「滝川クリステル」使用「おもてなし」时表现的语义范畴，即「日本社会に根付く歓待の精神」（日本社会传统的热情

招待客人的风俗)。语义范畴由简单、客观地"对待客人的态度、为客人服务"变为"通过日本对待客人的态度表现日本人的好客"这一更抽象、主观的语义范畴。此时，我们认为「おもてなし」也完成了从范畴化到模糊化又到清晰化的过程。但随着人们对 2020 年东京申奥成功关注度的下降，「おもてなし」的语义范畴又恢复到原来的「客に対する扱い；客に御馳走」(对待客人的态度；招待客人吃饭)。

　　通过对于「倍返し」和「おもてなし」的考察可以看出日语语法化存在一些比较特殊的现象。由于日本社会特殊的文化原因，日语语言的发展具有变化速度快、传播范围广等特点，日语的语法化问题同样具有以上特点。在短时间内完成语法化的全部过程并非日本独有，每一种语言均出现过具有时代性色彩的语言，如我国的"斗私批修""五讲四美"等，但像日语这样在一年时间内完成语法化的全部过程的情况并不多见。对于一年内完成语法化的表达在下一年度又恢复到语法化前的状态，可以称之为暂时性语法化。在有特定事件发生的期间，语言发生与特定事件相关的语法化变化，并随着特定事件影响力的下降，发生语法化的语言又恢复到特定事件发生前的使用状态。从语言的历时性角度看，特定事件具有影响力的时间段也是具有特殊作用的语用语境，也就是说，发生暂时性语法化的语言其实是在言语层面发生了一种较为特殊的语法化。

（三）特定语境语法化与语义模糊性

　　所谓特定语境语法化指的是像半语法化、暂时性语法化那样，在特定语境中发生语法化的表达回归语言层面时，语法化现象消失。语法化的发生与完成只在特定的语用语境下才会出现。语法化作为语义范畴模糊化后固定在语言层面的一种语言变化现象，其最终完成的标志为语言层面语义的固定，也就是语义范畴在语言层面发生根本改变。从语义模糊性的角度切入，语法化的完成标志着新语义范畴的诞生，新语义范畴具有较为清晰的边界与范畴原型，即具有较为清晰的语义范畴。从历时语言学的角度，语法化是语义模糊程度由大到小，再由小到大的变化过程。通过日语中流行语现象可以看出语义模糊程度最高时也是语言最活跃的时期，而语义模糊程度最低，即语义范畴较为清晰的阶段则标志着语法化的完成。较为清晰的语义范畴导致语言缺乏活力与弹性，语言在使用的过程中对语义范畴的不断丰富又是一个将原有语义范畴模糊化的过程。由于语言的整体发展呈动态性，语言系统无时无刻不在发生着缓慢而又复杂的变化，语法化问题亦是如此，现在学界研究的语法化问题只是语法化过程中较为典型的一个环节。半语法化与暂时性语法化是语法化过程中较为特殊的现象，半语法化与暂时性语法化存在的前提是语言所具有的语义模糊性本质。正是语义模糊性的存在使得语法化成为可能，语法化的演进同样起到促进语言发展的作用。

通过对日语中半语法化、暂时性语法化问题的考察可以看出，研究语言发展典型性环节以外的语言现象同样具有重要意义。通过语言的语义模糊性问题研究可发现语义模糊性的价值多体现在语言发展的过程中，语义模糊性的消失意味着语言发展变化也告一段落，且语义模糊性的程度与语言的活力与弹性成正比。

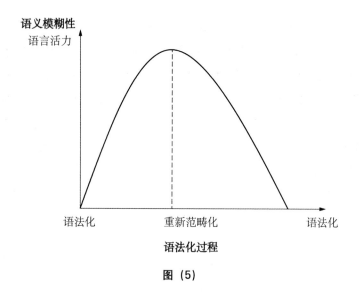

图 (5)

第五节　语义模糊与语用效果

　　语言的语义模糊性在言语实践活动中发挥着重要的作用，日语由于具有与其他语言不同的特质，对日语语义模糊的语用效果研究同样是十分必要的。本节拟从语用学的角度切入，通过对日语语言实践活动中表达方式的考察，结合相关语用原则，找出日语中语义模糊与语用效果之间的必然性联系。听话人对说话人信息意图的期待为模糊性范畴，同家族相似性一致。听话人对说话人信息意图的期待与说话人实际表达差距越大，语用效果越大，反之则越小。

一、得体表达中的语义模糊性

日语中的待遇表现广义上可作为尊敬表达理解，对人表示尊敬态度的语言手段除去敬语表达以外还包括非敬语表达以及行为举止等其他语用方式。日语中的待遇表现一般分为敬语表达与非敬语表达，敬语表达指通过语词固定的形式变化表达对对方尊敬的态度，也就是一般意义上所说的由尊敬语、自谦语、郑重语等表现出的表示人与人之间纵向关系的敬语体系；非敬语表达指的是超出语言层面语词本身语义范畴，利用比喻、省略等语用手段，通过确立听话人在会话中的地位或从对方角度竭力避免对听话人产生伤害等来表达对听话人的尊敬态度，即表现人与人之间横向关系的敬语体系，我们称之为得体表达（「配慮表現」）。本节主要考察在礼貌原则下的日语待遇表现中得体表达的语义模糊性。

（一）得体表达中的言语层面语义模糊性

守屋三千代（2004）将得体表达定义为「人は伝えたいことをそのまま言語化して伝えるわけではない。話し手の尊厳やその人らしさなどを損なうことなく、意志や意向が過不足なく伝わるよう、かつ聞き手との関係を望ましい形で維持できるように、敬意やあらたまり、親しみや距離感の設定など様々な配慮をし、それを言語表現に込めている。このような配慮を反映した言語表現を『配慮表現』と呼ぶ。」（人并不一定将自己想表达

的内容语言化后直接说出，为了不伤害说话人的尊严，并恰当地表达说话人的主观意愿，同时为了维持同听话人的预期关系，充分考虑敬意、场合、亲疏、距离等方面的因素，最终体现于语言形式，反映以上内容的语言表达可称为得体表达。)① 日本对得体表达的研究主要基于格赖斯（1967）的合作原则、利奇（1983）提出的礼貌原则以及布朗和列文森（1987）提出的面子理论。

　　格赖斯提出的合作原则（「協調の原則」）被定义为人在进行言语实践活动时，为了言语实践活动的顺利开展需要遵守一些特定的准则，分别为：「量の公理」（量的准则）、「質の公理」（质的准则）、「関係の公理」（关系准则）和「様態の公理」（方式准则）。四个准则分别从言语实践活动中应提供的信息量、应提供真实信息、提供信息之间应具有关联性、提供信息时表达方式四方面对言语实践活动的参与者提出要求。格赖斯认为只有遵守合作原则，言语实践活动才能够顺利完成，但事实并非如此，在很多言语实践活动中，会出现交际参与者通过故意违反以上准则来取得相应的语用效果，从而传达其真实的信息意图。

　　英国学者利奇（1983）提出的"礼貌原则（ポライトネスの原理）"，在 2003 年将礼貌原则分 10 个次则，其主要内容为：「1. 他者の欲求に高い価値をおくこと（增加对方得益）；2. 自分の欲求に低い価値をおくとこ（减少己方得益）；3. 他者の資質に高い価値をおくこと（多赞誉对方的才能）；4. 自分資質に

---

① 翟东娜等. 日语语言学　日语语用研究［C］. 北京：高等教育出版社，2006. 第 288—289 页

低い価値をおくこと（少赞誉己方的才能）；5. 他者に対する自分の義務に高い価値をおくこと（増加己方责任义务）；6. 自分に対する他者の義務に低い価値をおくとこ（减少对方责任义务）；7. 他者の意見に高い価値をおくこと（给予对方意见较高评价）；8. 自分の意見に低い価値をおくとこ（给予己方意见较低评价）；9. 他者の感情に高い価値をおくこと（给予对方情感较高评价）；10. 自分の感情に低い価値をおくこと（给予己方情感较低评价）。」① 福田一雄（2013）将这 10 项分则分为积极礼貌原则与消极礼貌原则（单数为积极礼貌原则，双数为消极礼貌原则）。积极礼貌原则指的是说话人积极主动地运用礼貌原则，抬高对方的地位；消极礼貌原则指的是说话人消极地运用礼貌原则，降低自己的地位。

　　布朗和列文森（1987）提出的"面子理论"（フェイス理論）同样将礼貌原则分为积极礼貌原则与消极礼貌原则。福田（2013）对积极礼貌原则与消极礼貌原则的解释为「消極的ポライトネスは聞き手の消極的フェイスへ向けられた補償的行為である。そのフェイスとは、自分の行動の自由と自分の注意が妨げられたくないという聞き手の欲求である。積極的ポライトネスは聞き手の積極的フェイスに向けられた補償である。そのフェイスは自らの欲求（あるいは行動、獲得物、またそれらから生じる価値など）が望ましいものだと思われたいという聞き手

---

① 福田一雄. 对人関係の言語学　ポライトネスからの眺め［M］. 東京：開拓社，2013. 第 49 页

の恒常的な願望である」［消极的礼貌原则就是对于听话人面子的消极补偿。所谓消极补偿的面子指的是听话人不希望自己行动以及注意力被干扰。积极的礼貌原则就是对于听话人面子的积极的补偿。所谓积极补偿的面子指的是听话人总是希望自己的需求（或者行动、取得物抑或由其产生的相应价值）也是他人所期望的］①。在言语实践活动中由于要求、拒绝、批评等行为会对对方的面子产生伤害，故而需要进行补偿会话行为。

礼貌原则与面子理论并不完全等同于日语中的敬语表达。敬语作为日语的特点之一，一直以来被各界学者所关注。日语的敬语作为表现日本社会中长幼、亲疏、远近、公私等特定关系的重要手段，在日本人的言语实践活动中起到极为重要的作用。日语的敬语多通过特定的语言表达形式外现，而礼貌原则包括敬语表达与非敬语表达，即礼貌原则基本等同于日语中的待遇表现。日语敬语主要侧重于通过特定的语言形式表达尊敬的态度，而礼貌原则不但包括通过特定的语言形式表达尊敬态度的敬语表达，也包括"超出语词本身意义，利用比喻、省略等语用手段通过确立对方在会话中的主体地位等表达对对方尊敬的态度"的非敬语表达，并且其研究对象更侧重于后者。

礼貌原则与面子理论更重视超出语词本身意义，利用比喻、省略等语用手段通过确立对方在会话中的主体地位等，表达对对方尊敬态度的非敬语表达。由于非敬语表达是利用语词本身语义

---

① 福田一雄. 対人関係の言語学　ポライトネスからの眺め［M］. 東京：開拓社，2013. 第 64 页

以外的语用意义表达尊敬态度，所以对于说话人意想表达的信息意图自然需要听话人通过付出推理努力进行推理才能够获得，简言之，在非敬语表达中说话人对尊敬态度的表达是通过言语层面的语义模糊性实现的。

（二）模糊限制语体现的得体表达

本节主要对由模糊限制语产生的语言层面语义模糊性在言语实践活动中，即言语层面，对说话人尊敬态度表现所起到的作用进行进一步考察。费建华（2004）将日语中的模糊限制语分为"含义不明确的副词、副助词、形式体言"和"句尾的委婉曲折表现成分"两类。含义不明确的副词、副助词、形式体言包括「ぐらい」、「でも」、「なんか」、「ほど」、「ちょっと」、「こと」等；句尾的委婉曲折表现成分则包括「か」、「ようだ」、「かしら」、「らしい」、「だろう」、「と思われる」、「かもしれない」等等。本节也将从这两方面入手考察模糊限制语与待遇表现的关系。

第一，含义不明确的副词、副助词、形式体言。

（11）b. 五分ほど待ってください。（请等五分钟。）

（58）お茶でも飲みましょう。（喝点茶什么的吧。）

（费建华　2004）

以上例子由于含有语义不明确的副词、副助词、形式体言等模糊限制语从而产生语义模糊。例（11）b 在"五分"这一精确概念后面加上模糊限制语「ほど」使"5分钟"这一精确的时间变得模糊。说话人采取具有模糊性的表达方式可以使听话人在时间安排上避免出现预计时间与实际等待时间有误差从而带来不便的情况。添加「ほど」还可以使语气变得委婉、礼貌，运用模糊语言对句子中命令的语气成分进行补偿，变相地向听话人确立其在该事件中的主体地位，减少对听话人的干扰，从而达到表达对其尊敬态度的语用效果。例（58）中加入模糊限制语「でも」使听话人可选择的范围由单纯的"茶"变为"茶等其他饮品"，增加听话人的选择范围，使听话人产生的说话人将其意志强加于己的感觉进行补偿，从而使表达变得礼貌、得体，进而表现出对听话人的尊重。

（59）それに<u>ちょっと</u>ショックを受けました。（由于那件事稍受打击。）

（60）「お出かけですか。」（要出去么?）

　　「<u>ちょっと</u>そこまで。」（嗯，出去一下。）

（福田　2013）

　　例（59）中「ちょっと」（稍微）对「ショック」（打击）的修饰使句子中「ショック」的语义范畴变得模糊。该句子如果是描述听话人的情况，「ちょっと」将听话人实际可能受到的较大的打击通过模糊限制语的修饰变得较小，从而避免伤害听话人的面子；如果句子描述的是说话人本身的情况，模糊限制语「ちょっと」则模糊了「ショック」的范畴，使听话人的对说话人受到

打击程度的预测，更容易与说话人的表述的情况相一致，说话人通过追求交际双方的一致性，表达礼貌的态度。例（60）对问题的回答采用了较为模糊的方式。由于说话人对听话人提出的问题不想给予回答，但考虑到拒绝听话人的提问会伤害听话人的面子，违背礼貌原则的基本准则，所以说话人采用比较模糊的回答方式，虽然在某种程度上是回答了听话人的问题，但并未提供说话人不愿泄露的个人隐私。

第二，句尾的委婉曲折表现。

(42)「そう。また、はじめたらしいの。けれども、それのなおらないうちは、帰還もゆるされないだろうから、きっとなおして来るだろうと、そのお方も言っていらしたそうです。」

（嗯，好像又开始了。但如果治不好是不能退伍回来的，所以应该是治好后才会回来吧。那人这样说道。）

（『斜陽』太宰治）

例（42）句尾的「らしい」使说话人的表达变得委婉，即使说话人对于该情况能够完全确认，但仍然选用模糊表达，避免与听话人的预测相悖，积极的追求言语实践活动中参与者认知的一致性。后句的「だろう」则表示说话人不能完全判断命题内容为真，故选择具有模糊性的表达方式。该表达方式不仅为说话人自身留有余地，更避免与听话人的预测产生不一致。

（三）省略现象中语义模糊的得体表达

省略是一种依赖上下文而存在的一种语言现象。山田（1936）指出「理論上よりいへば、存在せざるべからず部分を慣用上省略し去りたる、形の簡易なる体式を以て。」（从理论上说是把应该存在的部分省去使形式简化。）[①] 金田一春彦（1956）也曾指出日语中的省略现象并非真的省略，而是一种简洁表达。以上两种意见是从句法学的角度根据语句结构形式来区分省略与否。而尾上（1973）、生田（1997）等人从语义方面对省略现象加以描述，认为省略指的是想要表达的成分有一部分没有通过语言表达出来，需要依靠听话人的推理进行理解，且如果听话人能够正确理解，省略程度越高其语用效果越大。

从上述省略的定义可以看出诸位学者在对省略进行定义前明显忽略一个重要的问题，那就是言语实践活动的语境。从关联理论的角度来看，关联理论描写的交际过程为说话人向听话人明示自己想要进行交际的意图，希望产生一个刺激，该刺激意想将一个假设范畴明显于听话人这一点互明于交际者与听话人，听话人相信说话人明示的信息意图中隐含着一个假设集，并且积极地对其进行推理。说话人在给出的刺激中包含了有助于听话人进行推理的关联性成分。此时的信息意图具有说话人主观性，即说话人通过对听话人的认知语境进行预判分析后选择性地给出。尾上（1973）等认为的"在表达成分中没有通过语言表达出来的部分"

[①] 山田孝雄. 日本文法学概論［M］. 東京：宝文館，1936. 第 1128 页

其实在说话人给出信息意图（刺激）之前，通过对听话人认知语境的预判可以确定对于未给出的表达成分所表示的意思已经互明于说话人与听话人。因此，基于语言的经济性原则，此时在信息意图中没必要重复给出双方互明的信息。交际活动实际上是一个说话人为了使自己的意图明显于听话人而给出推理线索的过程。推理线索给出的越多推理越容易，反之推理越困难。需要付出推理努力进行理解的表达，我们认为其在言语层面是具有语义模糊性的。

(61) A「今夜一杯どうですか。」（今晚去喝一杯怎么样?）

B「あっ、すみません。ちょっと…」（啊，抱歉，今晚……）

A「そうか、いいよ、じゃあ、またいつか。」（这样啊，没事，下次约。）

（福田　2013）

例 (61) 中 B 委婉地拒绝 A 发出的邀请。B 拒绝 A 的原因无非以下两点，一是 B 确实有其他事而不能接受 A 的邀请，省略的部分为「約束があります」（有约了）、「仕事が残っています」（还有工作没做完）；二是 B 没有其他事，但就是不想与 A 一起去喝一杯，省略的部分为「君と一緒に飲みたくない」（不想和你一起喝酒）。无论言语实践活动发生时属于何种情况，B 采用具有语义模糊性的表达方式都可以积极避免伤害 A 的面子，为可能对 A 造成的面子上的伤害起到补偿作用。同时将对省略部分判断的主动权交给 A 自己，尽量追求同 A 在言语实践活动场景中认知的一致性。

（62）「栃木の工場の設計図なんだ」

　　木佐が開けて見せる。白い紙に、細かい線がぎっしり
　　と引かれている。

　　「私が見ても分からないわ」

　　何枚が見せられて、典子は、すぐに言った。

　　「分からなくても、きみに見せたかった」

　　木佐が、典子を見ている。

　　「せっかくだけど……」

　　典子は、設計図を木佐の方に押しやった。

　　（"这是栃木工厂的设计图。"木佐打开给典子看。白纸
　　上密密麻麻画着线。

　　"我看了也不懂。"木佐给典子看了好几页，典子立刻
　　说道。

　　"即使看不懂也想给你看看。"木佐看着典子说道。

　　"虽然好不容易有机会看……"典子把图纸推回给
　　木佐。）

　　　　　　　　　　　（鎌田敏夫『29歳のクリスマス』）

　　通过例（62）中上下文可知典子不但完全看不懂木佐给她看
的图纸，且根本不感兴趣。对话中典子说的「せっかくだけ
ど……」（虽然好不容易有机会看）真实意思是由于典子对图纸
看不懂，也不感兴趣，所以拒绝了木佐想要把图纸给典子看的好

意。为了避免伤害听话人木佐的面子，典子省略了「せっかくだけど……」后面的「見たくない」(不想看)。典子通过省略的方式既表达拒绝之意，又避免伤害木佐的面子。

日语言语实践活动中如此利用省略表达表示拒绝的情况非常多。礼貌原则与面子理论中均明确指出在人与人的交际中避免伤害对方的面子是十分重要的，在拒绝对方的要求或好意时，难以避免地会伤害对方的面子。为了最大限度地给予补偿，采用省略等具有语义模糊性的表达方式无疑是一种很好的选择。

二、 言语行为与日语语义模糊

言语行为理论是指说话人说出一句话，其实际上相当于实施一个行为，言语行为分为直接言语行为与间接言语行为。根据关联理论的分类，言语行为在交际活动中又可分为语码模式和明示—推理模式。语码模式通常属于直接言语行为；明示—推理模式属于间接言语行为。听话人需要付出推理努力才能获得说话人真实信息意图的语言表述在言语层面是具有语义模糊性的间接言语行为，从言语层面研究角度看，就是说话人利用语义的模糊性所表现出的言外之力。日语是间接言语行为较为发达的一种语言，本节将着重研究语义模糊与间接言语行为之间的关系。

（一）规约性间接言语行为与非规约性间接言语行为

塞尔在间接言语行为的基础上提出了规约性间接言语行为与非规约性间接言语行为。一般来说，规约性间接言语行为的字面意义和言外语力之间具有约定俗成性、习惯性和程式化的特点；
而非规约性间接言语行为的字面意义和言外语力之间具有非约定
俗成性、非习惯性和非程式化的特点。[①] 规约性间接言语行为由
于具有约定俗成性、非习惯性和程式化性的特点，所以可以认为
规约性间接言语行为是在言语层面语义范畴基本固定的表达
方式。

（63）マイルドセブンがありますか。（有七星么?）

（李奇楠　2006）

例（63）中的「マイルドセブン」（七星）指的是香烟的品
牌。根据句义可判断出，该句发生的语境为说话人在便利店向店
员询问"有无七星牌香烟"。从言语行为理论考虑，说话人通过
说出该句所实施的行为是在向便利店的店员要求买一盒七星牌香
烟。店员就该句选用的理解方式也非语码模式而是明示—推理模
式。所以，在一些特定的语用场景中，例（63）是具有约定俗成
性、习惯性和程式化等特性的，可以说例（63）是一个规约性间
接言语行为。如果从语法化的角度分析规约性间接言语行为所具
有约定俗成性、习惯性和程式化的特点，可解释为规约性间接言
语行为在语言层面意义范畴未发生改变，但在言语层面特定语言
环境中的语义范畴已经固定。我们可以认为规约性间接言语行为

---

① 翟东娜. 日语语言学　日语语用学研究［C］. 北京：高等教育出版社，2006. 第
294 页

是发生半语法化后的结果。前例（55）、（56）中的「どうでしょう」在与感叹词「さあ」连用时，一般表示对问题委婉地、否定地回答。「どうでしょう」所代表的否定性回答不能通过语码模式得到，而需要听话人经过推理后才能够得出。由于「どうでしょう」与「さあ」连用这一表达方式已经具有约定俗成性、习惯性和程式化的特点，所以听话人不需要付出过多的推理努力。只要发生会话的具体语境为针对对方问题的回答，且与「さあ」连用，根据规约性间接言语行为约定俗成性、习惯性和程式化的特点就可以较容易地得出准确的说话人信息意图。

相对于规约性间接言语行为而言，非规约性间接言语行为的字面意义和言外语力之间具有非约定俗成性、非习惯性和非程式化的特点。质言之，规约性间接言语行为的表达在言语层面语义固定，但在语言层面语义范畴并未改变，即规约性间接言语行为是半语法化的产物；非规约性间接言语行为在语言与言语层面均未发生语义的固定，所以非规约性间接言语行为较规约性间接言语行为更加复杂，听话人对于非规约性间接言语行为的理解更加依赖言语行为实施时的具体语用环境与相关语用因素，需要听话人付出更多的推理努力才能获得说话人意想表达的信息意图。从语义模糊的角度看，由于听话人在理解非规约性间接言语行为时需要付出的推理努力较理解规约性间接言语行为时更多，所以可以认为非规约性间接言语行为的语义模糊程度较规约性间接言语行为的语义模糊性程度要高。

（64）突然、ガシャンと物音。（突然啪叽一声。）

一平「（振り向く）……」床にポットが転がり、コーヒーがこぼれている。（一平转过身，壶掉在地板上，咖啡洒了出来。）

雅美「……手が滑ったの……ごめんなさい」（雅美："手滑了，抱歉。"）

一平「あ、いえ……」と、バスルームからタオルを持ってきて、床を拭く。（一平："没事……"说着从浴室拿出毛巾开始擦地板。）

一平「すぐ掃除させますので」（一平："马上就为您打扫。"）

雅美「部屋を替えて」（雅美："我要换个房间。"）

一平「……」）（一平："……"）

雅美「コーヒーの匂いが鼻につくのよ」（雅美："全是咖啡的味道。"）

一平「かしこまりました。すぐ別のスイートをご用意させていただきます」（一平："好的，马上为您准备别的套房。。"）

雅美「708号室がいいわ」（雅美："708号房就可以。"）
一平「……」（一平："……"）

（横田与志・酒井あきよし　『ホテル』）

例 (64) 中「雅美」说的「708号室がいいわ」（708号房就可以），从语言层面分析，表示的是对房间的主观评价，但如果从言语行为角度考虑并联系具体语境可以得出，说话人「雅美」

实施了一个表示主张的断言性、非规约性间接言语行为，即说话人「雅美」向听话人管理员「一平」提出了将自己的房间更换至708 号房间这一要求。听话人管理员「一平」根据之前言语实践的内容，通过推理可以得出说话人「雅美」其实是在实施希望将房间更换至 708 号这一要求行为。如果没有前面二人的对话内容，听话人管理员「一平」对于说话人「雅美」所说的「708 号室がいいわ」(708 号房就可以) 这一表达，即使付出再多的推理努力，追求获得说话人表达准确理解的意图也难以达成。可见，非规约性间接言语行为对其他语用因素的依赖性更强，听话人对非规约性间接言语行为的理解主要依靠双方互明的信息以及语言活动发生时的具体语境。换言之，非规约性间接言语行为的语义范畴不清晰、语义模糊性也更强，语义模糊性强也意味着该表达可能处于重新范畴化阶段。同时，非规约性间接言语行为的语句也较规约性间接言语行为适用范围更广、语言活力更强，这一点也符合语义模糊程度与语言活力的关系。

（二）日语授受言语行为与语义模糊性

授受行为作为联系人类社会各个不同个体的重要方式之一，不同学科对于授受行为的研究均极为重视。日语中授受关系句的使用也极多，在日语中，授受关系不仅被用于表现物的传递，还被用于表示请求、指责、命令等行为。同时，日语中表示授受关系的语词为三者对立，此点不同于英语和中文的二者对立，因此也成为各领域学者研究的重点之一。日语表达授受言语行为的语词本体特点明显且使用范围广泛，所以日语授受句表现说话人不同言语行为时，其与语义模糊性关系的考察是十分必要的。

(65)「じゃあちょっと今説明しますから、申し訳ないけど
　　　伝え<u>てもらえませんか</u>、緑さんに」
　　　（我现在说明一下，还请你告诉小绿。）

　　　　　　　　　　　　　　　　（村上春樹『ノルウェーの森』）

(66)「そういうこととは存ぜず、さきほどから失礼いたし
　　　ました。今更ながら、博士の学問の深く且つ大きいこ
　　　とについては驚嘆の外ありません。どうかわが国を救
　　　<u>っていただきたい</u>。九十九路は尽き、ただ残る一路は
　　　金博士に依存する次第である。金博士よ、乞う自愛せ
　　　られよ」
　　　（我不知道那回事，刚才真是抱歉。现在才发现博士您
　　　知识的博大精深，请您无论如何都要救救我的国家。我
　　　已经走投无路，只能依靠博士您了，还请您多多保重。）

　　　　　　　　　　　　　　　　　　（海野十三『地軸作戦』）

　　　例（65）中的「伝えてもらえませんか」按照字面意思直译
的话，可理解为说话人表示疑问，但根据具体语境，可发现说话
人其实是在实施请求行为，说话人通过询问方式向听话人表示请
求。「～てもらえませんか」具有约定俗成性、习惯性和程式化
的特点，属于规约性间接言语行为。听话人对于说话人实施的间
接言语行为不需付出过多的推理努力便可进行正确的理解，降低
了听话人理解的难度。从得体表达角度考虑，否定疑问句比普通

疑问句的礼貌程度更强，因为否定疑问句是基于将听话人置于较容易拒绝的语境中的考虑而提出的。例（66）中的「～ていただきたい」按语码模式可理解为说话人表示愿望，但结合具体的语境，说话人其实是在实施请求行为这一点是显而易见的。听话人对说话人意想表达的言外之力只需付出较少的推理努力便可获得。以上二例均为以授受动词句的形式实施请求行为的规约性间接言语行为，通过规约性间接言语行为的特点可知，规约性间接言语行为本身具有的语义模糊性较非规约性间接言语行为的语义模糊性弱。

（67）部屋をひどく汚<u>してくれた</u>ね。（你把房间弄得真脏。）

　　　あいつが大変なミスを<u>してくれた</u>。（那家伙犯下了大错。）

（大江　1977　转自杨玲　2008）

（68）あの店になくなっ<u>てもらって</u>は買い物が不便になる。

　　　（那家店关了，买东西变得不方便了。）

　　　あなたには今の仕事に誇りを持っ<u>てもらわない</u>と困ります。

　　　（你要是不喜欢你现在的工作，那将会很麻烦的。）

（许明子　2000）

上两组例句中授受动词句表现的并非为有益性授受，而是非益性授受（非恩恵・マイナス恩恵）。这种授受句违反了授受动词句一般表示有益性授受的特点，句中「～てくれる」、「～ても

らう」表示的并非动作主体为听话人传递有益性恩惠，动作主体实施行为产生的后果给说话人的利益带来了损害。上例中说话人通过授受动词句实施的并非对一个事件的陈述行为，而是通过描述一个事件对该事件的动作主体实施指责行为。说话人通过授受动词句实施的指责行为实际上并未超出语言层面授受动词的语义范畴，但在具体语言活动中，授受动词句在是否具有授受以及授受的有益性与非有益性上存在语义模糊。听话人不能仅仅根据字面直接理解说话人意想表达的内容，需要结合其他语用因素，并通过推理才能获得说话人的真实意图。如上述例句中对说话人利用授受动词句实施指责行为需要提供可为听话人依据并进行推理的相关内容方可完成，如修饰成分「ひどく」（严重的）、「大変なミス」（大错）或表现说话人态度的「不便」（不方便）、「困ります」（麻烦、难办）等。以上「ひどく」、「大変なミス」、「不便」、「困ります」等是说话人为了避免产生歧义而为听话人提供的相关信息，如果没有类似信息，听话人可能对说话人的表达产生歧义理解，如「毎日うるさくて、あの店になくなってもらって助かった」（那家店每天都很吵，现在关了真是太好了）。通过授受动词句实施的指责行为，不具有约定俗成性、习惯性和程式化的特点，需要提供其他相关信息才能向听话人传递说话人实施的指责行为的意图，所以以上授受动词句实施的指责行为应属非规约性间接言语行为。非规约性间接言语行为的特点要求听话人付出较多的推理努力，说话人在实施非规约性间接言语行为时为了避免听话人产生误解所以在组织语码过程中会增加信息量作为对听话人在理解过程中需要较多推理努力的补偿。

（69）すぐ東京に出張して<u>もらう</u>。（你马上去东京。）

　　花子に代わりに行って<u>もらった</u>。（我让花子代我
　　去了。）

（杨玲　2008）

　　例（69）中的「～てもらう」表现的并非是说话人请句中动作主体为其做某事，说话人实际在实施一个指令行为。说话人是明知指令行为与请求行为仅从语句的字面上很难清晰地加以区分，所以说话人实施的指令行为具有语义模糊性。对于说话人而言，通过使用授受动词句实施指令行为，最关键的一点是使听话人正确理解表达中的命令语气，即消除介于请求与指令之间的模糊性。说话人虽明知此种表达的语义模糊性较易使听话人产生误解，故而一般在使用此种表达时均同时利用语气表达与待遇表现为听话人提供更丰富的推理信息，作为对听话人在理解过程中需要较多推理努力的补偿。说话人的命令行为一般通过说话时的语气与表达中的待遇表现部分体现。说话时的语气指说话人在表达该指令行为时，语气较为强硬，待遇表现指在语词选择时选用非敬语表达，从而体现出说话人的优越地位。授受动词句所实施的指令行为同样具有非约定俗成性、非习惯性和非程式化的特点，为非规约性间接言语行为。

　　授受动词句作为日语中重要的组成部分，除了表现人与人之间物或非物的移动外，还可以表达说话人的主观态度。从言语行为理论考虑，授受动词除了可以实施获得以及赠与等表示传递的行为以

外，还可以实施请求、指责、指令等言语行为。无论是规约性间接言语行为还是非规约性间接言语行为，都需要听话人通过语用推理得到说话人的正确意思表示。规约性间接言语行为在语言层面的语义范畴并未发生变化，但在言语层面，在具体的言语实践活动中，在某个特定的语境下其语义范畴已经发生固定，属于半语法化现象。非规约性间接言语行为较规约性间接言语行为而言具有的语义模糊性更大，需要除语码以外的语用信息也更多，听话人也需要付出更多的推理努力。与此相对，非规约性间接言语行为可适用的范围更广、可表达的语义范畴更大，其语言活力也更强。前文中语义模糊性与语言活力的关系在此处同样适用。

本 章 小 结

　　本章的研究主要从言语层面语义模糊性问题展开，考察言语层面语义模糊性的核心特征并比较语言层面语义模糊性与言语层面语义模糊性，明确二者差别与联系。本章将言语层面语义模糊性分为由说话人产生的语义模糊、由听话人产生的语义模糊与语言本体产生的语义模糊三类。同时指出语言层面语义模糊性与言语层面语义模糊性并非完全割裂，而是一个连续统。另外，本章以关联理论为基础考察人类言语实践活动，认为语义模糊性是保证言语实践活动顺利进行的关键。结合以上研究结论，本章对日语中的语法化问题、得体表达与间接言语行为进行考察，发现语义模糊性在日语环境下言语实践活动中的重要性。

第五章

语义模糊性与民族文化

　　语言、思想与人三者相互依存，语言是思想的具象形式，人是思想的承载主体，社会文化是社会个体思想的集合。语言是文化的载体，文化是语言的基础，语言与文化以人作为媒介完成交互作用。语言与文化二者的关系十分紧密，学界对语言与文化之间关系的研究也一直在进行。一个民族的文化特点及其在社会生活各方面的心理、审美和价值观念必定会反映到民族语言中来。语言的民族文化特点，不仅指"文化"这一概念的内涵，还泛指这一概念所表示的外延：语言中反映和记录的一个民族的历史、自然地理条件、经济、社会制度、宗教、民间习俗等。① 本章拟将日语语义模糊与民族文化结合进行阐释性分析。

---

① 吴国华. 文化语义学 [M]. 北京：军事谊文出版社，2000. 转自张业菊. 词汇文化语义：民族性和动态性 [J]. 外语与外语教学，2001 (4). 第44页

第一节　词语的认知与文化分析

关于语义模糊性产生的原因，学界大概将其总结为客观事物的无限性与语言词汇的有限性以及人类认知的局限性三方面。语义模糊性的外现形式根据研究角度的不同也被描述成不同类型。认知语言学认为语义模糊性体现为范畴内部的原型范畴与范畴边界的不清晰。结构主义语言学将语义模糊的具象形式规定为能指与所指的非——对应性。

一、词汇、思维与文化

对语言与思维的关系，萨丕尔与沃尔夫提出了经典的"萨-沃假说（サピア・ウォーフ仮説）"，其主要内容分为"语言决定论"与"语言相对论"。"语言决定论"，即语言规定思想。社会文化模式只在语言中得到诠释，人类认知行为受到语言的规定；"语言相对论"，即思维相对于语言，思维模式随着语言的不同而不同。语言塑造观念，语言以各种方式切分自然世界，不同语言的使用者对同一个事物不会得到同样的图像。学界将"语言决定论"称为强式假说，将"语言相对论"称为弱式假说。对于弱式假说，即语言以不同方式切分自然世界，影响人的思维模式这一点各国学者普遍持肯定态度。

钱冠连（2005）在"萨-沃假说"的基础上提出了"语言存在论"，他认为语言在产生阶段的初始面貌是由任意性原则决定的，以后的发展状况则由语言的自身组织结构机制和语言之间的相互接触所决定的，语言的差异以及由此决定的思维方式的差异应当在语言自身中去寻找原因。在语音、语法、词汇三个层面的相互影响与被影响中，每一个层面对另一个层面的作用只能看成随机作用。每一个层面的演变目的是由结构的协和性决定的。词汇系统虽然是社会文化的敏感区，但词汇系统对语音、语法的影响是随机的，因而社会变化对语音、语法的影响也是随机的。语言变化的目的不由社会文化决定。语言变化的结果却改变思维模式，从而影响文化精神。①

由此可知，语言对人类思维活动的影响是巨大的。文化作为同一群体中个体思维的总和，其受到来自语言的影响之巨大是不言而喻的，又或者可以说，语言其实是一种文化特点的外化，不同语言代表着不同文化的特质。词汇作为对自然分类最直接的语言单位，一种语言中词汇的存在形态可以反映出该语言使用人群对世界认知的基本状况。日语作为一种语言，通过对日语词汇特点的考察，自然也可以总结出日本人对普遍事物认知的特点。日语语义模糊作为词汇中一项重要特征，对其进行研究也可以更深层次地了解日本社会文化。

二、语义范畴的形成与民族文化

范畴是人认知世界，并对世界进行分类的结果。范畴化是人

---

① 钱冠连．语言：人类最后的家园［M］．商务印书馆，2005．第269页

认知世界并对世界进行分类的过程。人类对世界不断地进行范畴化与重新范畴化，进行范畴化的基础是范畴化具传承性，就像维特根斯坦提出的"语言游戏说"一般，"语言游戏"能够进行的前提是大家均了解游戏的规则，没有人能够自己创立一种游戏规则并强制其他人按照其创立的游戏规则进行游戏，游戏规则是经过时间的沉淀并由前人检验后形成的。范畴就像是语言游戏中前人留下的一部分游戏规则和经验。铃木孝夫（1973）给文化下的定义为「文化と称するものは、ある人間集団に特有の、親から子へ、祖先から子孫へと学習により伝統されていく、行動及び思考様式上の固有型（構図）のことである。」（所谓文化是某个人类集团特有，由父向子、由祖先向后代传递，通过代代的学习使之传统化的行为与思维模式的固定形态。）[①] 铃木（1973）将文化的特点总结为可传承的、固定人群中行为与思维模式的固定形态。固定人群的区分可根据是否使用同一种语言来判定，可传承的固定形态则为固定人群对范畴的认知情况。

　　铃木孝夫（1973）在其『ことばと文化』一书便以这样一个例子作为开篇。作者的一个美国友人在家里举行晚宴，在餐桌上除了有肉类以及沙拉等典型的欧美料理以外，还用大碗盛了满满的一碗米饭。作者以为是主人为了照顾日本人的饮食习惯而特别添加米饭。当作者将肉类等放在米饭上准备一起食用时，发现主人看他的眼神怪异。询问后，主人表示米饭应同肉类等料理分开食用。这时作者才恍然大悟，米饭在意大利料理中好像汤和意大

---

① 铃木孝夫. ことばと文化［M］. 東京: 岩波新書, 1973. 第 1 页

利面一样，是一道单独吃的菜。这个例子说明同一客观事物在不同的文化背景下被划分至不同范畴。在日本文化背景下，米饭被归入主食范畴；在欧美文化的背景之下，米饭则属于同沙拉、牛排一样的，需要单独食用的菜。日语中主食的语义范畴包括米饭，而菜的语义范畴内则没有米饭一项。与此相对，意大利语中主食的语义范畴不包含米饭，而菜的语义范畴包含米饭。换言之，米饭在日语中称之为主食，在意大利语中称之为菜。在饮食这个范畴中，日意两种语言对自然事物的切分出现了不同。

　　语言把连续的世界划分为一个一个的范畴并用符号将其命名，范畴化就是划分的过程，语义范畴的固定标志着命名的完成。铃木（1973）将语言的作用定义为「言葉が、このように、私たちの世界認識の手がかりであり、唯一の窓口であるならば、言葉の構造や仕組みが違えば、認識される対象も当然ある程度変化させざるを得ない。……言葉は私たちが素材としての世界を整理して把握するときに、どの部分、どの性質に認識の焦点を置くべきかを決定する仕掛けに他ならないからである。今、言葉は人間が世界を認識する窓口だという比喩を使ったが、その窓の大きさ、形、そしてガラスの色、屈折率などが違えば、見える世界の範囲、性質が違ってくるのは当然である。」（语言是我们认识世界的线索，是唯一的窗口。如果弄错了语言的构造和机制，则认识的对象也会改变。语言在作为我们整理世界的素材时，需要决定将认识焦点置于何处。现在使用了"语言是人认识世界的窗口"这一比喻，窗口的大小、形状、玻璃颜色、屈光率等如果不同，则通过其看到世界的范围与性质也自然

不同。)① 语言对认知世界的影响是毋庸置疑的。文化作为固定群体对世界认知的反映，自然也受到语言的影响。文化上越重视客观世界，语言就将其切分得越细致，一个上位范畴会被语言切分成多个下位范畴，甚至一个下位范畴也会被切分成多个下下位范畴。语言切分世界其实是将世界这个连续体分为相互关联又相对独立的个体。相对独立要求语言切分世界时需要给各个范畴明显的界限，相互关联又要求语言在切分世界时不能将切分的范畴同其他范畴完全割裂，在此种情况下，模糊性的产生便成为必然。范畴间的模糊性保证了范畴与范畴之间的关联性，保证世界作为一个有内在联系的、有机的整体存在，也保证客观世界仍然具有弹性与活力。

三、 感觉词语中的语义模糊性

感觉的分类本身就是模糊的，各民族之间的对感觉的分类均不相同。说到感觉自然就会联想到视、听、触、味、嗅这五感。这五种感觉是同五种截然不同的器官联系的，在客观上和概念上本是界限分明的，但是语言表达中这些感觉的词却往往相通，不区别其中的界限，即变成模糊的了。② 语言学研究中感觉的概念相对于传统认识的视、听、触、味、嗅五感，还包括更加抽象、更加模糊的心理、经验等多方面。心理、经验等方面包括由认知

---

① 鈴木孝夫. ことばと文化 [M]. 東京: 岩波新書, 1973. 第31页
② 伍铁平. 模糊语言初探 [J]. 外国语: 上海外国语大学学报, 1979 (4). 第43页

经验和心理习惯等形成的思维模式与价值取向等。虽然人类社会间的基础思维模式与价值取向存在共性，但人类社会间个性的存在才是该社会能够区别于其他社会的标志，不存在个性该社会便不存在，对该社会文化的研究也无从谈起。一个社会形成的有个性的思维模式与价值取向是经过无数社会成员的实践，在历史的长河中沉淀下来的瑰宝，其背后蕴藏着整个社会的生存史与发展史。

关于视、听、触、味、嗅五感间的模糊性，伍铁平（1979）已经明确指出五感范畴相通、界限模糊，其实除了五感之间相互关联以外，五感同社会价值取向与思维模式同样相互联系、相互影响。以表示颜色的词为例，颜色词汇所指称的范畴是人视觉的反映。有限的语词对颜色这一连续统的切分使得每一个表示颜色的语词均不同程度的带有语义模糊性，所以颜色词一直被认为是典型的，具有语义模糊性的词。日语色彩词汇比较丰富，约有600多个，多借用自然界中的植物、动物等进行命名。颜色词汇除了指称人的视觉结果，还反映人的价值取向与心理倾向。日语中表示粉色的有「ピンク」、「桃色」、「桜色」、「撫子色」、「鮭色」、「いっこん染」、「淡红」等40余个。从语言切分自然的角度考虑，这40余个语词基本表示了色谱上粉色由深到浅的全部范畴。在表示粉色的连续光谱上用40个点来表示，这40个表示粉色的点，被分别给予相应的符号进行标记。可以断言的是，在这40个点和名称中必定有一些是其他语言没有的。其他语言没有的点和名称意味着该语言所代表的社会文化中没有对该点和名称所代表颜色的明显标记。如「いっこん染」，《大辞林》的解释为

"一匹布被一斤红花染色后出现的颜色"。从词源学角度，如果该社会不存在以红花作为染料染布的传统，那么「いっこん染」这个词便不会存在，该社会的文化传承中便不会有「いっこん染」这个颜色。此处说的不会有「いっこん染」这个颜色指的是从语义范畴的角度，「いっこん染」不会作为语义范畴的原型出现，只能存在于范畴的边缘，即该颜色客观存在，但在语义范畴中只能作为单一范畴成员存在于其他范畴中，没有一个专有的语言符号与之对应。「ピンク」作为「いっこん染」的上位范畴意味着在日本社会对于粉色系的认知中存在「いっこん染」这一概念范畴，而在「いっこん染」不能作为原型范畴存在的语言文化体系中，上位范畴「ピンク」中不存在「いっこん染」这一概念范畴。从某种意义上说，在「いっこん染」不能作为原型范畴存在的语言文化体系中，人对于「ピンク」的认知中不存在「いっこん染」这一颜色。

又如，日语中称赞年轻女孩美丽时习惯使用「かわいい」一词。"美丽"这一价值判断标准本身就具有极强主观性，这就意味着该概念范畴同样带有极强的模糊性。「かわいい」在汉语中被翻译成"可爱"，在汉语使用者的认知当中"可爱"与"美丽"是两个概念，二者虽然相互联系，但绝非同一概念。日语中虽然也有表示"美丽"的语词，如「美しい」、「綺麗」等，但在日本人的认知中，「美しい」、「綺麗」多用于年纪较大的女性，对于年轻女性多使用「かわいい」，也就是说，日本人的认知中年轻女性是不区分"可爱"与"美丽"的。与此相对，在汉语使用者的认知中，在对年轻女性进行评价时，将日本人认知中的「かわいい」这一个概念分为"可爱"与"美丽"两个不同的范畴。两种语言对于同一认知进行了不同方式的划分，划分的结果是两种语言所代表的文化对同一认知给出不同的评价。日语中没有与形容年轻女"美丽"这一概念相对应的符号，并不意味着在日本人的认知当中没有这一概念，而是由于日语中形容年轻女性"美丽"这一概念与形容年轻女性"可爱"这一概念发生了混同。在日本人的认知中「かわいい」一词的语义范畴中存在至少两个次范畴，一个是与汉语"可爱"相对，另外一个相当与汉语中的"美丽"。在汉语中则是将形容年轻女性"可爱"与"美丽"分别置于两个地位相等的语义范畴中。通过以上比较可以看出，一种语言对于世界不同的划分方法直接影响了该民族对于世界的认知，进而生成不同的民族文化。

四、隐喻与民族文化特点

范畴化是人类认知世界的手段，范畴是人对世界认知的体现。随着世界的进步以及认知水平的提高，概念范畴在形成后仍然在不断发展变化。语言中的隐喻是人类认知活动的结果与工具①。概念范畴的发展变化有很多方式与途径，隐喻是其中重要的方式之一。隐喻代表着认知向前发展的趋势。隐喻的作用是用具象的概念指代抽象的概念，使认知变得简单。概念范畴发展呈

---

① 束定芳. 论隐喻的本质及语义特征 [J]. 外国语：上海外国语大学学报，1998（6）.
　第 11 页

"范畴化—模糊化—重新范畴化"循环的模式，隐喻是该模式中模糊化阶段的重要一环。模糊性是隐喻隐含意义的必然产物之一。传统修辞学对隐喻的定义是名词性的。由于传统修辞学只关心隐喻的辨认，因而也就只能停留在对此进行分类的层次上。当修辞学试图发现隐喻的产生机制时，它已经超越了词的层次，进入了话语层次。有关隐喻句的理论就成了隐喻意义产生的理论。①

（一）民族文化与隐喻的关系

民族文化作为民族认知与思维模式的集合，其产生也同样受到语言语义范畴变化的影响。比喻作为语义范畴变化的主要诱发机制，对于民族文化的影响是巨大的。认知语言学认为常规隐喻是一个民族语言文化的体现，是语言中与文化联系最紧密的部分，而且最能反映各个民族思维的相似性与差异，许多新颖的隐喻实际是从长期存在的概念隐喻派生出来的，有许多表达方式按照传统观点并非隐喻，但从认知的角度来看却具有隐喻的性质。②

民族文化与隐喻相互影响，两者为伴生关系。隐喻作为民族文化的重要传播手段，在历史的长河中承担着将前人认知的经验向后代传递的重任。隐喻的本质是用具象的范畴指代抽象范畴，使抽象范畴变得生动鲜活、易于理解。人对于世界认知的结果以

---

① 束定芳. 论隐喻的本质及语义特征 [J]. 外国语：上海外国语大学学报，1998（6）. 第12页
② 王守元，刘振前，彩吟. 隐喻与文化教学 [J]. 外语教学，2003（1）. 第48页

范畴的形式存在。作为认知经验存在的范畴经长时间、多次地提炼、归纳后多呈较为抽象的状态。要将抽象的概念变得较易理解，使用隐喻手段无疑是最佳方案。如「時は金なり」（一寸光阴一寸金），时间作为一个抽象概念较难对其进行简单易懂的解释，要表达"时间珍贵"，则需要将抽象的概念时间具象化。金子作为人类社会中最为常见的贵重金属长久以来一直承担着作为货币流通的职责。每一个社会人对金子的功能和珍贵程度均有认知，金子是一个认知度极高的高价值物，将"金钱"这一具象的概念域映射至"时间"这一抽象的概念域中，在人的认知系统中刺激触发"时间"这一概念域时，首先激发的便是"时间的价值极高"这一认识。只要一提到"时间"第一反映便是"珍贵如金子一般"，进而整个社会对于"时间"这一概念认知也皆如此。经过长时间的沉淀，「時は金なり」这一隐喻用法在社会语言系统中被固定下来，成为对"时间"这一个概念域认知模式之一。该民族对"时间"的认知也被固定在「時は金なり」这一隐喻中。

　　隐喻除了作为传承社会认知及思维方式的重要手段以外，还是民族文化的主要组成部分。隐喻在传承社会认知与思维方式的同时也为社会文化的创造者——人提供了宝贵的认知经验。隐喻本身就是一种认知方式，在隐喻这一认知方式中针对不同的对象存在不同的映射方式，如结构隐喻、实体隐喻、方位隐喻等。同一类的认知对象选择认知方式时，会根据既存的认知经验与认知习惯进行，也就是按照已经存在的认识方式与思维模式进行类比性认知。如「気持ちが盛り上がる」（情绪高涨）、「気持ちが沈む」（情绪低落）等隐喻均以「楽しいは上、悲しいは下」（高兴为上，悲伤为下）这一隐喻模式为基础进行认知。隐喻一旦在语言层面固定并被赋予可传承性则可认为该隐喻被语言共同体所认可，并成为该共同体社会文化的一部分，会在该社会的发展中作为标记性认知方式与思维模式存在。「楽しいは上、悲しいは下」（高兴为上，悲伤为下）这一隐喻模式通过语言符号被记录并传播，最后被社会主流意识所接纳并在语言层面固定成为一个基础认知方式与思维模式。在此基础之上，人们运用认知环境中的其他相关信息，将表达"空间"这一具象概念映射至"人的情感"这一抽象概念范畴之上，想要形容人的情感大家首先想到的就是使用空间词汇进行表征。至此，「楽しいは上、悲しいは下」（高兴为上，悲伤为下）这一隐喻正式成为该民族文化的一部分。

（二）日语隐喻的特点与日本文化

隐喻作为认知的方式与思维的模式对社会、民族的文化可产生较大影响。日本作为一个独立的社会，拥有自己的语言，日语的本体特征同样影响了日本社会民族文化的形成，并在日本民族文化中得以体现。日语中隐喻的使用也同样反映出日本社会民族文化特点。日本岛国自然环境中的植物、动物以及社会环境中的人物、事件等，经常成为产生喻意的主体，这些都是构成推断喻意的相关语境因素。① 日语中隐喻使用的特点是在喻体

---

① 毛峰林　毛贺力. 日语隐喻、换喻及提喻表达方式的语用探讨——兼与汉语对比
[J]. 日语学习与研究，2009（6）. 第59页

的选择上多选用与自然环境相关的品类，如动物、植物、自然现象等。

　　例如，日语以「猫」为喻体进行隐喻时，会表现出日本社会文化对于"猫"这一动物的认识。日语隐喻中对「猫」的使用明显多于其他语言，从这一语言现象可以看出日本社会文化中对「猫」的重视程度高于其他社会。从夏目漱石的作品《我是猫》到著名动画片《哆啦A梦》再到现在日本社会极受欢迎的"Hello Kitty"，以及日本街上随处可见的的「猫カフェ」（猫咪主题咖啡馆），猫的形象从未远离日本人的生活。所以，日本文化对猫的各种认知在隐喻表达中均能找到：根据其外形进行的隐喻，如「猫の額」（弹丸之地）、「猫の目のよう」（变化无常）、「猫背」（驼背）；根据其习性进行的隐喻，如「猫舌」（怕吃热食）、「猫に鰹節」（馋猫守鱼）；根据其生活状态进行隐喻，如「犬は三日の恩を三年忘れず、猫は三年の恩を三日で忘れる」（养狗三日记恩三年，养猫三年记恩三日）等等。通过以上隐喻可以大致体会出日本文化中对「猫」的认知为：身材娇小、柔软，怕热，对主人不够忠诚等。又如，日语隐喻中对「魚」的使用同样反映出日本文化对「魚」的认知。日本四面环海，渔业资源丰富，自古以来日本人多以鱼为食，因此与鱼结下了不解之缘。日语中有关"鱼"的表达分析，有助于我们了解日本文化的一个侧面，同时更好地把握日语表达的一些特点。① 如根据其味道进行的隐喻，如「いわし鍋」（味道处理不掉，形容远方亲戚）；根据其习性进

---

① 陈百海. 鱼与日语［J］. 日语学习与研究，2006（02）. 第77页

行的隐喻，如「フカの寝食い」（吃了睡、睡了吃）、「うなぎ登り」（形容物价、温度等急速上升）；根据其价值进行的隐喻，如「腐っても鯛」（瘦死的骆驼比马大）；根据其外形进行隐喻，如「サメ肌」（皮肤粗糙）、「蛸坊主」（秃顶）；根据其发音进行的隐喻，「鯛」（めでたい）（值得庆祝）、「鰯」（弱い、賤し）（弱小、便宜）等。可见，日本文化对「魚」的喜爱程度远非生活中的其他常见物可比，日语隐喻对「魚」的使用，从外形到气味再到发音，几乎涵盖与「魚」这一概念范畴相关的所有方面。一种文化对于一类事物的重视程度与该类事物相关信息在该文化中出现的频率成正比。日语中「魚」相关的词汇明显多于其他类事物，语言在对「魚」这一概念范畴进行划分时，也自然划分得更加细致。相对于其他事物，日本人显然对「魚」的了解更深入、更全面。日本社会对「魚」这一概念范畴的了解除少部分可以通过亲身体验外，大部分认知还是通过语言这一媒介。语言作为「魚」这一概念范畴特点的标记，将日本民族文化中对于「魚」的认知经验保留下来。有关「魚」这一概念范畴的特点经过时间的洗礼，终于在日本人的心中生根发芽，最后成为日本民族文化中的一部分。

第二节　语义模糊性与言语实践活动

可以进行言语实践活动是人存在于社会的必备能力。语言通过言语实践活动将社会个体联系起来，使社会成为一个有机的整体。作为社会个体的人通过言语实践活动表达思想、获取经验知识。言语实践活动为社会民族文化的形成提供动力与支撑。语义模糊性作为语言的自然属性，有语言存在的地方就有语义模糊性存在。语义模糊在社会言语实践活动中发挥重要的作用，是社会民族文化形成的必备条件之一。上一章从言语实践活动中的得体表现与言语行为两方面考察了日语语义模糊在言语实践活动中的作用，本节拟继续从得体表现与言语行为两方面考察日语语义模糊性与日本民族文化的关系。

一、言语实践活动模式

言语实践活动是人类社会中连接个体的纽带。言语实践活动使作为社会个体的人的意思表示成为可能，从而组成一个共同体。在这个共同体中，语言是人与人表达意思的工具，表达意思的方式是利用语言进行言语实践活动。因此，语言作为交际工具是交际活动中必不可少的条件之一。不能进行言语实践活动的人与人之间，我们不认为它们处于同一种社会文化下，即它们不共存于同一个共同体中。

铃木孝夫曾经举了这样一个例子，「彼女はブルーの琺瑯ティーポットを取り上げ、かんから手のひらに出したお茶を、ポットに投入れ、その上に水をそそぎ入れた。」（她将琺琅的茶壶取出，从小茶罐里将茶倒在手上，放进茶壶，然后倒入水。）[①] 由

---

① 铃木孝夫. ことばと文化 [M]. 東京: 岩波新書, 1973. 第 34 页

于文化差异，有些日本人对英文小说中出现的这样一个片段可能会产生错误理解，觉得英国人用冷水泡茶。其实英国人对茶的冲泡方法极为讲究，了解英国文化的人都知道，英国人泡茶对水温要求极其严格，绝对不会出现用冷水泡茶的情况。究其原因是因为日语将冷水称为「水」，热水称为「湯」，但在英语中则将冷水和热水均用"water"一词。所以，铃木孝夫指出语言会影响人的思维模式。「人が一つの言語の中で終始生活していれば、ものとことばの関係は、いわば自明の前提として、懐疑の対象にはなりにくい。それをこのようにほかの言語と比較することで、身近な水や湯や氷のようなものでさえ、日本語という特定の言語に依存している、恣意的な区分にすぎないのだということがはじめて理解されるのである。」（如果一个人一直在一种语言环境中生活，由于熟知语言同事物的关系，便不会轻易产生怀疑。如果同其他语言进行比较，就会发现连身边的凉水和热水之类的事物也是太过依赖日语这一特定语言，才会发现这种语言对于事物区分也不过是很随意的。）① 可见，不同的语言系统对世界进行了不同方式的分割，从而影响人的思维模式。

　　言语实践活动是以语言为工具，以双方相互了解对方意图为目的进行的。根据基于言语层面对言语实践活动进行的研究可知，能够表达意图的不仅限于语言符号，言语实践活动中双方采取的交际模式也同样具有表达信息意图的功能。想要理解交际模式中所蕴含的信息意图就要求听话人除了拥有词汇、语法等相关

---

① 铃木孝夫. ことばと文化［M］. 東京：岩波新書，1973. 第 37 页

知识以外，还必须拥有语言以外的相关语用知识，如语境、文化、说话人个人信息等。说话人的言语行为同样受到地域、时间、社会文化背景等因素制约。听话人在推理的过程中，对说话人语言以外的语用因素的考虑也极为重要。可以说，言语实践活动实质上是借助语言手段来进行的认知活动，交际双方是认知活动的主体，通过言语表达的交际内容是认知活动的对象。在言语实践中起主导作用的是交际人所具有的认知心理状态，也就是人的认知能力。这种认知能力包括人的智力水平、知识水平、社会心理和社会文化积淀等，在交际过程中这种认知心理状态表现为交际人的认知心理趋向，也就是说他在理解话语时作某种理解是由当时激活的认知心理所决定的。①

言语实践活动作为人向其他人传达主观想法的主要途径，其本质是利用语言这一符号系统的可指称性，在共同的认知语境下（存在于共同语境下的个体对语言这一符号系统所指称的意义范畴具有足以完成交际的、最低限度的共同认知），利用相对固定的规则将自己的主观态度表现出来。关于语言这一符号系统在言语实践活动中的信息传递方式，关联理论认为可以分为语码模式与明示—推理模式。明示—推理模式由于其本身的特点使其在言语实践活动被使用的频率更高，作用也更加明显。在语码模式中，说话人意图表达的内容同听话人所理解的内容较容易达到完全一致；在明示—推理模式中，由于人的个体差异，说话人意

---

① 周建安. 论语用推理机制的认知心理理据 [J]. 外国语：上海外国语大学学报，1997 (3). 第 33 页

图表达的内容同听话人所理解的内容较难达到完全一致。明示
—推理模式中说话人意图表达内容不易被完全理解，听话人对
说话人意图表达内容理解程度的不可知性便是言语实践活动中
语义模糊性产生的根源。言语实践活动中的语义模糊性主要来
自语言本身、说话人与听话人三方面。语义模糊性的存在降低
了言语实践活动的难度，增加了言语实践活动的成功率，提高
了社会活动的效率。可以说，语义模糊性是言语实践活动实现
的重要因素。

　　言语实践活动中交际主体的交际方式反映该主体所属社会共
同体的主要思维模式。言语实践活动是说话人与听话人利用共有
的认知环境消除言语实践活动中的语义模糊，共同努力追求说话
人意图表达的内容同听话人所理解的内容最大限度的一致性。语
言同民族文化相互影响，是社会进步与发展的根本条件之一。语
言也是形成民族文化的必要条件，语言对一个社会的思维模式产
生影响，反之，民族文化背景对双方消除言语实践活动中的语义
模糊也起到极为重要的作用。

二、 高语境文化的日本社会

　　现代日本社会中流行这样一个短语——「空気を読む」，指
正确理解交际发生时具体的、影响交际活动的各类因素。加藤
(2009) 认为「『空気を読む』のは、伝統的な日本人の感覚を言
い表していると言える。」(「空気を読む」可以说是传统日本人

各种感觉的表现。)①「空気を読む」中的「空気」一词从语言学的角度看，可将其解读为普通语言学中的言语实践活动发生时的具体语用语境。言语实践活动参与者选择的语言与表达方式是否与当时语境相一致是言语实践活动能否顺利完成的关键。加藤 (2009) 同石黑 (2013) 均指出日本属于高语境文化社会:「話し手の文化的価値観は、語や文法だけでなく、談話の構造にも反映されている。言葉でのコミュニケーションを考える場合、できるだけ文脈に依存せず、言葉で説明しようとする低コンテキスト文化と、できるだけ文脈に依存し、言葉で説明せずに済むのは省略する高コンテキスト文化との区別が有効である。……日本は島国文化であり、特に地方の農村では、小さいな閉じたコミュニティ、いわゆるムラ社会を背景にしています。異質な背景を持った人とコミュニケーションの機会が少ないと、高コンテキスト文化にごく自然な現象とみられます。」(反映说话人文化价值观的不只是词和语法，对话的构造也是其中之一。言语实践活动有尽量不依靠语境，仅凭言语说明的低语境文化和尽量依靠语境，不太需要言语就能说明的高语境文化，对于二者的区分是十分必要的。日本属于岛国文化，特别是农村多为小且封闭的集团，也就是村社会。与不同文化背景的人进行交流的机会较少，故自然会产生高语境文化。)② 这种「高コンテキスト文化」

---

① 加藤重広. その言い方が人を怒らせる　ことばの危機管理術 [M]. 東京: 筑摩書房，2009. 第 147 頁
② 石黒圭. 日本語は「空気」が決める　社会言語学入門 [M]. 東京: 光文社，2013. 第 219—220 頁

（高语境文化）语言从言语实践活动中的语言本体特点角度作如下归纳：

a. 较多使用省略表达。

日本人经常会说「あとはよろしく」（请多关照）、「頑張ってください」（请加油）等，不考虑其他提示信息，这几句需要听话人基于对当时语境的判断通过推理才能够得出该表达的真正意义。对这种省略提示信息较多的语义模糊性语句，其可推理的难易程度与言语实践活动参与者共有的认知语境的多少成正比。

（70）A：「どさ？」（どこに行くんですか？）（去哪儿？）

　　　　B：「ゆさ。」（銭湯です。）（去洗澡。）

（加藤　2009）

例（70）为日本东北津轻方言。虽为较夸张个例，但该例可从侧面说明「高コンテキスト文化」语言只将说话人意图表现的核心内容通过语言表达，其他听话人通过语境可以推理得出的部分则会被省略。

b. 表达具有"柔软性"。

加藤（2009）将语义模糊性作为语言"柔软性"的前提这一说法做出如下解释：「読み込まれることが多い解釈というだけであって、ときにはその解釈がとられないこともあり、その解釈を捨てることもある。大体、ことばによるコミュニケーションは、柔軟なものである。ある程度の確度で予測できるものの、

常にその予測が成立するわけではなく、別の解釈を取り込む余
地を残しておけるからこそ、柔軟さが保証されるのだ。」（正是
由于理解内容中有多种解释，有时也不会采用其中任何一个。大
体上，言语实践活动均具有柔软性。虽可进行一定程度的预测，
但因为有时该预测并不成立，需要为其他解释留有一定空间，便
保证了言语实践活动的柔软性。)①

（71）そういう場合は事前に連絡をするものです。

　　　（这种情况一般应该事先就联系吧。）

（加藤　2009）

　　例（71）从字面看是对处理方式的判断，其实是说话人通过
「ものです」表达出「事前に連絡をする」（事先联系）属于一般
常识性知识。说话人貌似通过此句对听话人缺乏「事前に連絡を
する」（事先联系）的常识进行指责，但仔细推敲可以发现，没
有进行「事前に連絡をする」（事先联系）的听话人在听到说话
人如例（66）的表达后，虽然可以通过推理得出说话人对其没有
「事前に連絡をする」（事先联系）而表现出的指责，但如果听话
人对「事前に連絡をする」（事先联系）可以做出合理的解释，
例（71）所表现出说话人对听话人的指责则变得可以忽略不计
了。人的认知活动受民族文化的制约，日语的交际理念和原则受

---

① 加藤重広．その言い方が人を怒らせる　ことばの危機管理術［M］．東京：筑摩書
　房，2009．第 120 页

到日本民族的处事哲学和行为价值观念的影响。在社会生活中，保持人际关系的和谐与协调被看作日本人的交际理念；避免冒犯对方、回避正面冲突、尽量减少沟通的不愉快被看作日本人的交际原则。为了避免话语中的棱角刺激听话人，说话人往往不采用直接的方式，而是通过委婉的形式来陈述自己的观点或说明问题。借助委婉表达的模糊性，给对方留有一定的思考空间，从而保持人际关系的和谐。① 日语作为「高コンテキスト文化」语言正是通过这种具有语义模糊性的表达保证了日本社会言语实践活动所必要的"柔软性"。

　c. 避免断言。

　断言意味着听话人对说话人表达的理解没有多个选择。使用这种断言表达，说话人便承担一旦断言错误便无法挽回的风险。此种情况是极为重视名誉的日本人所不能接受的。加藤（2009）指出「断言してよいほど明確にわかっているようなことなら、間違えて恥をかく可能性は低いのでおもての願望は守られると日本人は考える。それでも、断言できることなのに、あえて断言しない言い方をすることが日本語では多い。」（日本人认为如果是明知可以用断言表述的事情，则因弄错而丢脸的可能性极低，这种情况是大家所希望的。即便如此，在日语中仍有很多明明可以用断言，却偏偏使用非断言性表达的情况。）②

---

① 孙颖. 从语义模糊性看日语委婉表达 [J]. 外语学刊，2011（6）. 第62页
② 加藤重广. その言い方が人を怒らせる　ことばの危機管理術 [M]. 東京：筑摩書房，2009. 第213页

（72）この計算、間違ってるような気がするんですけど。

（这个计算好像是错了。）

（加藤 2009：213）

　　说话人即便清楚地知道听话人在计算上发生了错误，但还是会为了避免出现听话人否认自己错误的情况而留有余地。故而，说话人会故意采取具有语义模糊性的表达。说话人采取具有语义模糊性的表达与其说是为了避免伤害听话人的面子，更多程度上是为了使听话人更容易接受说话人的说法从而保护说话人自己的面子。

　　以上三种表现手段均利用言语层面语义模糊性。语义模糊性的存在使得说话人的表达变得温和并富有弹性，同时，使得听话人更易于接受。作为极重视"面子"的日本人，在言语实践活动中避免伤害双方的"面子"是日本人交际不变的"铁则"。日本「高コンテキスト文化」（高语境文化）的特殊性也为日本人在言语实践活动中采取语义模糊性表达提供了便利的条件。「高コンテキスト文化」（高语境文化）相对于「低コンテキスト文化」（低语境文化）更重视言语实践活动发生时的「空気」，即言语实践活动发生时具体的语境因素。「高コンテキスト文化」（高语境文化）对「空気」所蕴含的、非长时间处于同一文化集团而不能拥有的、约定俗成性的共同的认知语境的依赖性更强，同时，对言语实践活动参与者文化背景的要求也更高。「特定の集団や地域や文化ごとに決まっている常識のようなものであり、その決まりを知らない者にはわからないことが多い」（每个特定集团、地域、文化都有根据其本身决定的常识类内容，不知道这些常识

的人，有很多情况是很难弄清楚的）。① 只有言语实践活动参与者共同拥有的认知语境达到一定程度，交际才有可能顺利完成。

三、纵向社会

「タテ社会」（纵向社会）是日本社会学家中根千枝（1967）对日本社会的结构的评价，中根（1967）指出「資格の異なるものを包含する社会集団というものを前提とすれば、その構成員を結びつける方法として、理論的にも同然『タテ』の関係となる。」（包含具有不同资格成员的集团，其成员构成方式，理论上必然是纵向的。）② 日本社会的纵向结构主要体现在各成员之间身份地位差别明显，具有较为清晰的等级划分。日本社会纵向结构的特点要求社会成员对自己以及其他成员的所处位置应有准确的认知，并对社会结构具有整体性的把握。日本人进行社会结构以及自我定位的动力是日本人"各安其位"的意识。"各安其位"是美国社会学家本尼迪克特在其作品《菊与刀》中提出的，"日本人对秩序和等级制的信赖方式如同美国人对自由和平等的信仰一样，虽然这两种事物看上去如同南北两极一般。对美国人而言，将等级制度视为一种适当的社会机制非常困难；但日本人却笃信等级制的作用，这是他们理解人与人之间关系以及人与国家

---

① 加藤重広. その言い方が人を怒らせる　ことばの危機管理術［M］. 東京：筑摩書房，2009. 第 144 页
② 中根千枝. タテ社会の人間関係［M］. 東京：講談社，1967. 第 71 页

之间的关系这个整体概念的基础"①。这种"各安其位"的文化使得日本社会具有较为严格的等级制度，该制度体现在日本社会的方方面面，其中最为明显的就是日语中的敬语体系。敬语作为表现言语实践活动中各参与者身份地位的标示，在日语言语实践活动中不可或缺。通过敬语表达的标示，言语实践活动参与者身份地位从个人认知语境变为共用认知语境。对此种共用认知语境的获取，只能通过言语实践活动，未曾参加该言语实践活动的人较难理解。「場の空気には、暗黙のルールなども含まれるから、教えてもらったり経験を積んだりして学んでいくしかない。」（特定场合的语境由于包含隐藏规则，只能通过别人教授或亲身经历才能获得。）②

　　日本社会不仅有纵向关系，横向关系也同样在日本社会构造中承担重要职责。日本的横向关系主要体现在日本的"集团意识"方面。中根千枝将日本这种"集团意识"概括为「うちの者以外は人間にあらず」（非内部人员不当作人看待），并指出「一定の地域とか、所属機関などのように、資格の相違を問わず、一定の枠によって、一定の個人が集団を構成している。」（特定地区、特定所属机构等不问资格，按照特定标准将特定的人组成集团。）③ 同维持日本纵向社会的"各安其位"的文化一样，日本社会"集团意识"同样需要一种文化为其保驾护航。日语中

---

① 本尼迪克特. 菊与刀 [M]. 刘峰译. 北京：当代世界出版社，2008. 第 79 页
② 加藤重広. その言い方が人を怒らせる　ことばの危機管理術 [M]. 東京：筑摩書房，2009. 第 145 页
③ 中根千枝. タテ社会の人間関係 [M]. 東京：講談社，1967. 第 29 页

「和」一词在《大辞林》中的解释为：「①、対立や疎外がなく、集団がまとまっている状態。仲良く；②、争いをやめること。仲直り；③、うまく調和のとれていること。つり合いのとれていること；④、二つ以上の数を加えた結果の数。」(1. 没有对立与疏远，形成完整集团，关系良好；2. 停止争执，和好；3. 很协调，很平衡；4. 两个以上数字相加的结果。) 日本社会为了维持「和」的状态，在社会存在形态以及社会运转方式上均力争避免纠纷、保持同集团其他成员一致。这种文化特点同样反映在日语言语实践活动中。

　　日本人谦虚多礼是全世界公认的，其原因是由于日本社会对于不谦虚、不礼貌的行为极为反感，如果有人被其他人认为不谦虚、不礼貌，这个人因为会破坏"和"的状态而容易被大家排斥。加藤（2009）认为日本人对于傲慢的人非常反感，「日本人は自慢しているという評価に敏感だ。一般的に言って、自慢することは嫌われる。……そこで、日本語では他人に自慢に思われない表現を選ぶ傾向が強くなる。」(日本人对骄傲这一评价十分敏感。一般而言，大家均对骄傲行为表示反感，故日本人具有避免被他人认为骄傲的意识倾向。)① 所以，日本人与人交往时，为了避免引起听话人的不满会故意采取一些较为谦虚的表达方式。如：

　　（73）つまらないものですが、ご笑納ください。

---

① 加藤重広．その言い方が人を怒らせる　ことばの危機管理術［M］．東京：筑摩書房，2009．第 159—160 页

（小小东西还请笑纳。）

（李奇楠 2006）

例（73）是说话人在向听话人赠送礼物时使用的谦虚表达。说话人为了减轻听话人接受说话人赠送礼物的心理负担，故意将赠送之物形容为「つまらないもの」（不值钱的东西，小小东西）。新渡户稻造（1899）对日本人此类做法的解释是"如美国人赠送礼物时都会赞美礼物，可日本人却会贬低它。……日本人的逻辑是：'你是如此优秀，没有任何礼物可以配得上你。无论把什么东西放在你面前，除了作为我的善意表示之外，它都是不被接受的'"①。例（73）由于省略了主语，使得该句在理解上具有了模糊性，该句子既可以理解为"礼物不成敬意"，也可解释为"你是如此优秀，没有任何礼物可以配得上你"。日本人利用了该表达的语义模糊性既减轻了听话人的心理负担，又对听话人进行了称赞。无论从何种角度对其进行解读，听话人都会向着有利于交际的方向理解说话人意图传递的内容。又如，

（74）A この作品は、1982 年に描かれました。画家 G 氏の
　　　最後の作品です。

　　　（这个作品完成于 1982 年，是画家 G 最后的作品。）

　　　B この作品は、1982 年に発表されたのは間違いない

---

① 本尼迪克特 新渡户稻造 戴季陶 蒋百里. 看不懂的日本人 [C]. 北京：新世界出版社，2009. 第 145 页

ですが、描かれたのは確か前年だったと思います。
実は、画家のＧは私の兄なので知っているんです
けるども、公式にはこれが最後の作品ということに
なっていますが、この後に描かれた未発表のままの
作品も２点あるんです。

（这个作品确实是发表于 1982 年，但我认为这幅作品
完成于前一年。实际上，因为画家 G 是我哥哥，所以
我才比较清楚。这幅作品虽然被作为最后的作品发表，
但在这幅作品之后还创作了两幅作品没有发表。）

（加藤　2009：219—220）

　　例（74）中 A 与 B 所陈述的客观事实基本一致，说话人均是
在对答案十分确定的情况下对"该作品是画家 G 于 1982 年创作
的最后一幅作品"这一事实进行陈述。B 相对于 A 而言，对于上
述事实的陈述添加了语义模糊成分，使得听话人更容易接受说话
人的意见，同时，避免了自己在该团体中处于过于引人瞩目的位
置，维护了言语实践时交际参与者之间「和」的状态。「最初か
ら知っている振りをしないで、むしろ、よく知らない振りをし
て話すというのは、日本語でよく使われるストラテジーであ
る。」（最初还是不说知道或者说故意装作不知道是日语对话中经
常使用的方法。）① 正是处于为了不破坏集团内部「和」的状态，

---

① 加藤重広．その言い方が人を怒らせる　ことばの危機管理術［M］．東京：筑摩書
　　房，2009．第 221 页

日本人对于自己确定、明知的事物进行描述时仍然习惯采取"故作不知"的、具有语义模糊性的表达方式。虽然此类表达并非在任何场合均适用，如教师在课堂上纠正学生的错误时，应避免采取这种"故作不知"的表达方式。但日本人认为这种看起来似乎缺乏自信的模糊表达方式更加易于被人接受。加藤（2009）指出「日本語を使う社会では、自信過剰な言動よりも自信なさそうな言動のほうが受け入れやすく、謙虚な姿勢が読み取れるほうが支持されやすい。」（日本社会比起过于自信的言行，缺乏自信的言行更容易被接受，谦虚的态度更加容易获得支持。）① 正是日本社会"故作不知"的模糊性表达方式减少了发生摩擦的几率，维护了集团成员间「和」的状态。

第三节　教学中的跨文化交际能力培养

跨文化交际是一个较为复杂的学科，其涉及语言学、社会学、心理学、人类学等多门学科。近年来，提高学生跨文化交际能力成为教学的热点问题。现有跨文化课堂教学研究多以显性教学方式为对象，本文以日语语义模糊表达的课堂讲授为例，指出跨文化交际能力导入的显性方式与隐性方式具有互补性特征，我们在进行课程设置与课堂教学时应注意兼顾二者，以期建立跨文

---

① 加藤重広. その言い方が人を怒らせる　ことばの危機管理術［M］. 東京：筑摩書房，2009. 第 159 页

化能力培养的多路径模式。

一、 培养跨文化交际能力的必要性

　　学生跨文化交际能力的培养是高校外语教学中的重要部分，但对跨文化交际能力的定义，学界却莫衷一是。Spitzberg（2000）将跨文化交际能力广义地视为在某一特定语境中恰当和有效的行为。[①] Perry 和 Southwell（2011）指出跨文化能力指与不同文化背景的人们有效、恰当地交往的能力。[②] 贾玉新（1997）认为有效的跨文化交际能力至少由基本交际能力系统、情感和关系能力系统、情节能力系统和交际方略能力系统组成。[③] 文秋芳（2004）认为跨文化交际能力包括交际能力和跨文化能力两个部分，交际能力与跨文化能力并列在跨文化交际能力之下，共同组成跨文化交际能力。交际能力包括语言能力、语用能力和变通能力；跨文化能力包括对于文化差异的敏感、对于文化差异的容忍以及处理文化差异的灵活性。[④] 综上，跨文化交际能力是指在遵守一定的交际原则的基础上，在特定语境中，交际参与者承认双方文化差

---

① Spitzberg, B. A model of intercultural communication competence [A]. In L. Samovar&R. Porter (eds.). Intercultural Communication: A Reader (9th Edition) [C]. Belmont: Wadsworth, 2000. 第 375 页。

② Perry L&Southwell L. Developing intercultural understanding and skills: Models and approaches [J]. Intercultural Education, 2011 (6). 第 455 页。

③ 贾玉新. 跨文化交际学 [M]. 上海：上海外语教育出版社，1997. 第 480 页。

④ Wen Q. Globalization and intercultural competence [A]. In Tam K&Weiss T (eds.). English and Globalization: Perspectives from Hong Kong and Mainland China [C]. Hong Kong: The Chinese University Press, 2004. 第 175 页。

异，并通过自己对他人文化特征的认识，有意地运用交际技巧完成交际活动的能力。

　　跨文化这一命题的存在前提是必然存在两种不同文化，不同文化间的差异会对交际活动产生阻碍。现在跨文化相关研究以解决不同文化间产生的交际障碍作为主要研究目的，故多以外语教学中对学生跨文化交际能力培养与提高为主要切入维度。不同文化间的差异却并不一定同该差异产生的阻碍作用成正比。一言以蔽之，并非差异性越大的文化间进行交际活动就越困难，反之亦然。日本社会文化同中国文化同源，在语言发音、事物命名、话语表达、思维方式等方面相似之处颇多。正是由于两国文化的相似导致大家忽视了对中日两国跨文化的相关研究。由于对中日间文化差异性关注不够，日语学生对中日两国文化差异认知不足，从而会在跨文化交际中遇到困难。

　　教师在日语教学中，除了教授日语语言学相关知识之外，还应在课堂中导入日本文化方面知识以培养学生跨文化交际的能力。应当使学生明白离开特定文化背景的语言是不存在的，想要学好语言就必须了解这种语言特定的文化背景。语言教学中的文化背景知识，从其功能角度来看，应分为两种——知识文化和交际文化。所谓知识文化，指的是那种两个不同文化背景培养出来的人进行交际时，对某词、某句的理解和使用不产生直接影响的文化背景知识。所谓交际文化，指的是在两种不同文化背景熏陶下的人，在交际时，由于缺乏有关某词、某句的文化背景知识而发生误解。① 其中的交

---

① 张占一. 试议交际文化和知识文化 [J]. 语言教学与研究，1990 (3). 第 16 页.

际文化便是指在特有文化背景下语言使用的特定规则，比如问候、道谢、致歉、拒绝等语言表达习惯。跨文化交际研究从最初的文化差异性比较研究发展到将研究重点放在跨文化交际能力培养的系统构建，但有关跨文化交际能力研究的文献至今仍然散乱无章，缺乏一个整体性的视野。[①]

随着文化差异性问题研究的不断深入，学者们越发注意到跨文化研究是一个复杂的领域。我们进行跨文化研究的同时还需要完成将研究成果传递给学生的终极目标，所以，培养学生跨文化交际的能力是一份较为困难的工作。学生即便获得有关目的语文化的相关知识，当其面对具体的交际情境时，通过课堂讲授获得的略显抽象、刻板的文化特征、行为规范等往往并不能保证他交际的成功。显然，真实的跨文化情境要比这些刻板知识复杂微妙得多。[②] 可见，课堂教学中所教授的客观知识能否在具体的跨文化交际情境中被灵活使用是教学是否成功之关键所在。

言语实践活动是在人与人之间进行的社会活动，个体的差异与客观世界的不可穷尽性导致言语实践活动具有复杂多变性的特点。单纯通过重现具体交际活动场景下具体交际方式这一方法来教授语言文化知识，经过事实证明效果并不理想。正所谓"授之以鱼不如授之以渔"，与其片面追求培养学生在具体语境下的具体社会活动中的交际应对能力，更应培养学生在某语言环境下，

---

① 陈国明. 跨文化交际学［M］. 上海：华东师范大学出版社，2009. 第 241 页.
② 刘学惠. 跨文化交际能力及其培养：一种建构主义的观点［J］. 外语与外语教学，2003（1）. 第 34 页.

模仿母语使用者的思维方法与表达习惯，从而更加自如地进行不同文化间的交际活动。跨文化交际面临的挑战是交际者感知和应对现实和"流动着的"事物的能力，而不仅是知晓和记忆一些固定的知识。① 所以，学生跨文化交际能力的培养，应在传授语言的使用方法基础上，从文化根源入手，使学习者不但知其然更能知其所以然，在掌握语言的使用方法的前提下对形成该语言使用方法的文化有一个大体上的了解。

二、 显性教学与隐性教学

　　跨文化交际能力的复杂性与多样性导致在培养学生跨文化交际能力时不可能只采用单一的方式与方法，在课堂培养学生跨文化交际能力时使用多种方法、选择多种路径是必然趋势。从现有的教学情况分析，跨文化交际能力培养大概采取以下两种路径，一是相对独立地、集中地进行系统性的跨文化交际能力培养，即显性教学；二是将跨文化交际能力培养与平时课堂语言学习相联系，将跨文化的部分内容融合于系统的语言学习之中，即隐性教学。人文教育的开展可以是显性的和隐性的，既可以专门开设一门文化课程有目的进行，也可以在其他语言课程中附带进行。② 现有关于课堂跨文化交际能力培养的研究多以显性教学方式为

---

① 刘学惠. 跨文化交际能力及其培养：一种建构主义的观点 [J]. 外语与外语教学，2003（1）. 第35页.
② 蔡基刚. 从语言属性看外语教学的工具性和人文性 [J]. 东北师大学报，2017（02）. 第5页.

主，对隐性教学关注不足。

　　显性学习路径主要依靠开设社会文化、地理、历史等相关课程，系统地、集中地进行对象语言的文化知识教学，同时对其他语言课程中涉及的跨文化相关知识从规则性角度进行归纳、总结。这种显性教学的优点是可以使学习者直观接触文化知识，学习目的性较强。在一段时间内针对某方面的问题进行集中教学导入，可以使导入内容相互之间的联系与脉络变得易于梳理，具有较强的系统性与连贯性。显性教学方式的缺点是对于某一方面的问题虽然进行了具有针对性的、集中的文化知识导入，但该部分内容与语言学习的关联性较弱，对散落于生活各个方面的其他文化性知识关注度不强。仅凭借显性教学方式进行的文化知识导入让学习者在特定场景、特定情况下很难准确、灵活地运用相关文化知识进行较为顺畅的交际活动。从这一方面来看，单一的显性教学对学习者跨文化交际能力的培养与提高并不足以应对实际复杂多变的交际环境。跨文化交际能力培养并非一门或几门课程就能完成，它必须贯穿整个教学过程，外语专业的诸多课程都需要从跨文化的角度来教①。

　　在日语课堂上讲解「お疲れ様」这一对听话人的辛劳表示慰问与感谢的表达时，一般会将「ご苦労様」和「お疲れ様」一同进行对比式讲解。在区分「お疲れ様」与「ご苦労様」的使用方法时会强调「ご苦労様」不能用于"比自己年龄大或社会地位高的人"，因为对"比自己年龄大或社会地位高的人"使用「ご苦

---

① 胡文仲. 跨文化交际能力在外语教学中如何定位 [J]. 外语界，2013（06）. 第6页.

劳様」是违反日语敬语使用规则的。日本是一个等级意识非常强
的国家，要求社会成员能够掌握体现交际双方社会地位差别的敬
语系统。对"比自己年龄大或社会地位高的人"使用「ご苦労
様」违反了敬语规则，会引起听话人的反感，从而导致达不到说
话人预期的语用效果。以上是显性教学的文化导入方法，这种方
法可以使学习者极快地掌握「ご苦労様」与「お疲れ様」的区
别，并能够对二者进行正确运用。

　　相对于显性教学的方式，隐性教学主要是要求学习者在相
对分散的环境中，在一些特定情况下进行主动参与，并从中获
得跨文化交际的相关经验。隐性教学的特点是文化内容的学习
与语言学习融为一体，在语言学习的过程中，将与对象语言相
关的文化知识导入，在学习语言的同时，了解隐含在语言背后
的文化渊源，掌握语言母语使用者的思维特点与认知方式。母
语使用者的思维特点与对世界的认知反映出该语言使用群体对
客观事物的认知方式与考虑问题的思维习惯，即民族文化
特点。

　　采用隐性教学方法对「ご苦労様」和「お疲れ様」相关知
识导入时，需要进一步导入二者使用差别背后的深层文化内涵。
「お疲れ様」是说话人对听话人的辛劳表示慰问，「ご苦労様」
则是说话人在认为听话人感觉辛苦的基础上对其发出的慰问。
「一般的には『ご苦労様』は、気持の表現に強く傾いていると
ころから、本人の気持ちを無視して厚かましく断定したと見
なされる。」（说话人在使用「ご苦労様」时具有更强的说话人

主观性。)① 日本文化中对这种无视听话人自身存在，主观地对感受进行猜测的行为是极为反感的。「お疲れ様」是说话人客观地认为听话人因为长时间工作必然会感觉疲劳，故而对听话人表示慰问；「ご苦労様」则是说话人主观地认为听话人因为工作必定会感到辛苦，故而对听话人表示慰问。从隐性教学层面，"对于日本社会文化中对说话人不考虑听话人的自身因素的主观性判断行为感到反感"这一文化知识，除了在讲解「お疲れ様」同「ご苦労様」的差异时可以导入外，在讲解日语句子常省略第一人称、日语表达中常用非判断语气等语言特征时也可以导入。简言之，日本文化中"对说话人不考虑听话人的自身因素的主观性判断行为感到反感"的相关知识可以在课堂教学的多场景中导入。

三、 模糊性表达的文化知识导入

模糊表达可分为语言层面语义模糊与言语层面语义模糊。语言层面语义模糊指由于客观世界的无限性、语言符号的有限性导致的符号与意义的非一一对应产生的语言模糊现象；言语层面语义模糊性表达是指说话人的语言表达需要听话人通过语用推理才能正确理解说话人意图表达的意义，即具有"言外之力"的表达；不需要听话人通过语用推理就能够获得的准确意义，即不具有"言外之力"的表达，我们认为其不具有语义模糊性。就「ご

---

① 加藤重広. その言い方が人を怒らせる ことばの危機管理術［M］. 東京：筑摩書房，2009. 第 135 页.

苦労様」同「お疲れ様」而言，区别二者意义的决定性因素在于
交际双方是否了解二者背后的言语层面意义差别，我们可以说，
对于「ご苦労様」同「お疲れ様」的使用区分，理解它们背后言
语层面的意义是关键。

　　语言层面的语义模糊性主要体现在语言对世界的划分，从而
影响人们对世界的认知。语言层面相关语言知识的学习除了了解
语言对世界的划分方式以外，还需要学习这种划分方式下存在的
民族文化意识特点。语言对连续客观世界的不同方式地划分使得
不同语言文化对事物的认识方式与认知习惯均不相同。学习者需
要掌握语法、拼写、体裁规范等符号形式，同时，还必须了解词
汇代表的象征意义和表达的主体性内涵。① 铃木孝夫曾经举过一
个例子，米饭这一极为平常的事物，由于不同语言对主食与菜的
划分不同，米饭在东西方两种文化下的语言系统中所属范畴也不
同，东方人将米饭划入主食范畴，而西方一些国家将其看作是与
主食相搭配的菜肴。在跨文化交际发生时，如果没有对不同文化
的差异性认知，那么交际中涉及的某些概念就容易造成双方的误
解。由于语言层面的语义模糊性问题相对于言语层面受语境影响
较小，语言学研究主要是考察语言的使用规则，所以可以通过显
性教学将语言层面的语义模糊性问题进行导入，即直接导入相关
规则并要求学习者对相关规则进行记忆即可。如日语中将米饭归
入主食范畴，而将「餃子」归入菜的范畴，所以在讲解「餃子」

---

① 刘丹. 跨文化交际能力构念与培养研究——跨文化、跨文本、跨主体视角［J］. 外
　语学刊，2015（6）. 第130页.

一词时，一般都会强调日语中的「餃子」是归属菜的范畴而非主食范畴。又如，在学习「花見」一词时，一般会强调此时「花見」中的「花」专指樱花，而「花見」则专指在樱花盛开的时节前去观赏樱花。类似「飯」、「餃子」、「花」这种语义范畴虽然具有边界或原型模糊性，但在实际使用中受到语境影响较小的概念在课堂讲授时只需要将其特殊之处导入即可，学生只需进行记忆便可正常使用相关语言成分。对于此类显性的、规则性的文化方面知识通过显性教学可以使学生较快地掌握，并在日常的跨文化交际中能够正确地运用。

　　跨文化交际中的说话人与听话人不但存在个体认知差异，同时还存在由于不同母语环境而被放大的文化背景差异，这是决定跨文化交际成功与否的关键因素。跨文化交际能力培养与提高的过程就是一个缩小交际参与者双方文化背景差异的过程。缩小跨文化交际参与者双方文化背景差异是一个复杂且漫长的过程，要求学习者在对对象语言知识的掌握达到一定水准的基础上对于该语言母语使用者的思维模式与认知方式也具有一定的了解。思维模式与认知方式的多样性与复杂性必然导致其导入不可能完全通过显性教学途径获得，通过隐性教学方式获得对象语言母语使用者思维模式与认知方式是不可避免的。隐性教学方式主要是将文化导入与日常语言导入相结合，虽然见效较慢，但隐性教学方式导入的知识可以同思维模式与认知方式的培养与提高同步进行，通过隐性教学方式导入的文化知识比通过显性教学方式导入的文化知识更加生动，在实际的跨文化交际中更容易被学习者灵活运用。

　　日语中「すみません」在不同的语境下可解释为说话人不同的意思表示，从而被认为该词具有语义模糊性。「すみません」具有表示道歉、感谢等意义这一点，学习者可以较容易地通过显性教学方式获得，但学习者通过显性教学方式获得的仅为语言层面关于「すみません」一词的使用规则，对于规则产生的文化根源仅通过一两次的课堂导入很难完成。「すみません」表示感谢的意思时，体现了日本社会文化中对"恩"这一概念的态度。日本人对受"恩"虽不反感，但极为在意，特别是对于难以偿还的"恩"更是如鲠在喉，难以释怀。日本社会意识中的"恩"由于日本社会文化的特殊性使日本人更易于接受报恩的思想。但在日本，人们不喜欢因为随便接受他人恩惠而欠上人情。① 日本文化中对"恩"极为重视，交际活动参与者双方都极力避免在言语实践活动中表现出与"恩"的联系，努力减轻受帮助一方背负的心理负担。

　　这种思维模式体现在日本社会交际活动的各个方面，仅通过一次或者几次显性教学方式的课堂导入很难使学习者真正领会日本社会文化中对"恩"的态度。只有多次、反复提醒学习者注意日语中有关"恩"的相关表达，在每一次涉及"恩"的讲解中均与前面提到的内容相联系，使学习者对"恩"的认知立体、饱满。将文化导入与语言教学相结合，确立学习者认知中"恩"的具体形象，培养学习使用日本人关于"恩"的思维模式，进而达到提高跨文化交际的能力的终极目标。

---

① 本尼迪克特. 菊与刀 [M]. 刘峰译. 北京：当代世界出版社，2008. 第 167 页.

　　显性教学方式与隐性教学方式各有优劣，通过对语义模糊内容的导入可以发现显性教学方式更适合语言层面语义模糊表达的学习，隐性教学方式更适于言语层面语义模糊表达的学习。语言的意义在语言层面与言语层面相互联系、相互转化，具有连续性。知识导入的显性教学方式与隐性教学方式同样相互联系、相互转化，二者同样具有连续性。在教学中对跨文化相关知识的导入，显性教学方式与隐性教学方式同样重要，二者的有机结合才是提高高校学生跨文化交际能力的关键之所在。

本 章 小 结

　　语言的使用和理解受到个体所处社会文化环境的影响和制约，社会文化的形成与发展同样受到语言的影响。以"萨丕尔-沃尔夫假说"为依据，从语义模糊性角度分析语言与文化的关系会发现，文化上越重视的客观世界部分，语言就将其切分得越细致，指称该客观世界的符号就越多。语义模糊性的重要性体现在语义模糊性的存在保证了范畴与范畴之间的关联性，保证了世界作为一个有内在联系的、有机的整体存在，也保证了客观世界仍然具有弹性与活力。根据以上结论对日语中语义模糊性与日本民族文化进行考察，得出日语语义模糊性具有较为显著的特点，其特点对日本民族文化的形成产生影响，同时，日本言语实践活动的特点反映出日本人特有的语言习惯与思维方式。

结论

　　本书以语义模糊性为考察对象，从语言学、哲学、认知科学等相关学科的交叉视野出发，通过分析与解释相结合的研究方法，按照从理论基础考察到理论系统构建再到理论分析与解释的顺序，展开对语言语义模糊性生成机制与存在方式的初步探索，并结合日语的本体特征考察语言语义模糊性在日语语言系统中的作用与机制。

　　语义模糊性的普遍性要求我们在进行语言学研究时应充分考虑语义模糊性因素。语义模糊性的研究不但应突破语言学内部各学科的界限，连贯地、整体地兼顾语言与言语两个层面对语义模糊进行研究，对其认识还需要走出单纯的语言学领域，多维度、多视角地观察语义模糊性的生成与存在。基于上述内容，将本文的主要观点总结如下：

　　第一，尝试建立语义模糊性研究理论系统，明确研究对象，提出对语义模糊性研究应区分语言层面与言语层面。通过对语义模糊核心特征的概括，辨析语义模糊与语用模糊、比喻、歧义等相关语言学概念，明确语义模糊性研究的对象。语义模糊性在语言层面的存在状态表现为语义模糊、比喻义等；在言语层面则表现为语用模糊、歧义等。语义模糊性作为其他语言现象的产生基础，在不同层面的存在形式具有动态性特点。

第二，阐释语言层面语义模糊性产生根源，发现语义范畴内部成员间关系呈立体性结构。从认知的角度考察语言层面语义模糊性产生的根源，指出语言层面语义模糊性产生的根源为语义范畴边界或原型范畴的非清晰性。将语义范畴进一步分解为次范畴与次次范畴，范畴内部成员间结构关系呈立体性结构。比喻义的本质是本体与喻体的语义范畴具有相邻性，这种相邻性有时体现在范畴间，有时体现在次范畴间。

第三，比较语言层面语义模糊性与言语层面语义模糊性，明确二者差别与联系。通过层级性、对象性、主观性三方面的考察，明确语言层面语义模糊性与言语层面语义模糊性的差异在于言语层面语义模糊性可分为由说话人产生的语义模糊、由听话人产生的语义模糊与语言本体产生的语义模糊三类。同时二者并非完全割裂，而是一个连续统，对语义模糊性的考察必须在语义学与言语层面同时进行，否则得出的结果将存在一定的片面性。

第四，以关联理论作为理论基础，对言语实践活动中的语义模糊性进行考察，认为言语层面语义模糊性主要体现在语言实践活动中的明示—推理模式中。将言语层面语义模糊性的特点归纳为主观性、行为性与连贯性，指出语用层面语义模糊性具有说话人与听话人二者的主体间性。语义模糊性的存在是保证人类言语实践活动成功的关键因素之一。

　　第五，考察语义模糊性同语法化现象的关系，认为语义模糊性是语法化现象产生的直接原因，语法化过程就是语义范畴由模糊到清晰的过程。言语层面语义模糊性与言语层面语法化的关系为言语层面语法化的出现一般伴随着言语层面语义模糊性表达的使用，语用层面语义模糊的清晰化标志着语言层面语法化的完成。言语层面语义模糊成为语言层面语法化发生的前提条件。言语层面语义模糊、言语层面语法化与语言层面语法化三者相互转化的本质同历时语言学语言发展观相统一。语义模糊性的价值多体现在语言发展的过程中，语义模糊的消失意味着语言发展变化也告一段落，且语义模糊的程度与语言的活力与弹性成正比。日语中存在特殊的语法化现象如半语法化、暂时性语法化等特定语境语法化，也同样符合语法化现象的发展规律。

　　第六，考察日语交际中语义模糊性的存在机制与语用功能。以日语中较为发达的间接言语行为与得体表达为对象，对日语言语层面语义模糊性进行深入分析，认为间接言语行为中的非规约性间接言语行为较规约性间接言语行为而言，具有的语义模糊性程度更大，需要除语码以外的语用信息也更多，听话人需要付出更多的推理努力。与此相对，非规约性间接言语行为可适用的范围更广、可表达的语义范畴更大，其语言活力也更强。

　　第七，语义模糊性的使用与理解受到个体所处的社会文化环境的影响与制约，社会文化环境同样影响语义模糊性的生成与发展。文化上越重视的客观世界语言就将其切分得越细致，一个上位范畴会被语言切分成多个下位范畴，甚至一个下位范畴也会被切分成多个下下位范畴。范畴间的模糊性保证了范畴与范畴之间的关联性，保证世界作为一个有内在联系的、有机的整体存在，也保证客观世界仍然具有弹性与活力。日语语义模糊性具的显著特点对日本民族文化的形成产生影响。根据"合作原则""礼貌原则""面子理论"等语用学理论，结合日本人言语实践活动的特点得出在非敬语表达中说话人对尊敬态度的表达是通过言语层面的语义模糊性进行的。

概言之，语义模糊性作为语言的自然属性在人类认知世界、传递思想、理解事物等方面均发挥重要作用，对于语义模糊性的研究不应只局限于语言学范畴，应广泛借鉴社会学、心理学、逻辑学、哲学及认知科学等学科的方法与经验进行整合性研究。日语作为自然语言之一，其本身特点鲜明，使用范围广泛。对日语语义模糊性的研究在兼顾其本体特点的基础上，也应结合其他学科的研究成果，系统地、整合性地深入探讨。

参考文献

中文部分：

［1］ 庵功雄. 新日本语学入门［M］. 于日平等，译. 北京：外语教学与研究出版社，2005.

［2］ 本尼迪克特. 菊与刀［M］. 刘锋，译. 北京：当代世界出版社，2008.

［3］ 蔡基刚. 从语言属性看外语教学的工具性和人文性［J］. 东北师大学报，2017（02）.

［4］ 蔡龙权　戴炜栋. 关于限制语精确话语信息的可能性研究［J］. 外语与外语教学，2002（08）.

［5］ 蔡忠良. 浅谈日语的暧昧表达及其形成的原因［J］. 宁波工程学院学报，2009（01）.

［6］ 陈波. 语言和意义的社会建构论［J］. 中国社会科学，2014（10）.

［7］ 陈百海. 日汉成语中动物形象的比较［J］. 外语学刊，1997（3）.

［8］ 陈百海. 鱼与日语［J］. 日语学习与研究，2006（02）.

［9］ 陈国明. 跨文化交际学［M］. 上海：华东师范大学出版社，2009.

［10］ 陈红. 从模糊语言学角度看日语表达的模糊性［J］. 外语研究，2004（05）.

［11］ 陈嘉映. 维特根斯坦的哲学观［J］. 现代哲学，2006（5）.

［12］ 陈维振. 从现象学的角度反思范畴和语义模糊性研究［J］. 外语与外语教学，2001（10）.

［13］ 陈维振 吴世雄. 有关范畴本质和语义模糊性的再认识［J］. 外国语：上海外国语大学学报，2003（1）.

［14］ 陈维振 吴世雄. 有关范畴习得问题的认识［J］. 现代外语，2004（1）.

［15］ 陈维振 吴世雄 张爱珍. 维特根斯坦的"私人语言"悖论以及怀疑论解决方案［J］. 外语学刊，2008（1）.

［16］ 陈小明，包志荣. 从表达心理试论日语的委婉表现［J］. 广东工业大学学报，2001（02）.

［17］ 陈小明. 日语非规约性间接言语行为的语用推理［J］. 外语研究，2006（05）.

［18］ 陈新仁. 模糊语义研究的现状与未来——兼评石安石与符达维关于模糊语义之辩［J］. 外语学刊，1993（01）7.

［19］ 陈治安 冉永平. 模糊限制词语及其语用分析［J］. 外国语文，1995（1）.

［20］ 池舒文 陈维振. 被误读的亚里士多德范畴论［J］. 西安外国语大学学报，2017，（02）.

［21］ 代阳. 从合作原则和关联理论看模糊限制语［J］. 湖北经济学院学报，2010（05）.

［22］ 范连义. "语言共性"与"家族相似性"——维特根斯坦和乔姆斯基语言哲学思想比较研究之一［J］. 外语教学理论与实践，2011

（1）.

[23] 范婷婷. 浅析商务日语中的模糊语言现象及其文化根源 [J]. 日语知识，2011（12）.

[24] 范武邱. 英汉语模糊性表现形式差异说略 [J]. 外国语言文学，2011（04）.

[25] 费建华. 日语模糊限制语的语用分析 [J]. 解放军外国语学院学报，2004（1）

[26] 冯光武. 模糊限制语与交际目的 [J]. 福建外语，1999（4）.

[27] 冯光武. 合作必须是原则——兼与钱冠连教授商榷 [J]. 四川外语学院学报，2005，（5）.

[28] 宫伟. 日语模糊现象究因 [J]. 外语与外语教学，2003（12）.

[29] 郭湛. 论主体间性或交互主体性 [J]. 中国人民大学学报，2001，15（3）.

[30] 韩礼德. 功能语法导论 [M]. 彭宣维等，译. 北京：外语教学与研究出版社，2012.

[31] 汉斯-格奥尔格·加达默尔. 真理与方法（下卷）[M]. 上海：上海译文出版社，2004.

[32] 胡壮麟. 语境研究的多元化 [J]. 外语教学与研究：外国语文双月刊，2002，34（3）.

[33] 胡壮麟. 社会符号学研究中的多模态化 [J]. 语言教学与研究，2007（1）.

[34] 何建南. 西方古典哲学家论模糊性的本质 [J]. 五邑大学学报：社会科学版，2004（3）.

[35] 何建南. 现代西方哲学家论模糊性的本质 [J]. 五邑大学学报：社会科学版，2005（1）.

[36]　何自然　冉永平. 关联理论——认知语用学基础 [J]. 现代外语，1998 (3).

[37]　何自然. 模糊限制语与言语实践 [J]. 外国语，1985 (05).

[38]　何自然. 再论语用含糊 [J]. 外国语，2000.

[39]　何刚. 语用方式——语用的语法化 [J]. 外国语：上海外国语大学学报，1997 (3).

[40]　胡文仲. 跨文化交际能力在外语教学中如何定位 [J]. 外语界，2013 (06).

[41]　华邵. 语言经纬 [M]. 北京：商务印书馆，2005

[42]　侯敞. 也谈语码模式和推理模式的关系 [J]. 外语学刊：黑龙江大学学报，1997 (3).

[43]　黄勤. 合作原则与双关歧义 [J]. 山西大学学报，2001 (04).

[44]　黄小丽. 日语基本名词的语法化特征 [J]. 复旦外国语言文学论丛，2009 (1).

[45]　黄小洲. 浅析伽达默尔对语言工具论的批评 [J]. 求是学刊，2010 (6).

[46]　季济生. 论词义的民族性与模糊性 [J]. 外语研究，1995 (01).

[47]　吉拉兹. 欧美词汇语义学理论：Theories of Lexical Semantics [M]. 李葆嘉，司联合，李炯英译. 北京：世界图书出版公司，2013.

[48]　贾玉新. 跨文化交际学 [M]. 上海：上海外语教育出版社，1997.

[49]　江怡. 英美分析哲学 (上)，西方哲学史 (学术版) 第八卷 [M]. 南京：凤凰出版社，江苏人民出版社，2005.

[50]　李秋梅. 关于语用模糊的再思考——兼与语义模糊相对比 [J].

山东外语教学，2003

[51] 李瑛　文旭. 从"头"认知——转喻、隐喻与一词多义现象研究 [J]. 外语教学，2006 (3).

[52] 李洪儒. 试论语词层级上的说话人形象——语言哲学系列探索之一 [J]. 外语学刊，2005 (5).

[53] 李洪儒. 意见命题意向谓词与命题的搭配——语言哲学系列探索之六 [J]. 外语学刊，2007 (4).

[54] 李洪儒. 索绪尔语言学的语言本体论预设——语言主观意义论题的提出 [J]. 外语学刊，2010 (06).

[55] 李洪儒　王晶. 说话人意义及其结构的研究维度——语言主观意义研究（一）[J]. 外语教学，2011 (5).

[56] 李洪儒. 论词层级上说话人意义的形成因素 [J]. 外语教学，2013，34 (6).

[57] 李贵鑫. 言语层面语义模糊性研究的理论思考 [J]. 外语学刊，2014 (4).

[58] 李凝. 从话语分析角度考察日语模糊限制语和女性语 [J]. 文学教育，2013 (12).

[59] 李凝. 从信息界域理论看日语模糊限制语 [J]. 日语教育与日本学，2015 (02).

[60] 黎千驹. 模糊修辞学导论 [M]. 北京：光明日报出版社，2006.

[61] 黎千驹. 模糊语义学导论 [M]. 北京：社会科学文献出版社，2007.

[62] 李维滨　王军. 论语言模糊性的根源及其形成要素 [J]. 前沿，2014 (7).

[63] 李晓明　冯平. 科学的进步与认识论的发展 [J]. 哲学研究，

1986a（10）.

[64] 李晓明. 皮亚杰与思维机制的微观研究——再论发生认识论方法 [J]. 求是学刊，1986b（01）.

[65] 李远喜. 日语隐喻的认知分析 [J]. 解放军外国语学院学报，2005（04）.

[66] 刘丹. 跨文化交际能力构念与培养研究——跨文化、跨文本、跨主体视角 [J]. 外语学刊，2015（6）.

[67] 刘贺. 模糊语言学在国外的发展状况研究 [J]. 经济师，2013（02）.

[68] 刘建鹏　杜惠芳. 语法隐喻与范畴化的认知性研究 [J]. 西安外国语大学学报，2012，20（4）.

[69] 刘建刚. 明示与隐含的对立——言语实践中的关联与模糊 [J]. 西安外国语大学学报，2006，14（1）.

[70] 刘丽华. 用关联理论解析零形回指 [J]. 日语学习与研究，2005（3）.

[71] 刘润清　许润民. 格莱斯的合作原则与歧义句分析 [J]. 北京大学学报，1992（02）.

[72] 刘小珊. 日语委婉语的文化语用学思考 [J]. 日语学习与研究，1999（2）.

[73] 刘正光　刘润清. 语言非范畴化理论的意义 [J]. 外语教学与研究，2005（1）.

[74] 刘佐艳. 关于语义模糊性的界定问题 [J]. 解放军外国语学院学报，2003，26（4）.

[75] 刘学惠. 跨文化交际能力及其培养：一种建构主义的观点 [J]. 外语与外语教学，2003

[76] 林波　王文斌. 从认知交际看语用模糊 [J]. 外语与外语教学，2003 (8).

[77] 龙江. 日语模糊表现试述 [J]. 中山大学学报论丛，2000 (06).

[78] 陆娟. 日语经济新闻模糊语语用分析及启示 [J]. 科技信息，2011 (29).

[79] 鲁苓. 语言模糊性与解构主义翻译观关联性探究 [J]. 海南大学学报，2012 (05).

[80] 罗素. 论模糊性 [J]. 杨清　吴泳涛，译. 模糊系统与数学，1990 (01).

[81] 周广瑜. 浅析日语模糊限制语的语用功能 [J]. 中国民族博览，2015 (09).

[82] 毛峰林　毛贺力. 日语隐喻、换喻及提喻表达方式的语用探讨——兼与汉语对比 [J]. 日语学习与研究，2009 (6).

[83] 孟建钢. 关联性与会话语篇连贯研究 [J]. 外语学刊，2001 (2).

[84] 孟建钢. 关于会话语篇连贯的关联性诠释 [J]. 外语与外语教学，2001 (7).

[85] 孟建钢. 最佳关联性对话语交际的解释力 [J]. 外语学刊，2002 (2).

[86] 孟建钢. 对关联理论缺陷的微观性批评 [J]. 外语学刊，2012 (6).

[87] 苗东升. 论模糊性 [J]. 自然辩证法通讯，1983 (05).

[88] 苗东升. 集中与分散 [J]. 文史哲，1985 (05).

[89] 苗东升. 模糊学概要 [J]. 中共福建省委党校学报，1988 (04).

[90] 苗兴伟. 关联理论与认知语境 [J]. 外语学刊：黑龙江大学学报，1997 (4).

［91］　苗兴伟. 论衔接与连贯的关系［J］. 外国语，1998（4）.

［92］　苗兴伟. 言语行为理论与语篇分析［J］. 外语学刊，1999（1）.

［93］　苗兴伟. 关联理论对语篇连贯性的解释力［J］. 外语教学与研究，1999（3）.

［94］　钱冠连. 有理据的范畴化过程——语言理论研究中的原创性［J］. 外语与外语教学，2001（10）.

［95］　钱冠连. 不当交际工具使用的语言——西方语言哲学研究（之二）［J］. 外语与外语教学，2001，（02）.

［96］　钱冠连. 语言全息论［M］. 商务印书馆，2002.

［97］　钱冠连. 语言：人类最后的家园［M］. 商务印书馆，2005.

［98］　潘文国. 从哲学研究的语言转向到语言研究的哲学转向［J］. 外语学刊，2008.

［99］　潘文国. 语言的定义［J］. 华东师范大学学报，2001（1）.

［100］　RuthM. Kempson，孙秋秋. “歧义”与“模糊”［J］. 国外语言学，1983（03）.

［101］　沙夫. 语义学引论［M］. 罗兰，周易，译. 北京：商务印书馆，1979.

［102］　沈家煊. 语言的“主观性”和“主观化”［J］. 外语教学与研究：外国语文双月刊，2001（4）.

［103］　沈园. 语境决定论挑战下的形式语义学研究—问题与应对［J］. 现代外语，2011（4）.

［104］　申媛媛. 关联理论视角再探外交模糊语言［J］. 长春理工大学学报，2010（01）.

［105］　束定芳. 论隐喻的本质及语义特征［J］. 外国语：上海外国语大学学报，1998（6）.

［106］ 束定芳. 语言研究的语用和认知视角：贺徐盛桓先生 70 华诞 ［M］. 上海：上海外语教育出版社，2008.

［107］ 束定芳. 论隐喻的理解过程及其特点 ［J］. 外语教学与研究，2000（04）.

［108］ 孙颖. 日语谚语的民族性 ［J］. 外语学刊，2009（4）.

［109］ 孙颖. 从语义模糊性看日语委婉表达 ［J］. 外语学刊，2011（6）.

［110］ 孙颖. 日语会话语篇中的人称代词省略研究 ［J］. 外语学刊，2012（6）.

［111］ 孙颖. 回指语"それ"的语篇功能分析 ［J］. 外语学刊，2014（4）.

［112］ 苏联波. 语言的模糊性与模糊化认知 ［J］. 中华文化论坛，2008（03）.

［113］ 索绪尔. 普通语言学教程 ［M］. 北京：商务印书馆，1999.

［114］ 涂靖. 关联理论对间接言语行为的阐释力 ［J］. 湖南大学学报：社会科学版，2003（4）.

［115］ 涂靖. 幽默的关联理论阐释 ［J］. 四川外国语学院学报，2003（5）.

［116］ 陶源. 顺应论视角下的模糊语言翻译研究 ［M］. 武汉：武汉大学出版社，2014.

［117］ 田学军. 隐喻外显、内隐和模糊功能的语用运作机制 ［J］. 东北师大学报，2007（05）.

［118］ 王建伟 苗兴伟. 语法化现象的认知语用解释 ［J］. 外语研究，2001（2）.

［119］ 王黎今. 歧义式的中日语对比思考 ［J］. 中山大学学报论丛，

1999，（05）.

[120]　王守元　刘振前　彩吟. 隐喻与文化教学 ［J］. 外语教学，2003
（1）.

[121]　王欣荣. 谈日语的暧昧性语言 ［J］. 外语教学，1995（01）.

[122]　王星. 授受动词与日本人的文化心理特征 ［J］. 山东师范大学外
国语学院学报，2002.

[123]　王寅. 认知语言学 ［M］. 上海：上海教育出版社，2007.

[124]　王寅. 语言哲学研究：21 世纪中国后语言哲学沉思录 ［M］. 北
京：北京大学出版社，2014.

[125]　王在琦，王玲. 日语暧昧语言文化特征研究 ［J］. 西南民族大学
学报，2005（11）.

[126]　文旭. 从语义场理论看语言的模糊性 ［J］. 外语学刊，1995
（1）.

[127]　文旭　江晓红. 范畴化：语言中的认知 ［J］. 外语教学，2001
（4）.

[128]　文旭　匡芳涛. 语言空间系统的认知阐释 ［J］. 四川外语学院学
报，2004（03）.

[129]　文旭　赵耿林. 认知拓扑语言学：认知语言学的新趋势 ［J］. 东
北师大学报，2017（04）.

[130]　维特根斯坦. 哲学研究 ［M］. 陈嘉映，译. 北京：三联书
店，1992.

[131]　维特根斯坦. 维特根斯坦全集 ［M］. 河北：河北教育出版
社，2003.

[132]　维特根斯坦. 逻辑哲学论 ［M］. 北京：商务印书馆，2013.

[133]　翁向华. 语言模糊性的哲学再思考 ［J］. 广西师范学院学报：哲

学社会科学版，2013，34 (2).

[134] 吴国华. 文化语义学 [M]. 北京：军事谊文出版社，2000.

[135] 吴世雄. 应该区分词语的含混与歧义 [J]. 外语教学，1994 (02).

[136] 吴世雄　陈维振. 中国模糊语言学：回顾与前瞻 [J]. 外语教学与研究，2001 (1).

[137] 吴世雄　陈维振　苏毅林. 颜色词语义模糊性的原型描述 [J]. 福建师范大学学报，2002 (3).

[138] 吴世雄　陈维振. 范畴理论的发展及其对认知语言学的贡献 [J]. 外国语，2004 (4).

[139] 伍铁平. 语言的模糊性和修辞学 [J]. 南外学报，1986 (1).

[140] 伍铁平. 模糊语言初探 [J]. 外国语（上海外国语大学学报），1979 (4).

[141] 伍铁平. 普通语言学教程 [M]. 北京：高等教育出版社，1993.

[142] 吴秀芳. 语用模糊与语境关联 [J]. 安阳师范学院学报，2005 (06).

[143] 吴延平. 奥斯汀和塞尔的言语行为理论探究 [J]. 吉林师范大学学报，2007 (4).

[144] 吴未未. 从原型理论看日语语言学术语"外来语"外延的模糊性 [J]. 深圳大学学报，2010 (06).

[145] 夏海燕. 日语补助动词「テミル」的语法化 [J]. 日语学习与研究，2010 (2).

[146] 本尼迪克特　新渡户稻造　戴季陶　蒋百里. 看不懂的日本人 [C]. 北京：新世界出版社，2009.

[147] 徐昌华　李奇楠. 现代日语间接言语行为详解 [M]. 北京：北京

大学出版社，2001.

[148] 徐昌华．语用、认知与日语学习［M］．北京：北京大学出版社，2006.

[149] 徐萍飞．日语中的委婉表达及最新发展［J］．外语教学与研究，2002（4）.

[150] 许学深　梁润生．浅谈认知隐喻中的模糊性［J］．甘肃联合大学学报，2010（01）.

[151] 许真．日语中模糊语言现象的心理透视［J］．外语与外语教学，1994（05）.

[152] 姚鸿琨．近年来国内模糊语义学研究概述［J］．外语与外语教学，2001（05）.

[153] 亚里士多德，方书春译．范畴篇［M］．北京：商务印书馆，2011.

[154] 燕卜荪．朦胧的七种类型［M］．周邦宪等译．北京：中国美术学校出版社，1996.

[155] 杨诎人．日语学习者的歧义句感知研究［J］．日语学习与研究，2010（5）.

[156] 杨梅．再论雷考夫范畴化理论的缺陷［J］．外语学刊，2017，（01）.

[157] 尹小芳．交际修辞的语用分析探究［J］．外语与外语教学，2005（3）.

[158] 印世海．概念拓扑同化论［J］．外国语，2012，（05）.

[159] 应国丽　周红．模糊限制语语用功能与礼貌原则相关性研究［J］．中国外语，2009（2）.

[160] 俞东明．语法歧义和语用模糊对比研究［J］．浙江大学学报：人

文社会科学版，1997（6）.

[161] 俞建梁　黄和斌. 对原型范畴理论的质疑——基于反训为语料的研究［J］. 广东外语外贸大学学报，2007（4）.

[162] 俞建梁　黄和斌. 原型范畴理论的缺陷与不足［J］. 外语学刊，2008（2）.

[163] 俞建梁. 论范畴构建的主体间性——以维特根斯坦的语言观为视角［J］. 解放军外国语学院学报，2010（2）.

[164] 俞建梁，孙晓霞. 论范畴的不确定性——范畴本质的后现代研究之二［J］. 西安外国语大学学报，2010（03）.

[165] 俞建梁. 论范畴的自组织性——范畴本质的后现代研究之三［J］. 外语与外语教学，2011（03）.

[166] 俞建梁. 范畴的主观性及其理解——范畴本质的后现代研究之四［J］. 西安外国语大学学报，2011（01）.

[167] 曾文雄. 模糊限制语的语言学理论与应用研究［J］. 外语教学，2005（04）.

[168] 扎德. 模糊集 语言变量及模糊逻辑［M］. 北京：科学出版社，1982.

[169] 扎德. 模糊集与模糊信息粒理论［M］. 北京：北京师范大学出版社，2000.

[170] 翟东娜　李奇楠　林洪等. 日语语言学［C］. 北京：高等教育出版社，2006.

[171] 赵彦春. 隐喻理论批评之批评［J］. 外语教学与研究，2010，42（06）.

[172] 张爱珍　陈维振. 从"逻辑"到"语法"［J］. 福建师范大学学报，2010（2）.

[173] 张春隆. 论合作原则之不足 [J]. 外语学刊，1996 (04).

[174] 张德禄. 论语篇连贯 [J]. 外语教学与研究，2000 (2).

[175] 张富军. 日语委婉表达的模糊性 [J]. 吕梁教育学院学报，2011 (02).

[176] 张红深. 我国模糊语言学学科建构中亟待解决的几个问题 [J]. 外国语言文学，2009，26 (4).

[177] 张红深. 中国模糊语言学 30 年 [J]. 天津外国语大学学报，2010，17 (1).

[178] 张红深. 模糊语言研究的现状与突破 [J]. 西安外国语大学学报，2012，20 (1).

[179] 张乔. 模糊语言学论集 [M]. 大连出版社，1998.

[180] 张乔. 模糊语义学 [M]. 中国社会科学出版社，1998.

[181] 张庆熊. 本体论研究的语言转向——以分析哲学为进路 [J]. 复旦学报，2008，(04).

[182] 张卫娣，肖传国. 日语的模糊性及其文化背景 [J]. 日语学习与研究，1999 (02).

[183] 张兴. 语言的交互主观化与交互主观性——以日语助动词"だろう"为例 [J]. 解放军外国语学院学报，2009，32 (4).

[184] 张业菊. 词汇文化语义：民族性和动态性 [J]. 外语与外语教学，2001 (4).

[185] 张有军. 语法化与范畴化：语法化过程中的认知机制 [J]. 东北大学学报：社会科学版，2009，11 (2).

[186] 张占一. 试议交际文化和知识文化 [J]. 语言教学与研究，1990 (3).

[187] 周广瑜. 浅析日语模糊限制语的语用功能 [J]. 中国民族博览，

2015（09）.

[188]　周建安. 论语用推理机制的认知心理理据［J］. 外国语：上海外
国语大学学报，1997（3）.

[189]　祝大鸣. "间人主义"与日语的委婉表达——日语语言文化特点
续探①［J］. 解放军外语学院学报，1997（03）.

[190]　祝大鸣. "间人主义"与日语的委婉表达［C］. 中国日语教学研
究文集 7. 香港：香港讯通出版社，1998.

[191]　祝大鸣. 强调"以心传心"的暧昧语言文化——日语语言文化特
点续探［J］. 外语学刊，1999（01）.

[192]　朱立霞. 关联理论对日语主体结构的解释［J］. 外语研究，2004
（4）.

[193]　朱立霞　李宏伟. 日语委婉结构的认知分析［J］. 解放军外国语
学院学报，2010（06）.

日文部分

[1]　会田雄次. 日本人の意識構造［M］. 東京：講談社，1972.

[2]　浅沼圭司. 曖昧について—曖昧の諸相　七つの断片［J］. 成城
文芸，1977（80）.

[3]　浅沼圭司　伊藤博之　黒崎宏　関本まや子　田中日佐夫　戸田
幸策　毛利三弥　八木敏雄. 曖昧について—〈座談会〉曖昧
について［J］. 成城文芸，1977（80）.

[4]　阿部圭一. 情報伝達型の日本語文章に現れるあいまい表現の類
型化とその改善例［J］. 情報処理学会デジタルプラクティス，
2014（5）.

[5]　池上嘉彦. 言語における〈主観性〉と〈主観性〉の言語指標

　　　[J]. 認知言語学論考，2004（06）.

［6］　池上嘉彦. 〈主観的把握〉とは何か　日本語話者における〈好ま
　　　れる言い回し〉[J]. 国語学，2006（05）.

［7］　池上嘉彦. 日本語の〈主観性〉をめぐって [J]. 日语学习与研
　　　究，2009（5）.

［8］　石黒圭. 日本語の文章理解過程における予測の型と機能・文法
　　　[M]. 東京：朝倉書店，2003.

［9］　石黒圭. 日本語は「空気」が決める　社会言語学入門 [M]. 東
　　　京：光文社，2013.

［10］　石黒圭. 書き言葉・話し言葉と「硬さ/柔らかさ」[J]. 日本語
　　　学，2015（01）.

［11］　一色舞子. 日本語の補助動詞「—てしまう」の文法化　主観化、
　　　間主観化を中心に [J]. 日本研究，2011（15）.

［12］　市川保子. 初・中級日本語文法と教え方のポイント [M]. 東
　　　京：スリーエーネットワーク，2007.

［13］　井出祥子. わきまえの語用論 [M]. 東京：大修館書店，2006.

［14］　今田水穂.「だ」のモダリティ性について　事実確認てき発話と
　　　行為遂行的発話の対立から [J]. 筑波応用言語学研究，2011
　　　（18）.

［15］　岩崎真梨子.「—ぽい」意味用法と展開 [J]. 日本語の研究，
　　　2010（06）.

［16］　浦谷宏. 待遇表現における「硬さ」「やわらかさ」[J]. 日本語
　　　学，2015（01）.

［17］　宇佐美まゆみ. ポライトネスという概念 [J]. 言語，2002.
　　　（31）.

［18］　遠藤龍二. フンボルトの「内的な言語形式」について［J］. 図書館情報メディア研究，2005（03）.

［19］　大堀壽夫. 日本語の文法化研究にあたって：概観と理論的課題［J］. 日本語の研究，2005.

［20］　大津隆広. 言語表現が符号化する手続き　手続き的分析の利点［J］. 言語文化研究，2013（30）.

［21］　尾上圭介. 省略表現の理解［J］. 言語，1973.（03）.

［22］　尾上圭介. 朝倉日本語講座6・文法Ⅱ［M］. 東京：朝倉書店，2003.

［23］　大村光弘. 言語変化の意味論的・語用論的分析　hope と afraid の文法化［J］. 人文論集，2014（02）.

［24］　奥津敬一郎　徐昌華.「～てもらう」とそれに対応する中国語表現――"请"を中心に［J］. 日本語教育，1981.

［25］　加藤雅啓. 談話における照応表現の指示機能：話題指示、保留指示［J］. 上越教育大学研究紀要，2014（33）.

［26］　川口順二.「目」の文法化をめぐって［J］. 藝文研究，1998（06）.

［27］　加藤重広. 日本語の述部構造と境界性［J］. 北大文学研究紀要，2007（122）.

［28］　加藤重広. その言い方が人を怒らせる　ことばの危機管理術［M］. 東京：筑摩書房，2009.

［29］　北原保雄. 朝倉日本語講座5・文法［M］. 東京：朝倉書店，2003.

［30］　许明子. テモラウ文と受身文の関係について［J］. 日本語教育，2000（105）.

［31］　金田一春彦. 日本人の言語表現［M］. 東京：講談社，1975.

［32］ 鯨井綾希. 指示代名詞「それ」の文脈指示における照応規則について［J］. 日言語科学論集, 2011（15）.

［33］ 熊倉千之. 〈主観〉を本質とする日本文学［J］. 国語学, 2006（05）.

［34］ 黒崎宏. 曖昧について—あいまいもこ［J］. 成城文芸, 1977（80）.

［35］ 小泉保. 言外の言語学——日本語語用論［M］. 東京: 三省堂, 1990.

［36］ 小泉嘉子. あいまいさを表す文末表現が確信度判断に及ぼす影響Ⅰ［J］. 尚絅学院大学紀要, 2012（64）.

［37］ 国分俊宏. 字義的意味と推論　関連性理論をめぐって［J］. 俊河台大学文化情報紀要, 2007（14）.

［38］ 小沢清. 曖昧さと正確さ［J］. 文化と言語, 1975.

［39］ 坂井秀寿　山中桂一. 言語の曖昧と多義について［J］. 東海大学紀要, 1970.

［40］ 坂口慧. 日本語形容詞「やばい」の意味拡張と強調詞化に関する一考察　認知言語学から観る意味の向上のメカニズム［J］. 言語情報科学, 2013（11）.

［41］ 坂原茂. 認知と語用論のインターフェイス［J］. 言語, 2007（12）.

［42］ 佐久間まゆみ. 朝倉日本語講座7・文章・談話［M］. 東京: 朝倉書店, 2003.

［43］ 定延利之. 発見の「た」と発話キャラクタ［J］. 言語, 2007（12）.

［44］ 佐藤亮一. 曖昧アクセント地域における話者の型知覚について

[J]．都立大学方言学会会報，1972（47）．

[45] 澤田治美．語用論の可能性［J］．言語，2007（12）．

[46] 菅野道夫．日常言語への回帰［J］．日本ファジ学会誌，2001
（13）．

[47] 鈴木重幸．日本語文法　形態論［M］．東京：むぎ書房，1972.

[48] 鈴木孝夫．ことばと文化［M］．東京：岩波新書，1973.

[49] 薦田奈美．認知言語学的観点に基づく意味変化の一考察［J］．
言語科学論集，2009（15）．

[50] 高崎みどり．ケーススタディ日本語の文章・談話・指示表現
［C］．東京：桜楓社，1990.

[51] 滝浦真人．呼称のポライトネス［J］．言語，2007（12）．

[52] 滝浦真人．ポライトネス入門［M］．東京：研究社，2008.

[53] 田口慎也．認知文法の観点からみた日本語指示詞の時間表現
［J］．言語科学論集，2011（17）．

[54] 庵功雄　山田敏弘等．中上級を教える人のための日本語文法ハ
ンドブック［M］．東京：スリーエネットワーク，2001.

[55] 武内道子．関連性理論の意味論［J］．英語青年，2003（01）．

[56] 武内道子．ANDとBUT：関連性理論の意味論と語用論［J］．神
奈川大学言語研究，2002（25）．

[57] 武内道子．認知語用論と敬意表現—「どうぞ」発話と「どうか」
発話の場合—［J］．人文学研究所報，2010（43）．

[58] 築島謙三．曖昧について—曖昧の考察［J］．成城文芸，1977
（80）．

[59] 辻幸夫．ことばの認知科學事典［M］．東京：大修館書
店，2001.

[60]　辻幸夫. 認知日本語への招待［M］. 東京：大修館書店，2003.

[61]　土居健郎. 甘えの構造［M］. 東京：弘文堂，1972.

[62]　寺崎知之. 時間と空間の語彙分類考察「空間的分布を表す時間語彙」を通じて［J］. 言語科学論集，2011（17）.

[63]　寺村秀夫. 日本語のシンタクスと意味Ⅰ［M］. 東京：くろしお出版社，1982.

[64]　生田少子. ポライトネスの理論［J］. 言語，1997.（06）.

[65]　永野賢. 国語教育における文章論［M］. 東京：共文社. 1987.

[66]　中根千枝. タテ社会の人間関係［M］. 東京：講談社，1967.

[67]　中村明. ことばの硬軟［J］. 日本語学，2015（01）.

[68]　中村芳久. 言語における主観性・客観性の認知メカニズム［J］. 言語，2006（05）.

[69]　西川盛雄. 接頭辞形成と文法化現象［J］. 熊本大学教育学部紀要，1998（47）.

[70]　仁田義雄. 判断から発話の伝達へ——伝聞・婉曲の表現を中心に［J］. 日本語教育，1999.

[71]　野田尚史　益岡隆志　佐久間まゆみ etal. 複文と談話［M］. 東京：岩波書店，2002.

[72]　野田尚史. 日本語のあいまい文［J］. 日本ファジィ学会誌，2002a（14）.

[73]　野田尚史. 日本語の構造的なあいまい文［J］. 現代日本語の文法研究，2002b（10）.

[74]　橋元良明. コミュニケーション論からみたエチケット［J］. 言語，2000（4）.

[75]　橋元良明. 授受動詞の語用論［J］. 言語，2001（5）.

［76］　橋本健一. 語彙場の方法　成分分析と辞書記述［J］. 田園調布学園大学紀要，2000（03）.

［77］　東森勲　吉村あき子. 関連性理論の新展開　認知とコミュニケーションー［M］. 東京：研究社，2003.

［78］　平川信弘. 語義の曖昧性［J］. 近畿大学教養部研究紀要，1970（03）.

［79］　福田一雄. 対人関係の言語学　ポライトネスからの眺め［M］. 東京：開拓社，2013.

［80］　藤居信雄. あいまい表現［J］. 福岡女子短大紀要，1975（10）.

［81］　藤居信雄. 再説あいまい表現　大江健三郎氏の文体［J］. 福岡女子短大紀要，1976（12）.

［82］　益岡隆志. 複文［M］. 東京：くろしお出版，1997.

［83］　益岡隆志. 日本語のモダリティ探究［M］. 東京：くろしお出版，2007.

［84］　松下大三郎. 改撰標準日本文法［M］. 東京：勉誠社，1928.

［85］　松本裕治　影山太郎　永田昌明齋藤詳典　德永健伸. 単語と辞書［M］. 東京：岩波書店，1997.

［86］　三宅知宏. 日本語の受益構文について［J］. 国語学，1996（186）.

［87］　籾山洋介. 多義語の複数の意味を統括するモデルと比喩［C］. 認知日本学論考（1）. 東京：ひつじ書房，2001.

［88］　森山卓郎　仁田義雄　工藤浩. モダリティー［M］. 東京：岩波書店，2000.

［89］　八木敏雄. 曖昧と言語表現の美［J］. 成城文芸，1977.

［90］　山口登. 選択体系機能理論による自然言語モデルの構図　その2—メタ機能［J］. 日本ファジィ学会誌，1998（10）.

［91］　山崎良幸. 言語表現の曖昧性—特に助詞「や」の用法に関連して—［J］. 日本文学研究，1952（34）.

［92］　山崎良幸. 言語表現の曖昧性と文学表現［J］. 高知女子大学紀要，1952.

［93］　山下利之　高橋雅博　酒井秀昭など. ファジィ理論による表情選択モデルのヒューマンインタフェースへの応用［J］. 日本ファジィ学会誌，2000（12）.

［94］　山田孝雄. 日本文法学概論［M］. 東京：宝文館，1936.

［95］　山田仁子. 「家族」に関する日本語語彙のカテゴリー化［J］. 言語文化研究，2013（21）.

［96］　山梨正明. 認知文法論［M］. 東京：ひつじ書房，1995.

［97］　杨玲. 日本語授受動詞構文と意味［M］. 北京：中国传媒大学出版社，2008.

［98］　吉田睦. 会話内の質問表現が持つ多義性　応答表現からみる会話構築を中心に［J］. 筑波応用言語学研究，2009（16）.

［99］　Austin. J. 言語と行為［M］. 坂本百大訳. 東京：大修館書店，1978.

［100］　Empson. W. 曖昧の七つの型［M］. 星野徹　武子和幸訳. 東京：岩波書店，2006.

［101］　Leech G. N. 語用論［M］. 池上嘉彦　河上誓作訳. 東京：勁草書房，1986.

［102］　Searle J. R. 言語行為：言語哲学への試論［M］. 坂本百大　土屋俊訳. 東京：勁草書房，1986.

英文部分

[1]　Austin, J. L. *How to Do Things with Words* [M]. Cambridge：Harvard University Press. 1962.

[2]　Berlin, B&P. Kay. *Basic Color Terms：Their Universality and Evolution* [M]. Berkeley：University of California Press, 1969.

[3]　Brown P B. *Politeness：Some Universals in Language Usage* [M]. Cambridge University Press, 1987, 42 (1).

[4]　Channell, J. *Vague language* [M]. Shanghai：Foreign Language Education Press, 2000.

[5]　Grice, H. Paul. Logic and Conversation [A]. In：Cole&Morgan (eds.). *Syntax and Semantics* [C]. New York：Academic Press, 1975.

[6]　Harris, W. V. *Interpretive Acts：In Search of Meaning* [M]. Oxford：Clarenvdon Press, 1988.

[7]　Heine B, Claudi U, Hunnemeyer F. *Grammaticalization：A Conceptual Framework* [J]. *Chicago：University of Chicago Press*, 1991.

[8]　J. Hopper & Elizabeth Closs Traugott, Grammaticalization [J]. *Journal of Linguistics*, 1995.

[9]　Lakoff G. Hedges：A study in meaning criteria and the logic of fuzzy concepts [J]. *Journal of Philosophical Logic*, 1973 (4).

[10]　Lakoff. G. *Women, Fire, and Dangerous Things：What Categories Reveal about the Mind* [M]. Chicago：The University of Chicago Press, 1987.

[11]　Leech, G. N. *Principles of pragmatics* [M]. London and New York：Longman. 1983.

[12] McCawley, J. D. *Everything that Linguists Have Always Wanted to Know about Logic but Were Ashamed to Ask* [M]. Oxford: Basil Blackwell, 1981.

[13] Perry L&Southwell L. Developing intercultural understanding and skills: Models and approaches [J]. *Intercultural Education*, 2011 (6).

[14] Rosch, E. Natural Categories [J]. *Cognitive Psychology*, 1973a, 4.

[15] Rosch, E. On the internal structure of perceptual and semantic categories [J]. *Cognitive Development & Acquisition of Language*, 1973b.

[16] Sperber, D& D. Wilson. *Relevance: Communication and Cognition* [M]. Oxford: Blackwell, 1986/1995.

[17] Spitzberg, B. A model of intercultural communication competence [A]. In L. Samovar&R. Porter (eds.). *Intercultural Communication: A Reader* (9th Edition) [C]. Belmont: Wadsworth, 2000.

[18] Taylor J R. *Linguistic categorization: prototypes in linguistic theory* [M]. Oxford: Oxford University Press, 1989.

[19] Wen Q. Globalization and intercultural competence [A]. In Tam K&Weiss T (eds.). *English and Globalization: Perspectives from Hong Kong and Mainland China* [C]. Hong Kong: The Chinese University Press, 2004.

[20] Williamson T. *Vagueness* [M]. London: Routledge. 1994.

图书在版编目(CIP)数据

语义模糊性问题研究/李贵鑫著.—上海:上海三联书店,2021.3
ISBN 978 - 7 - 5426 - 7237 - 7

Ⅰ.①语⋯　Ⅱ.①李⋯　Ⅲ.①日语－语义－研究
Ⅳ.①H364

中国版本图书馆 CIP 数据核字(2020)第 213548 号

语义模糊性问题研究

著　　者 / 李贵鑫

责任编辑 / 陈马东方月
装帧设计 / 徐　徐
监　　制 / 姚　军
责任校对 / 叶学挺

出版发行 / 上海三联书店
　　　　　 (200030)中国上海市漕溪北路 331 号 A 座 6 楼
邮购电话 / 021 - 22895540
印　　刷 / 上海惠敦印务科技有限公司

版　　次 / 2021 年 3 月第 1 版
印　　次 / 2021 年 3 月第 1 次印刷
开　　本 / 889×1194　1/32
字　　数 / 210 千字
印　　张 / 10.375
书　　号 / ISBN 978 - 7 - 5426 - 7237 - 7/H·96
定　　价 / 68.00 元

敬启读者,如发现本书有印装质量问题,请与印刷厂联系 021 - 63779028